古典文獻研究輯刊

三五編

潘美月・杜潔祥 主編

第38冊

古文獻叢札（上）

蔡 偉 著

國家圖書館出版品預行編目資料

古文獻叢札（上）／蔡偉 著 -- 初版 -- 新北市：花木蘭文化
事業有限公司，2022〔民111〕
序 8+ 目 2+220 面；19×26 公分
（古典文獻研究輯刊 三五編；第 38 冊）
ISBN 978-626-344-140-8（精裝）
1.CST：文獻學 2.CST：文集
011.08   111010341

ISBN-978-626-344-140-8

9 786263 441408

古典文獻研究輯刊
三五編　第三八冊   ISBN：978-626-344-140-8

古文獻叢札（上）

作　　者　蔡　偉
主　　編　潘美月、杜潔祥
總 編 輯　杜潔祥
副總編輯　楊嘉樂
編輯主任　許郁翎
編　　輯　張雅淋、潘玟靜、劉子瑄　美術編輯　陳逸婷
出　　版　花木蘭文化事業有限公司
發 行 人　高小娟
聯絡地址　235 新北市中和區中安街七二號十三樓
　　　　　電話：02-2923-1455／傳真：02-2923-1452
網　　址　http://www.huamulan.tw 信箱 service@huamulans.com
印　　刷　普羅文化出版廣告事業
初　　版　2022 年 9 月
定　　價　三五編 39 冊（精裝）新台幣 98,000 元

古文獻叢札（上）

蔡偉 著

作者簡介

蔡偉，男，1972 年 5 月出生，遼寧省錦州市人。2015 年 6 月畢業於復旦大學出土文獻與古文字研究中心。所學專業是中國古典文獻學，研究方向為校勘學、訓詁學和古文字學。2015 年12 月到貴州省安順市安順學院圖書館工作，現為圖書館副研究館員。發表文章十幾篇，出版專著一部：《誤字、衍文與用字習慣：出土簡帛古書與傳世古書校勘的幾個專題研究》（臺灣花木蘭文化事業有限公司，2019 年 3 月）。

提　　要

　　本文主要分五個部分，一為出土文獻研究，一為傳世文獻研究，一為校勘研究，另外還有一些雜文，最後為一篇訪談文章。

　　這四個部分的文章是我博士論文之後所作文章的一個總結。主要是從語言學角度來研究先秦及秦漢文獻，力求無徵不信，言必有據。

　　本書有一大部分的文章曾首發於復旦大學出土文獻與古文字研究中心及武漢大學簡帛網等學術網站上，是當時追新而形成的急就章，隨著出土文獻資料的不斷增加，我們比前修更幸運的是可以利用這些新的材料，這是以往的學者所不能遇到的，故每有新出版的出土新材料，都盡力關注。如本書中所寫的關於清華大學藏戰國竹簡、安徽大學藏戰國竹簡、上海博物館藏戰國竹簡、北京大學大學藏秦漢竹簡、銀雀山漢墓竹簡、海昏侯墓出土漢簡、新見漢牘等文章皆是；又本書中有論及日本金澤文庫藏寫本《群書治要》及影弘仁本《文館詞林》的文章，因為這兩部書也是較為稀見的材料，有感於並沒有真正地得到學者們的重視及利用，故亦致力頗多。還有一些歷年正式發表過的文章，此外也有幾篇是未曾發表過的。現在重新加以修改、補充，都為一編，以備自己忽忘、以供讀者參考、批判。

　　雖說文章內容不很精彩，還可能存在種種謬誤，但在我看來，也都是一時心血凝結，敝帚自愛，人之恒情，敬請讀者不吝教正。

序

劉釗

　　遠在貴州的蔡偉兄來信，讓我為他的新書《古文獻叢札》寫一篇序。念及與蔡偉兄多年的友誼，我自然不能推辭。近些年我沒少為學界朋友的大作寫序，圈子裡有些人大概頗不以為然。其實一切關乎學術的認知和理念都是在不斷變化中的，對「序」的認識也不能過於拘泥。誰規定「序」一定非要名氣比作者大，學力比作者高的人來寫不可啦？學界中晚輩給先進寫序，學生給老師寫序的例子並不乏見。這好比你恰巧遇見老友在擺攤賣貨，他拉你幫忙吆喝吆喝，你說你能拒絕嗎？還譬如老友在臺上唱戲，你在臺下聽到妙處，帶頭喊了一聲好，這是不是一件很自然正常的事情呢？況且從私心出發，我也想借蔡兄的大作得以傳名久遠，於是也就不顧佛頭著糞之譏率爾操觚了。

　　《古文獻叢札》一書分五部分，第一部分是簡牘帛書與其他古文字篇，第二部分是傳世古書篇，第三部分是校勘篇，第四部分是其他雜文篇，第五部分是訪談篇。第一部分主要是對清華簡、安大簡、上博簡、北大秦簡、北大漢簡、漢簡《倉頡篇》、海昏侯簡、馬王堆帛書、銀雀山漢簡等出土簡牘帛書資料和個別青銅器、玉版、石鼓文銘文的考釋；第二部分是對傳世典籍的考證，涉及的古書包括《楚辭》《莊子》《韓非子》《說苑》《新序》《文館詞林》等；第三部分是校勘篇，主要是對《墨子》《尚書大傳》《荀子》《文子》《韓非子》《呂氏春秋》《淮南子》《方言》《新論》《鹽鐵論》《論衡》《史記》《廣雅》《鬼谷子》《高士傳》《群書治要》《醫心方》《篆隸萬象名義》等書的字詞進行的校勘和考釋；第四部分是其他雜文篇，包括幾篇讀書札記和書評；第五部分收錄的是以作者為對象的「出土文獻與古文字研究青年學者訪談」。

　　書中所收文章有些我之前曾讀過，有些則是第一次看。無論之前看過與否，此番重讀，仍然是收穫滿滿兼感慨頗多。首先是真心佩服蔡偉兄扎實朴厚的學風。文章沒有蕪詞虛言，不枝不蔓；有話則長，無話則短，句句落到實處。這在學界流行鋪排漫衍，盛飾繁修類文風的當下，顯得尤為珍貴。其實古人就是這樣做學問的，我們看乾嘉考據大家的學問，有很多都是通過此類讀書札記的形式體現出來的。所以有沒有發明創見，常常跟文章字數無關，哪怕只有片言隻字，只要是真知灼見，一樣會得到認可。相比較而言，反倒是我們現在以刊物的字數、格式等來規範限制文章的做法，頗有點「八股」的味道。

　　其次是蔡偉兄的文章的確有很多發明創見，其中很多考釋都有相當高的難度。有些文章我讀到會心處，總不免擊節讚歎。我曾捫心自問，有些文章自忖我是寫不出來的，因此就更是佩服。說有相當高的難度，是因為一要對古書很熟，而這不是一朝一夕就能做到的，只有長期寢饋其中的人，才會有如此熟的語感；二是要對文字學、訓詁學、音韻學、校勘學有比較深入的掌握，其中文字學不光要對古文字形體熟悉，還要對歷代的俗字形體也要熟悉才行；三是要對出土文獻有最新的追蹤，這樣才能跟上學術新形勢，及時用出土文獻中的新材料與傳世典籍對讀並有所發現。能做到以上三點的人很少，但蔡偉兄是真正做到了。

　　蔡偉兄的文章外行人看去，可能會覺得似乎飣餖瑣碎，並不高檔。其實這類實打實的文章才最為寶貴。這樣的文章與那些隨感而發，說過即忘的文章是不可同日而語的，也是那些低級重複，炒賣估販的文章不能望其項背的。這樣的文章解決一個問題，就前進一步，在一步一個腳印地對各種古書的復原過程中逐漸接近古代典籍的原貌。如此集腋成裘，累土成臺，自然會逐漸構築成學術大廈，推動學術的不斷進展，也會讓讀者收穫更多的學術真知。從這個角度說，蔡偉兄的每一篇校讀古書的文章，都可以看作是古書的諍臣，每篇文章中的正確觀點，都可以當做是古書的畏友。蔡偉兄因古書找到了事業，得到了快樂；古書也因蔡偉兄得到了修正，恢復了原貌。真可謂協調互補，相得益彰。

　　蔡偉兄從高中起以讀蔣禮鴻《義府續貂》、楊樹達《積微居小學金石論叢》《積微居小學述林》和王念孫《廣雅疏證》等書為契機，逐漸迷上了古書，夢想成為高郵王氏那樣的學者。無奈環境惡劣，獨學無友，提高很難。但他矢

志不渝，癡心不改，一直在困境中堅守夢想，日日與古書為伴。直到裘錫圭先生慧眼識珠，安排他來復旦參與科研工作並招他為博士生，方始為他打開了真正走入學術研究的大門。因「三輪車夫」與「復旦博士」對比的巨大反差，致使蔡偉兄考上復旦博士一事，當年成了「地球人都知道」的新聞，一時間聲震遐邇，遠近聞名。好在他不受暴得大名的影響，潛下心來，一心向學。在復旦他惡補古文字、古文獻等方面的知識，同時在歷代俗字和音韻學上也下了不少功夫，使其見識和學力有了長足的提高。這一點在他近些年的文章中有比較明顯的體現。

　　雖然他收入本書的文章並非都是定論，有些只能算聊備一說，有些還感覺證據偏弱，但這都不影響其中大量的精彩的考證和結論。我一直認為要以長時段的眼光評價一個學者，評價一個學者的高低，主要要看他身後留下了多少正確的東西，而不是看他說錯了多少東西。偶爾說錯了沒有任何關係，連王念孫、王引之都會犯錯，何況後來的我們。學術研究本來就該有一定的容錯率，研究本身就是一個試錯的過程。滾滾不息、永遠向前的學術洪流一直在篩選、沙汰研究成果，保留下正確的東西，淘汰掉錯誤的東西。這正如一個古文字的考釋，歷史上經常積累有很多錯誤的釋法，可一旦被正確釋讀後，錯誤的釋法就會被淘汰，沒人再注意是由誰曾提出過哪種錯誤的釋讀一樣。

　　研究古文字和校勘古書都是一件枯燥煩難的事情，首先能從中培養出興趣就很不容易，如果還想作為事業來追求，那就需要有相應的環境和條件才行。由此也可想而知，要在這一學科自學成才的難度有多高。社會上有很多自學古文字和喜歡讀古書的人，他們癡迷、執著，但因無人指點，常常會把路子走偏，陷入越努力離正途越遠的窘境。據我所知，在這個領域自學成才者，目前只有陝西的王慎行，吉林的徐寶貴和遼寧的蔡偉兄。這固然與時勢、際遇和外部條件有關，但跟他們個人的潛質和毅力關係也不小。無論如何，他們的成功也說明，雖然在這一領域自學成才很難，但並非沒有例外。其中蔡偉兄的成功範例，就具有相當典型的啟示意義。

　　　　　　　　2022 年 5 月寫於疫情封控中的書馨公寓索然居

序

顏世鉉

　　蔡偉先生的《古文獻叢札》即將要出版，囑我為這本書寫一篇序言。我自揣淺陋，當下不敢答應，不久又繼之以委婉的推辭，他就跟我說：「咱倆研究方向一致，您又長我，怎麼不可以呢？」古人有云：「聞道有先後，術業有專攻。」為學切磋，本來就不必分貴賤長少。他雖以年長尊我，然而我更敬佩他好學有成。我們同是為學路上的好友，我在三思之後，很願意在這裏說幾句話，一方面表示對他為學態度的贊許和敬意，另一方面也謹向大家推薦這本書。

　　作者從早年就對古代漢語萌生興趣，高中以後更加發憤，大凡語言文字類的書籍，總是想辦法找來研讀；即使處在生活困頓的時期，也沒有中斷過學習，古人所謂「顛沛必於是」，說的大概就是這種情形吧！經過多年的努力自學，最終得到了裘錫圭先生的肯定，裘先生在給他的信中說：「您對傳統小學『真心好之』，不計功利，刻苦潛修，達到了較高的水平。」後來藉由裘錫圭和劉釗兩位先生的提攜，得以進入復旦大學出土文獻與古文字研究中心攻讀博士學位學程，就此開展他新的學習階段。段若膺先生〈與外孫龔自珍札〉云：「徽州有可師之程易田先生，其可友者，不知凡幾也。如此好師友好資質而不銳意讀古書，豈有待耶！」復旦中心有許多好的師友，作者在這裏仍舊問學不厭，藉著師友的幫助，不僅受到有系統的訓練，也使眼界更為開闊，最終沒有辜負了這段時光。

　　2009 年 6 月，我到復旦中心參加「出土文獻與傳世典籍的詮釋——紀念譚樸森先生逝世兩週年國際學術研討會」，在這個場合裏，我與作者初次謀面。還記得是在 2011 年 6 月，作者來信說他打算進行《文子》的研究，並詢問臺灣學者于大成先生對《文子》校讀的成果，我就在傅斯年圖書館查索、複印相

關資料，郵寄給他，希望能為他的研究提供一些方便。此後，他偶爾也會藉著電子郵件和我分享他學習研究的心得與心情。直到現在回想起來，這些情景依然歷歷在目。古來有志於學者，孜孜而無怠，每十年必有一進也。我與作者相交至今已逾十年，從他的論著之中，可以明顯地感受到他為學的進步。

本書所收錄的都為札記形式的短文，內容分為出土文獻研究、傳世文獻研究、校勘研究和雜文四個方面。作者指出，這是其博士論文之後所作文章的總結，主要從語言學的角度來研究先秦及秦漢文獻，力求信而有徵；他也揭櫫自己為學的方法與方向，乃「欲踵高郵之步武，校理故書及出土文獻」。王力先生說：「乾嘉學派必須繼承。特別是對古代漢語的研究，乾嘉學派的著作是寶貴的文化遺產。」(〈積極發展中國的語言學〉)作者以高郵二王「實事求是」的學風作為學習典範，又對傳世文獻、出土文獻、古代漢語和古文字學等方面比較熟悉，論證時總是力求充分地掌握材料，所以能夠得到比較好的成果。相信讀者取本書展卷細讀，也必然能有所體會，也有所獲益。

董同龢先生說：「關於古音字義的研究，我們要在清儒遺產之上再多有所得，不再在他們的路上兜圈子，必然要從頭就針對他們的缺點來作改進。」(〈古籍訓解和古語字義的研究〉)何九盈先生說：「中國學術有中國學術的優良學風，有乾嘉老傳統，有『五四』以來的新傳統，當務之急，是要從中汲取營養，形成適應於新時期學術研究的好學風。」(〈乾嘉傳統與20世紀的學術風氣〉)今日我們研究古代漢語和考訂古代文獻，不但要繼承乾嘉學者的遺產，更要以現代的語言學以及其他方面的知識作為導引，如此方能與時俱進，有所發展與創新，也才可以「在清儒遺產之上再多有所得」。

《荀子‧大略》云：「人之於文學也，猶玉之於琢磨也。《詩》云：『如切如磋，如琢如磨。』謂學問也。和之璧，井里之厥也，玉人琢之，為天子寶。子贛、季路，故鄙人也，被文學，服禮義，為天下列士。」子路原為東鄙之野人，子貢則為衛地之賈人，二人問學於孔子，終能成為天下顯名之士，這正是憑藉著「治之已精而益求其精」(朱子《論語集注》語)的問學功夫而獲致的結果。古人曰：「贈人以言，重於金石珠玉。」誠哉，斯言也！最後，我就以「如切如磋，如琢如磨」這兩句詩，來和好友相互勗勉。

2022 年 3 月 19 日
於中央研究院歷史語言研究所

自　序

　　這是我三十多年學術生涯中的第二部專著，所研究的範圍仍與我博士論文大體相近，就是通過綜合運用訓詁學、音韻學、古文字學和校勘學等多方面的知識，來解釋傳世和出土的古代文獻，以期發明先民的立言本旨。

　　我之研究傳統小學，是在讀高中的時候，大約是高二那年吧，由於成績很差，就去錦州市圖書館找閒書看，以遣鬱悶。偶然翻檢到蔣禮鴻先生的《義府續貂》，當時還看不太懂，但就是覺得很好，不枝不蔓，言必有中，非常喜歡這種風格，於是堅持看了。後又讀楊樹達先生的《積微居小學金石論叢》《述林》，稍稍知道了此學的門徑。及讀王氏《廣雅疏證》，為之服膺弗釋。私欲踵高郵之步武，校理故書及出土文獻。

　　在未到復旦大學讀書之前，主要以研治傳世文獻為主；至復旦之後，遂致力於出土文獻。復旦讀博的這幾年，開闊了我的眼界，之前自學時看不到的資料和學不到的知識以及不懂的問題，都逐漸能夠找到、學到和解決。

　　我也非常感謝我的論文指導教師裘錫圭先生和陳劍先生，他們不僅指導我的論文寫作，還為我指明了治學的方向。

　　從 1990 年直至現在始終都在讀古文獻，不敢保證我所有意見都是正確的，但我以為，即使觀點不正確，也會給其他人以啟發或作為反面教材，請讀此書者有以教我。

　　又頗乏文才，不能為長文，唯堪寫札記之類的短文，故以叢札命題，是為序。

　　最後，感謝劉釗和顏世鉉兩位先生為小書賜序，兩位師友對我的學習和研究一直都給予關心和幫助，在此謹致謝意！

蔡偉

2022 年 5 月於安順學院圖書館

目次

壹、簡牘帛書及其他古文字篇

一、《尚書·顧命》「今天降疾殆弗興弗悟」的斷句問題——兼釋上博五《三德》之「天乃降祟」〔註1〕

《尚書·顧命》曰：

> 今天降疾殆弗興弗悟，爾尚明時朕言，用敬保元子釗弘濟於艱難，柔遠能邇，安勸小大庶邦。思（使）〔註2〕夫人自亂于威儀，爾無以釗冒貢於非幾。

關於「今天降疾殆弗興弗悟」這句話，舊多斷讀為「今天降疾，殆弗興弗悟」，亦有斷讀為「今天降疾殆，弗興弗悟」者。檢北大漢簡《周馴》簡 39 有下引一句話：

〔註1〕此文發表於《簡帛》（十四輯），上海古籍出版社，2017 年。

〔註2〕參看《清華五《〈厚父〉初讀》（http://www.bsm.org.cn/bbs/read.php?tid=3245&page=4），34 樓網友「奈我何」（發表於：2015-04-20）引用其老師的觀點，謂《書·顧命》中的一句話，老師的處理是：「思（使）夫人自亂〈治〉于威儀。」案「思」讀為「使」，此說可從。陳斯鵬曾指出，在包山簡、郭店簡、新蔡簡、秦家咀簡、九店簡裏都有「囟」或「思」讀為「使」的例子。見陳斯鵬：《論周原甲骨和楚系簡帛中的「囟」與「思」——兼論卜辭命辭的性質》，《第四屆國際中國文字學研討會論文集》，香港中文大學中國語言文學系 2003 年；沈培更進一步指出傳世古書中多見「思」讀為「使」的例子。參沈培：《周原甲骨文裏的「囟」和楚墓竹簡裏的「囟」或「思」》，中國文字學會、河北大學漢字研究中心編：《漢字研究》（第一輯），學苑出版社，2005 年。《顧命》此文「思（使）」與下句中「無以」之「以」相對為文，「以」亦使也。參裴學海：《古書虛字集釋》，中華書局，1982 年，第 24 頁。整句話的意思就是「使眾人（或人人）自治于威儀」，亦即「使眾人（或人人）以威儀自治」。「夫人」訓為「眾人（或人人）」，參王引之：《經傳釋詞》，江蘇古籍出版社，2000 年，第 106 頁。

故《周書》曰：「皇天降殆，愚實為始」，其此之謂乎？〔註3〕

可證《顧命》此文斷句為「今天降疾殆，弗興弗悟」是正確的。又文獻中同此句法者有：

《書・康誥》：造民大譽，弗念弗庸。

《書・酒誥》：惟我一人，弗恤弗蠲。

《詩・大雅・桑柔》：維此良人，弗求弗迪。

亦可以證明「殆」字當上屬為句。

案「疾殆」為一固定的詞，其主語為「天」，謂天降疾、天降殆（殆，危也）；而「弗興弗悟」則是指人。偽孔傳云「今天下疾我身甚危殆」〔註4〕、今人金兆梓云「意謂目今降下疾病，於我其危」〔註5〕，雖然其斷句可從，但將「殆」屬之於「我身」、「我」，並不正確。還是如孫星衍所云「言天下危疾，弗起弗愈」〔註6〕，其斷句及釋義皆正確可信。

又自宋人蔡沈《書集傳》解釋此句為「今天降疾我身，殆將必死」，將「殆」字理解為虛詞後，今人多承之，〔註7〕最無道理，亟宜糾正。

抑尤有進者，上博五《三德》簡 2B-3 曰：

訮（期）而不訮（期）〔註8〕，天乃陞（降）材（災）；已（已）而不已（已），天乃陞（降）絮。亓（其）身不旻（沒），至于孫=（孫子）。

原整理者讀「絮」為「災異」之「異」〔註9〕，似乎學者皆無異辭。我們知道，

〔註3〕北京大學出土文獻研究所編：《北京大學藏西漢竹書・叄》，上海古籍出版社，2015 年，第 125 頁。

〔註4〕《十三經注疏》，上海古籍出版社，1997 年，第 238 頁。

〔註5〕金兆梓：《尚書詮譯》，中華書局，2013 年，第 364 頁。

〔註6〕孫星衍：《尚書今古文注疏》，中華書局，2004 年，第 484～485 頁。

〔註7〕如楊筠如：《尚書覈詁》，陝西人民出版社，2005 年，第 414 頁；曾運乾：《尚書正讀》，華東師範大學出版社，2011 年，第 275 頁；顧頡剛、劉起釪：《尚書校釋譯論》（第四冊），中華書局，2005 年，第 1730 頁；周秉鈞：《白話尚書》，嶽麓書社，1996 年，第 221 頁。

〔註8〕「訮」，原整理者云：《說文・言部》有「誹」字，訓為「欺也」，這裡似用為「忌」字。見馬承源主編：《上海博物館藏戰國楚竹書・五》，上海古籍出版社，2005 年，第 289 頁。今從范常喜說改讀為「期」，意為期約、約定。參范常喜：《〈上博五・三德〉「期而不期，已而不已」試解》，簡帛網（http://www.bsm.org.cn/），2008 年 10 月 28 日。

〔註9〕馬承源主編：《上海博物館藏戰國楚竹書・三》，上海古籍出版社，2005 年，第 290 頁。

在戰國文字中從「旨（訇司勻）」得聲之字，用為「治」、「始」、「殆」、「詞（辭）」、「怠」、「怡」、「貽（詒）」、「邰」等，〔註10〕其中無一例外皆為之部字，而「異」字的上古音為餘母職部，讀「㝅」為「災異」之「異」，雖然於音理〔註11〕、文義可通，但從用字習慣及語音上來講並不完全密合。

　　現在據北大漢簡《周馴》所引《周書》之「皇天降殆」及《尚書・顧命》之「今天降疾殆」等文句，我們將《三德》簡2B-3讀為：

　　　　訂（期）而不訂（期），天乃墜（降）材（災）；已（已）而不
　　已（已），天乃墜（降）㝅（殆）。兀（其）身不旻（沒），至于孫＝
　　（孫子）。

簡文以訂（期）、材（災）為韻（之部平聲）；已（已）、㝅（殆）、子為韻（之部上聲），押韻極其自然諧婉。其所言「天乃墜（降）材（災）」，又言「天乃墜（降）㝅（殆）」，案《爾雅・釋詁一》：「栽、殆，危也。」「栽」與「材（災）」同。如是反覆重申而言之者，古人屬辭，不嫌於複也。

〔註10〕參施謝捷：《說「（旨（訇司勻）」及相關諸字》，《出土文獻與傳世文獻的詮釋——紀念譚樸森先生逝世兩周年國際學術研討會論文集》，上海古籍出版社，2010年。

〔註11〕之部和職部之間是陰入對轉的關係，從台從異之字也有互為異文之例，如《說文》飴字，籀文從異省；《楚辭・九章・惜誦》「又眾兆之所咍」，一本作「眾兆之所異」。參高亨：《古字通假會典》，齊魯書社，1997年，第374～375頁。

二、讀清華簡札記

（一）《攝命》「湛圂在憂」與《封許之命》「圂童在憂」合證〔註1〕

清華簡捌《攝命》簡 1-2 有一段話說：

> 余一人無畫夕難（勤）恤，咸（湛）圂才（在）惡（憂）。……

清華簡整理者注釋說：

> 咸讀為「湛」，「咸圂在憂」略同於毛公鼎「圂湛于囏」。「在憂」
> 猶云「在疚」，《詩·閔予小子》「閔予小子，遭家不造，嬛嬛在疚」，
> 《左傳》哀公十六年「旻天不弔，不憖遺一老，俾屏余一人以在位，
> 煢煢余在疚」。〔註2〕

看到「余一人無畫夕難（勤）恤，咸（湛）圂才（在）惡（憂）」這句，不禁
想到清華簡伍《封許之命》簡 7-8 的一段話：

> 余既監于殷之不若，■童才（在）惡（憂），林（靡）念非尚
> （常），……

「■童才（在）惡（憂）」、「咸（湛）圂才（在）惡（憂）」，其構詞形式相
同，文義極有可能相同或相近。

關於「■童才（在）惡（憂）」，清華簡整理者這樣注釋：

〔註1〕小文寫作過程中，字形的分析得到了何家興先生的幫助，又蒙網友「白石皓
皓」先生惠賜資料，一併致以謝意！此文首發於復旦大學出土文獻與古文字
研究中心網站，http://www.fdgwz.org.c/Web/Show/4332，2018/11/22。
〔註2〕李學勤主編：《清華大學藏戰國竹簡·捌》（下冊），中西書局，2018 年，第 113
頁。

囩，字內似從帀，即「師」，為心母脂部字，疑讀為「稚」。「稚」字或從房，也在心母脂部。「稚童」為謙詞，《書‧顧命》成王自稱「在後之侗」，孔傳以「侗」為「侗（僮）稚」。才，讀為「茲」，「茲憂」即「憂茲」倒文。〔註3〕

其後學者多有討論，〔註4〕除「才（在）惡（憂）」一詞解釋正確外，有關於「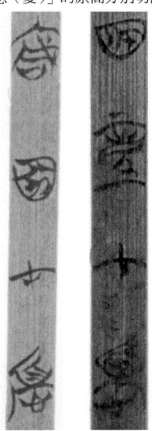童」的各種釋讀意見，類不能厭心愜理，故亦無當於文義。

為了方便討論，我們先將《攝命》「咸（湛）圂才（在）惡（憂）」及《封許之命》「童才（在）惡（憂）」的原簡分別切圖如下：

關於「」字，高佑仁先生說：

「」字原整理者認為字內似從帀，楚文字「帀（師）」作「夅」

〔註3〕李學勤主編：《清華大學藏戰國竹簡‧伍》（下冊），中西書局，2015年，第122頁。

〔註4〕詳細的討論參高佑仁：《〈清華伍〉書類文獻研究》，臺北萬卷樓圖書公司，2018年，第512～517頁。

（天卜）、「牟」（包山.103）、「牟」（包山.159）、「牟」（清華參.周公之琴舞.16）、「牟」（上博九.〈史蒥問於夫子〉.2），與本處「叴」字內部構形特徵相符，因此該字應分析成從「口」、「帀（師）」聲。〔註5〕

除了高先生所舉的楚文字「帀（師）」字，還有一些字形，如：

與「叴」之所從似非一字。

我們認為從字形来看，「叴」字實為從「口」從「豕」。作為獨體字的「豕」字，楚文字作：

| 3.1.23 | 3.1.33 | 3.1.40 | 晉文公03 | 越公14 |

（上博三《周易》〔註7〕）　　　（《清華柒》字表／199頁）

「叴」字顯然是因上博《周易》的這類「豕」形和「口」的上部及右部共用筆劃所致，遂作此形。

簡文的「童」字可讀為「湛」。「童」古音為定母東部字，「湛」古音為澄母侵部字。聲母皆為舌音，只是韻部看似遠隔，其實也不是不可以相通的。如傳世本《金縢》「予沖人」的「沖」字，清華簡作從「沈」得聲的「湷」，「沈」是定母侵部字，「沖」則屬定母冬部，侵冬兩部關係密切，故相通用。而「沖」、「童」古音也極相近，如清朱駿聲《說文通訓定聲・豐部》：「沖，叚借為僮。」《書・盤庚下》「肆予沖人」，孔傳：「沖，童。童人，謙也。」《尚書・大誥》「我幼沖人」，《大傳》引作「我幼童人」。中山王舋鼎有「寡人學

〔註5〕參高佑仁：《〈清華伍〉書類文獻研究》，臺北萬卷樓圖書公司，2018 年，第515 頁。

〔註6〕字形轉引自何家興：《戰國文字分域研究》，安徽大學 2010 年博士學位論文，指導教師：徐在國教授。

〔註7〕字形轉引自饒宗頤、徐在國主編：《上博藏戰國楚竹書字匯》，北京師範大學出版集團、安徽大學出版社，2012 年，第 704 頁。

（幼）埵（童）」，「嬰（幼）埵（童）」，何琳儀先生讀為「幼沖」〔註8〕。又樂器「空（箜）侯（篌）」又稱「坎侯（篌）」〔註9〕，「箜」為東部字，「坎」則為侵部字（或歸入談部）。又王強先生指出：

> 與「九坎」運行規律相同的「九空」見《赤松子章曆》、《便民圖纂》等書。「坎」、「空」義近，《爾雅·釋器》：「小罍謂之坎」，郝懿行謂：「坎者，猶言空也。名罍之器，蓋取中空為義也。」古書中有二字通用的例證。〔註10〕

凡此皆可以證明「童」、「湛」音近而相通。

本來古韻冬與侵、東與談音近，故往往相通以致異文，這當然比較合於音理，屬於正例；但語音流轉無方，變動不居，從傳世及出土文獻的異文來看，尤其是一些固定的詞語、人名、地名，都存在著看似不合音理，而實際上卻的的確確存在，這種看似不合理的現象必有其存在的理由，但這相對於普遍的合於音理的異文，只能算是變例。我們不能因為有正例而輕易否定變例的存在，同樣地也不能因為有變例的存在而隨意擴大相通之例。

綜上所述，清華簡的「咸圂」、「圂童」與毛公鼎的「圂湛」〔註11〕就是同一語詞的不同書寫形式。〔註12〕

〔註8〕何琳儀：《中山王器考釋拾遺》，收入《安徽大學漢語言文字研究·何琳儀卷》，北京師範大學出版集團、安徽大學出版社，2013年，第129頁；又參蔣玉斌、周忠兵：《據清華簡釋讀西周金文一例——說「沈子」、「沈孫」》（復旦大學出土文獻與古文字研究中心網站，2010/6/7，http://www.gwz.fudan.edu.cn/Web/Show/1179#_ednref4）及這篇文章後面的跟帖。

〔註9〕王利器：《風俗通義校注》（下冊），中華書局，2010年，第297頁。

〔註10〕王強：《由「同術異名」現象談神煞的命名》，第一屆「出土文獻與中國古代史」學術論壇暨青年學者工作坊會議論文，復旦大學，11月1～4日。

〔註11〕孫詒讓（1903）：圂，讀為溷亂之溷，……湛言湛溺；郭沫若（1931）圂湛乃聯綿字（同音異義之聯綿字別有悃忱），猶言陷溺也；董作賓（1952）說同；高亨（1941）圂當讀為渾，《爾雅·釋詁》：「渾，墜也。」《說文》：「湛，沒也。」此句言懼余小子隕墜沈沒艱難之中。以上諸家說法參石帥帥：《毛公鼎銘文集釋》，吉林大學碩士學位論文，指導教師：單育辰副教授，2016年，第72～75頁。

〔註12〕古漢語雙音詞的字序常常可以互換，參鄭奠：《古漢語中字序對換的雙音詞》，《中國語文》1964年第6期，第445～453頁。曹先擢：《並列式同素異序同義詞》，《中國語文》1979年第6期，第406～411頁；收入曹先擢：《辭書論稿與辭書札記》，商務印書館，2010年，第15～27頁；又參看蔡偉：《釋「百丩旨身鯩鰡」》，復旦大學出土文獻與古文字研究中心網站，http://www.gwz.fudan.edu.cn/Web/Show/1993，2013/1/16；又黃傑：《〈離騷〉「顑頷」解——上古漢語一詞多形現象研究之二》，未刊稿。

（二）讀清華簡（捌）《虞夏殷周之制》札記一則〔註13〕

頃獲讀石小力先生《清華簡〈虞夏殷周之制〉與上古禮樂制度》一文，該文引用了即將正式出版的《清華簡捌》中的一篇名為《虞夏殷周之制》的簡文，其文曰：

> 曰昔又（有）吳（虞）氏用索（素），頖（夏）后受之，乍（作）政用倍（禦），百（首）備（服）收，祭器四羅（璉），乍（作）樂《䚇猷（管）》九成，晢（海）外有不至者。殷人弋（代）之曰（以）晶（三），教民曰（以）又（有）禔=（威威）之，百（首）備（服）作早（旱），祭器六臣（瑚），乍（作）樂《綯（韶）》、《雈〈蒦─濩〉》，晢（海）內有不至者。周人弋（代）之用兩，教民曰（以）宜（儀），百（首）備（服）乍（作）曼（晃），祭器八窢（簋），乍（作）樂《武》、《象》，車大迨（輅），型繨（鐘）未棄（棄）文章，晢（海）外之者（諸）侯逷（歸）而不坐（來）。（簡 1-3）〔註14〕

關於「型鐘未棄文章」這句話，網友悅園先生提出了不同的斷句及改讀意見：

> 按：「型鐘未棄文章」，當在「型鐘」後點斷，「未棄文章」之「未」，似應讀為「蔑」（參看《古字通假會典》「未與懱」、「昧與蔑」條），蔑棄，即鄙棄。《國語·周語下》：「上不象天，而下不儀地，中不和民，而方不順時，不共神祇，而蔑棄五則。」文章，指前代的禮樂制度。《論語·泰伯》：「煥乎其有文章。」「蔑棄文章」，即鄙棄前代的禮樂制度。〔註15〕

蕭旭先生在回帖中認為「蔑棄」不是鄙棄之義，蔑、滅一聲之轉。「蔑棄」音轉亦作「泯棄」、「昏棄」。王寧先生同意「未棄」讀「蔑棄」之說，謂漢代典籍也作「滅棄」，並引《後漢書·王充王符仲長統列傳》載仲長統詩「叛散五經，滅棄風雅」為證。〔註16〕

〔註13〕此文首發於復旦大學出土文獻與古文字研究中心網站，http://www.fdgwz. org.cn/Web/Show/4310，2018/10/21。

〔註14〕石小力：《清華簡〈虞夏殷周之制〉與上古禮樂制度》，《清華大學學報（哲學社會科學版）》2018 年第 5 期，第 58～60 頁。

〔註15〕悅園：《清華簡八〈虞夏殷周之制〉中的「未棄文章」》，武漢大學簡帛網·簡帛論壇·簡帛研讀，http://www.bsm.org.cn/bbs/read.php?tid=4346，2018-09-25。

〔註16〕王寧：《清華簡八〈虞夏殷周之制〉財用觀念淺議》，復旦大學出土文獻與古

又簡文的「型縺」，王寧先生疑當讀為《荀子・正論》「故治則刑重，亂則刑輕」的「刑重」。〔註17〕

對此處的簡文我有不同於以上學者的看法，現在寫出來，以供讀者批評。我認為「型縺未棄文章」，或當於「未」下斷句，簡文可讀為：

型（鉶）縺（重）未（味），棄（棄）文章

「鉶」是用以盛羹之器。宋代聶崇義《三禮圖・鉶鼎》云：「鉶受一斗，兩耳三足，高二寸，有蓋。士以鐵為之，大夫已上以銅為之，諸侯飾以白金，天子飾以黃金。」清代毛奇齡《辨定祭禮通俗譜》卷三云：「鉶則鼎之小者……（今）鉶直以磁盂為之，便盛羹，則曰鉶碗而已。」《史記・李斯列傳》：「飯土匭，啜土鉶。」又《史記・自序》中引司馬談《論六家要指》言堯舜「食土簋，啜土刑」，在班固《漢書・司馬遷傳》中作「飯土簋，歠土刑」，顏師古注：「刑【所】以盛羹也」。〔註18〕是其字又作「刑」。又在出土文獻中，如上博四《曹沫之陳》簡2有下引文句：

昔栯（堯）之鄉（饗）坴（𡍬—舜）也，飯於土輶（簋），欲〈歠（歠／啜）〉於土型（鉶）。〔註19〕

其字則正作「型」，可見將清華簡《虞夏殷周之制》中的「型」讀為「鉶」，從用字習慣上講，應無問題。

檢《淮南子・俶真》云：

當此之時，風雨不毀折，草木不夭【死】，九鼎重味，珠玉潤澤，
洛出丹書，河出綠圖。

高誘注：

九鼎，九州貢金所鑄也。重，厚也。〔註20〕

又《藝文類聚》卷二十三《人部》七《鑒誡》引晉戴逵《申三復贊》云：

若然者，雖翠幄華堂，焉得而康之？列鼎重味，焉得而嘗之？
〔註21〕

文字研究中心網站，http://www.gwz.fudan.edu.cn/Web/Show/4293，2018-09-26。

〔註17〕王寧：《清華簡八〈虞夏殷周之制〉財用觀念淺議》，復旦大學出土文獻與古文字研究中心網站，http://www.gwz.fudan.edu.cn/Web/Show/4293，2018-09-26。

〔註18〕班固：《漢書》（第九冊），中華書局，1987年，第2712頁。

〔註19〕此據陳劍《上海博物館藏戰國楚書一～六釋文》引用。

〔註20〕何寧：《淮南子集釋》（上冊），中華書局，2010年，第156頁。

〔註21〕《宋本藝文類聚》（上冊），上海古籍出版社，2015年，第644頁。

既然「鉶」為鼎之小者，那末「型（鉶）縜（重）未（味）」與「九鼎重味」、「列鼎重味」，其句式、文義可以等同視之。

　　當然，如果將簡文「縜（重）未（味）」理解為古書中常見「食不重味」之「重味」，也是可以的。檢《史記‧游俠列傳》云：

　　　　魯朱家者，與高祖同時。魯人皆以儒教，而朱家用俠聞。所藏
　　　　活豪士以百數，其餘庸人不可勝言。然終不伐其能，歆其德，諸所
　　　　嘗施，唯恐見之。振人不贍，先從貧賤始。家無餘財，衣不完采，
　　　　食不重味，乘不過軥牛。專趨人之急，甚己之私。

《史記集解》：

　　　　徐廣曰：「音雛。」駰案：《漢書音義》曰：「小牛。」

《史記索隱》：

　　　　上音古豆反。案：大牛當軛，小為軥牛。〔註22〕

其中「食不重味，乘不過軥牛」與清華簡「車大洛（輅）、型（鉶）縜（重）未（味）」的造句用意頗相類似，不過文義正好相反，一則乃言其儉，一則乃言其奢耳。

　　又寫本《群書治要》卷31引《六韜‧文韜》云：

太公曰昔帝堯上世之所謂賢君也
堯王天下之時金銀珠玉弗服錦繡
文綺弗衣奇怪異物弗視好之器
弗寶淫佚之樂弗聽宮垣室屋弗
崇茅茨之蓋不剪采椽不斲素木不
為滋味重累不食不以私曲之故留
耕種之時削心約志從事乎無為其

　　　　　　　　　　　　　　　　　　（28軸／6頁；五／8～9頁）〔註23〕

〔註22〕司馬遷：《史記》（十），中華書局，2014年，3868頁。
〔註23〕日本宮內廳書陵部收藏漢籍集覽全文影像之《群書治要》第二十八軸，http://
　　　　db.sido.keio.ac.jp/kanseki/T_bib_search.php；又《群書治要》（五），日本汲古
　　　　書院，1989年。

《後漢書》卷六十三《李杜列傳》李賢注引《太公兵法》作：

> 帝堯王天下之時，金銀珠玉弗服也，錦繡文綺弗衣也，奇怪異物弗視也，玩好之器弗寶也，淫佚之樂弗聽也，宮垣室屋弗堊色也，榱桷柱楹弗藻飾也，茅茨之蓋弗翦齊也，滋味重累弗食也，溫飯煖羹酸餒不易也。

《全唐文》卷二百十七崔融《代宰相上尊號表》曰：

> 珍羞圓方，滋味重累，人君之甘旨也，而陛下藜藿之羹，粢糲之飯。

影宋本《太平御覽》卷80《皇王部五》引《六韜》曰：

> 太公曰：帝堯王天下之時，金銀珠玉弗服，錦繡文綺弗衣，奇恠異物弗聽，宮垣屋室弗崇，桶〈桷〉橡柱楹不藻飾，茅茨之蓋弗剪齊。黻黼之絓履不弊盡不更為也，滋味{不}重糝〈擽／檪—纍／累〉弗食也，溫飦煖羹不酸餒不易〈易〉也。不以私曲之故留耕種之時，削心約志從事無予為。〔註24〕

又《太平御覽》卷八百二十二《資產部二》引《六韜》曰：

> 昔帝堯之王天下，不以私曲之故留耕績之時。

《古今圖書集成·明倫彙編·皇極典·君德部》之一引《六韜》曰：

> 帝堯王天下，金銀珠玉弗服也，錦繡文綺弗衣也，奇怪異物弗視也，玩好之器弗寶也，淫佚之樂弗聽也，宮垣屋室弗堊色也，榱桷柱楹弗藻飾也，茅茨之蓋弗剪齊也，黻衣絓履不敝不更為也，滋味重累弗食也，溫飯暖羹不酸餒不易也，不以私曲之故留耕種之時，削心約志從事於無為。其自為奉也甚薄，其賦役也甚寡，故萬民富樂而無饑寒之色。

明·陳耀文撰《天中記》卷十一引《六韜》曰：

> 帝堯王天下之時，金銀珠玉弗服也，錦繡文綺弗衣也，奇怪異物弗視也，玩好之器弗寶也，淫泆之樂弗聽也，宮垣屋室弗堊色也，榱桷柱楹弗藻飾也，茅茨之蓋弗翦齊也，衣絓履不弊不更為也，滋味重累弗食也，溫飯煖美不酸餒不易也，不以私曲之故留耕種之時，

〔註24〕《太平御覽》（四），上海書店影印《四部叢刊》三編子部第38冊，第5頁；又《太平御覽》（一），中華書局，1963年，第374頁。案「從事無予為」當作「從事於無為」。

削心約志從事於無為，其自奉也甚薄，其賦役也甚寡，故萬民富樂
而無饑寒之色，百姓戴其君如日月，親其君如父母。

由上引諸書可知，寫本《治要》之作「滋味重累不=食」，「不」下重文符號當
為衍文，誤衍重文符號之例在出土及傳世文獻中習見。〔註25〕故寫本《治要》
可轉寫如下：

　　太公曰：昔帝堯上世之所謂賢君也，堯王天下之時，金銀珠玉
弗服，錦繡文綺弗衣，奇（奇）恠（怪）異物弗視，玩好之器弗寶，
滛〈淫〉泆之樂弗聽，宮垣室屋弗崇，茅茨之盖（蓋）不剪，衣履
不弊盡不更為；滋味重累不{=}食；不以私曲之故留耕種之時，削心
約志從事乎无（無）為。

檢宋本《六韜・文韜・盈虛》作：

　　太公曰：帝堯王天下之時，金銀珠玉不飾，錦繡文綺不衣，奇
怪珍異不視，玩好之器不寶，淫泆之樂不聽，宮垣屋室不堊，甍桷
椽楹不斵，茅茨徧庭不剪，鹿裘禦寒，布衣掩形，糲粱之飯，藜藿
之羹，不以役作之故害民耕織之時，削心約志從事於無為。

其文句則頗多改易，實遠不如《治要》及類書所引為善。《治要》及類書所引
《六韜》之「滋味重累」即「重味」。

　　綜上所述，則「型（銂）縺（重）未（味）」與「車大逤（輅）」屬對精
嚴，且「車大逤（輅）」、「型（銂）縺（重）未（味）」、「棄（棄）文章」又
皆以三字為句，句法亦極整飭。簡文蓋謂周人車則為大輅，銂（或盛於銂器
中的羹〔註26〕）則有重味／厚味／多味，又棄捐禮法而不用，〔註27〕以至於
海外之諸侯歸而不來。

　　不知如此解釋，是否合乎簡文之文義，幸讀者有以教我。

〔註25〕詳細的討論可參蔡偉：《誤字、衍文與用字習慣——出土簡帛古書與傳世古書
　　　校勘的幾個專題研究》一文中的「誤衍重文號」，復旦大學博士學位論文，指
　　　導教師：陳劍教授，2015 年 6 月。
〔註26〕我們知道，「銂」除了訓為「羹器」，還指盛於銂器中的羹。《儀禮・特牲饋食
　　　禮》「祭銂嘗之，告旨」，鄭玄注：「銂，肉味之有菜和者。」賈公彥疏：「以
　　　其盛之銂器，因號羹為銂。」即是其例。
〔註27〕上引網友悅園云「文章，指前代的禮樂制度」，可從。案《禮記・大傳》：「聖
　　　人南面而治天下，必自人道始矣，立權度量，考文章，改正朔，易服色，殊
　　　徽號，異器械，別衣服，此其所得與民變革者也。」鄭玄注：「文章，禮法也。」
　　　孫希旦集解：「文章，謂禮樂制度。」

（三）據清華簡校正《逸周書・祭公》誤字一則〔註28〕

我們閱讀傳世的古代文獻，有時很難發現一些有問題的字句，端賴有出土文獻，才有可能覺知傳世文獻中的錯誤，今試舉一例予以說明。

《逸周書・祭公》有下引一段話：

> 維皇皇上帝度其心，寶之明德。付俾於四方，用應受天命，敷文在下。

晉代的孔晁注云：

> 天度其心所能，寶明德於其身也。〔註29〕

其中的「寶」字，學者多有解釋，如潘振云：「寶，置也，猶言安著也。謂大大上帝，制文、武之心，使有尺寸，能度義而安著於明德也。」陳逢衡云：「寶，示也。帝度其心，故有明德之示，以佑啟我後人也。」唐大沛云：「寶，置也，納之也。明德，光顯之德也，猶云懿德、常德。即《詩》所謂『帝度其心，貊其德音』之意。」〔註30〕

直到清華簡《祭公之顧命》的出現，我們才發現今本《逸周書・祭公》的「寶」字其實是有問題的。

案清華簡《祭公之顧命》簡4-5作：

> 隹（惟）寺（時）皇上帝尼（宅）亓（其）心，卿（享）亓（其）明悳（德），㝆（府—付）畀四方。甬（用）纏〔註31〕（膺）受天之命，尃（敷）馘（聞）才（在）下。

蕭旭先生認為：

> 「寶」當作「著」，形之譌也。之，猶其也。著之明德，彰明其明德也。簡本作「卿」者，亦彰明、彰顯之義。《說文》：「卿，章也。」《廣雅》同。《白虎通義・德論上》：「卿之為言〔章也〕，章善明理也。」《初學記》卷十二引《釋名》：「卿，章也，言貴盛章著也。」

〔註28〕此文首發於復旦大學出土文獻與古文字研究中心網站，http://www.fdgwz.org.cn/Web/Show/4408，201/3/31。

〔註29〕《元本汲冢周書》，國家圖書館出版社，2017年，第158頁。

〔註30〕黃懷信、張懋鎔、田旭東：《逸周書匯校集注》，上海古籍出版社，2007年，第927頁。

〔註31〕高佑仁指出，此字實從「土」不從「止」，見復旦讀書會：《清華簡〈祭公之顧命〉研讀札記》文後評論（http://www.gwz.fudan.edu.cn/Web/Show/1354，2011年1月20日），復旦數據庫釋文從其說改隸定為「纏」，後來趙思木將此字嚴格隸定為「纏」，今從之。

《書鈔》卷五十三引應劭《漢官儀》：「卿，彰也，明也，言當背邪
向正，彰明道德也。」此簡「卿」字正可發明《說文》古義，至可
寶貴。考《大戴禮記·小辨》：「發厥明德。」「發」亦彰明之義，《廣
雅》、《玉篇》並云：「發，明也。」《左傳》襄公二十六年：「晉君宣
其明德於諸侯。」「宣」亦彰明之義，《詩·淇奧》釋文：「咺，《韓
詩》作宣。宣，顯也。」王引之曰：「宣昭，猶言明昭。」又「宣朗
者，明朗也。」《易·晉》象曰：「明出地上，晉，君子以自昭明德。」
《子夏易傳》卷四：「明出地上大明之道，可進之時也，君子著其明
德，求上知之。」昭亦明也、著也。並可與此簡印證。〔註32〕

李麗紅先生語譯為：

只有偉大的上天揣度他們的心思，把明德昭示給他們，把四方
交付給他們。〔註33〕

季旭昇先生說：

「卿」訓為「彰」，可從。蕭謂今本「寔」為「著」之誤，亦合
理。〔註34〕

魏慈德先生譯為：

皇天上帝度量其心，賜之明德〔「卿其明德」，整理者讀「卿」
為「饗」，通「享」。享其明德，即能分享帝所賜明德。黃澤鈞譯作
（上帝）彰顯他們的德性，不確。〕〔註35〕

又云：

上帝度周人之心，并予以明德，使其能受天命而有天下之事，
也見於文獻，如《詩·大雅·皇矣》「維此王季，帝度其心」、《康誥》
「汝丕遠惟商耇成人，宅心知訓」，其中「宅心」即「度心」，言度
量商耇老之心，知其道也。《皇矣》又言「帝謂文王，予懷明德，不
大聲以色，不長夏以革，不識不知，順帝之則」（毛傳：「懷，歸

〔註32〕蕭旭：《清華竹簡〈祭公之顧命〉校補》，復旦大學出土文獻與古文字研究中
心網站，2011 年 1 月 11 日，http://www.gwz.fudan.edu.cn/Web/Show/1375。
〔註33〕李麗紅：《清華簡〈金縢〉、〈祭公之顧命〉異文研究》，河北大學 2012 年碩士
學位論文，指導教師：張振謙，第 45 頁。
〔註34〕季旭昇主編：《清華大學藏戰國竹簡（壹）讀本》，臺灣藝文印書館，2013 年，
第 253 頁。
〔註35〕魏慈德：《從出土的清華簡〈祭公之顧命〉來看清人對〈逸周書·祭公〉篇的
校注》，《廈大中文學報》2016 年第 3 輯。

也。」）、上博《孔子詩論》簡7「帝謂文王懷爾明德，害（蓋）誠謂之也。有命自天，命此文王，誠命之也」，皆言文王享有帝之明德事，也即簡文的「卿（饗）其明德」。〔註36〕

趙思木先生說：

> 按，此句主語仍是「皇上帝」，「其明德」應指文王、武王之明德，訓「享」為「分享」不甚通。蕭旭訓「卿」為「彰」之說中所舉彰顯明德之例多為有德之人自我彰顯，謂上帝彰顯文王武王之明德而「付畀四方」，恐亦不通。此「卿明德」當與「度其心」相應，指上帝對文、武之明德做出表示，從而「付畀四方」。疑讀為「饗」，意謂「酬勞」。「饗」本有以酒食犒勞之意，《儀禮·士昏禮》「舅姑公饗婦以一獻之禮」鄭玄注：「以酒食勞人曰饗。」《周禮·夏官·稟人》「書其等以饗工」鄭玄注：「饗，酒餚勞之也。」這裡借指上帝對文、武用心、明德之報答。〔註37〕

以上是學者們對簡文的理解，以趙思木先生之說較為晚出，所駁諸家之說亦較合理。他疑「卿」讀為「饗」，這也是對的，但他將「饗」解釋為「酬勞」，也非簡文之文義。

由於清華簡整理者對「卿（享）亓（其）明悳（德）」這句沒有作過多的解釋，我們只要看以上學者們對於其中「卿（享）」字的種種說解，就知道其實學者們並沒有真正弄懂「卿（享）」字的意思，所以不揣淺陋寫下這篇小文，或許可以有助於加深對清華簡「卿（享）」字的理解。

案清華簡《厚父》簡4有「其才（在）寺（時）後（後）王之卿，或肆（肆）祀三后，永敘（敘）才（在）服，隹（惟）女（如）台（台）」語，清華簡原整理者如此句讀，又引或說云：「『卿』字連下讀，『卿或』讀為『享國』，猶云在位，詞見《書·無逸》。」清華大學出土文獻讀書會《清華簡第五冊整理報告補正》引馬楠先生同或說。〔註38〕又《厚父》簡13有「隹（惟）神之卿（饗）」，皆以「卿」為「饗」或「享」，與清華簡《祭公之顧命》用字習慣相同。

〔註36〕魏慈德：《從出土的清華簡〈祭公之顧命〉來看清人對〈逸周書·祭公〉篇的校注》，《廈大中文學報》2016年第3輯。

〔註37〕趙思木：《〈清華大學藏戰國竹簡（壹）〉集釋及專題研究》，華東師範大學2017屆研究生博士學位論文，指導教師：黃人二教授。

〔註38〕參吳琳：《清華簡（伍）〈厚父〉篇集釋》，復旦大學出土文獻與古文字研究中心網站，http://www.gwz.fudan.edu.cn/SrcShow.asp?Src_ID=2560。

　　我們知道，從古文字來看，「卿」即「饗」的初文，而「卿」與「鄉」為一字之分化。檢《墨子・尚賢中》有「則此言三聖人者，謹其言，慎其行，精其思慮，索天下之隱事遺利，以上事天，則天鄉其德，下施之萬民，萬民被其利，終身無已」語，清人孫詒讓指出：「『鄉』當讀為『享』。《明鬼下》篇云『帝享女明德』」〔註39〕可見清華簡整理者將「卿」括注為「享」，從語音、文義及用字習慣上講，毫無問題。

　　我們認為清華簡《祭公之顧命》「卿（饗／享）亓（其）明悳（德）」與《墨子・尚賢中》「則天鄉其德」以及《明鬼下》「帝享女明德」，其中的「卿（饗／享）」、「鄉」、「享」都是歆饗的意思。《呂氏春秋・仲秋》云「是月也，乃命宰祝巡行犧牲，視全具，案芻豢，瞻肥瘠，察物色，必比類，量小大，視長短，皆中度。五者備當，上帝其享」，可以為證。

　　案孫詒讓引《明鬼下》篇之「帝享女明德」，其原文作：

　　　　昔者鄭穆公，當晝日中處乎廟，有神入門而左，鳥身，素服三絕，面狀正方。鄭穆公見之，乃恐懼犇，神曰：「無懼！帝享女明德，使予錫女壽十年有九，使若國家蕃昌，子孫茂，毋失。」〔註40〕

《開元占經》卷一百一十三《四海神》引作：

　　　　《墨子》曰：鄭繆公晝處廟，有神入門而左，鳥身素服三純，面狀正方，繆公乃懼，神曰：無奔，帝享汝明德，使錫壽十年，使君昌，公問神名，神曰：勾芒。

《太平御覽》卷八百七十二《休徵部》一引作：

　　　　《墨子》曰：鄭繆公晝日處廟，有神入門而左，鳥身素服，面狀正方。繆公乃懼，神曰：「無奔，帝享汝明德，使錫汝壽十年，使君國昌。」公問神，神曰：「予為勾芒。」

其卷八百八十二《神鬼部》二《神》下引作：

　　　　鄭繆公處於廟，有神入門，身鳥素服，曰：「帝饗汝明德，使錫汝壽十年有九。」公曰：「敢問神名。」曰：「予為勾芒。」

《太平廣記》卷二百九十一《鄭繆公》作：

　　　　鄭繆公晝日處廟，有神人面鳥身，素服。面狀方正。繆公大懼。

〔註39〕孫詒讓：《墨子閒詁》（上冊），中華書局，1986年，第58頁。
〔註40〕孫詒讓：《墨子閒詁》（上冊），第205～206頁。

神曰：「無懼，帝厚汝明德，使錫汝壽十年，使若國昌。」公問神名，
曰：「予為勾芒也。」〔註41〕

《楚辭・遠遊》「吾將過乎句芒」，宋洪興祖《楚辭補注》引《墨子》云：

鄭繆公晝日處廟，有神人面鳥身素服，面狀正方，神曰：「帝厚
汝明德，使錫汝壽十年，使若國昌。」公問神名，曰：「予為勾芒也。」
〔註42〕

案《太平廣記》及《楚辭補注》所引《墨子》，其「享」字並誤作「厚」，而點
校和整理者皆未加揭示。

又檢《舊唐書》卷一百三十列傳第八十云：

慎用其財力，敬其神而虔恭於祠祭。故神享其明德而降之福，
人受其大賚而盡其力。

《宋史》卷一百三十二志第八十五云：

禮行於郊，百神受職。靈祇格思，享我明德。天鑒孔章，玄祉
昭錫。

從上引的清華簡《祭公之顧命》以及相關的一些傳世文獻，我們可以看出，
其文例都是上帝（或天或神或靈祇）卿／鄉（饗）／享（或誤作「厚」）明德
／德，然後賜予四方／福（或壽或祉）。

檢西周晚期重器《毛公鼎》，其開首即云：

王若曰：父厝，不（丕）顯文武，皇天引猒厈（厥）德，配我
有周，雁（膺）受大命，率裛（懷）不廷方。

其中的「猒」字，徐同柏謂即《書・洛誥》「萬年厭于乃德」之「厭」，引
馬融注云：「厭，飫也。」甚是，字或作「饜」。關於「配」字，王國維先生謂：

配，對也，自人言之則曰配天，曰配命，曰配上帝，自天言之
則曰配我有周矣。

後來王氏又云：

配命謂天所畀之命，亦一成語。永言配命，猶云永我畀命，非
我長配天命之謂也。〔註43〕

〔註41〕張國風：《太平廣記會校》（第11冊），北京燕山出版社，2011年，第4825～
4826頁。

〔註42〕洪興祖：《楚辭補注》，白化文等點校，中華書局，2006年，第170頁。

〔註43〕王國維：《與友人論〈詩〉〈書〉中成語書（二）》，收入《觀堂集林》，中華書
局，2015年。本文所引諸家對《毛公鼎》銘文解釋的意見可參石帥帥：《毛公

我們認為王氏之說可以信從。蓋「配」、「畀」古音相近，故其義亦相同。〔註44〕
《毛公鼎》銘文也應該理解為：皇天歆饗文王武王之德而得到滿足，所以皇
天才一直將周邦賜予文王武王的後人。

是《毛公鼎》與清華簡《祭公之顧命》簡4-5，從遣詞命意上講，多相類
似，可以互相比照。

那末接下來的問題是，與簡文對應的傳世本《逸周書‧祭公》作「寔之
明德」，「寔」字該如何解釋？若如字而讀，顯然文義難通。我們猜想「寔」字
或許有可能是「享」字的訛誤。

比如新近出版的清華簡捌《攝命》簡23中出現的「享」與「德」連屬的
文例：

　　　　鼎銘文集釋》，吉林大學碩士學位論文，指導教師：單育辰副教授，2016年，
　　　　第38～42頁。
〔註44〕「配」上古音為滂母物部，「畀」上古音為幫母物部，古音極近。案「畀」字
　　　　古音學家歸字不盡相同，或以「畀」歸入質部，其實不論歸於物部還是質部
　　　　都不影響「配」、「畀」古音相近的結論。關於「配」字古音可參陳劍：《釋〈忠
　　　　信之道〉的「配」字》，《國際簡帛研究通訊》第二卷第六期，《中國哲學》編
　　　　委會、煙臺大學國際簡帛研究中心主辦，2002年12月。

其中的「享」字作「」，與傳世本《逸周書‧祭公》的「寘」字，其字形頗為相近。又如「享」字的傳抄古文或作：

（《古文四聲韻》引崔希裕《纂古》）〔註45〕

亦與傳世本《逸周書》的「寘」字字形相近，在傳抄的過程中就產生了訛誤，這是應該有可能的。

綜上所述，我們認為《逸周書‧祭公》可校讀為：

> 維皇皇上帝度其心，寘〈言／享〉之明德。付俾（畀）{於}四方，用應（膺）受天命，敷文（聞）在下。

附記：

本文寫作過程中，蒙趙思木先生惠賜其博士論文，又蒙賀璐、白石皓皓先生分別惠賜相關資料，謹此致謝！同時也感謝「死亡書社」分享的各種資料，使小文得以順利形成。

小文在復旦大學出土文獻與古文字研究中心網站發表後，蒙網友海天先生指出，蔣文《先秦秦漢出土文獻與〈詩經〉文本的校勘和解讀》（復旦大學出土文獻與古文字研究中心2016年博士學位論文，指導教師陳劍教授，2016年6月）4.2.2「予懷明德」之「懷」可能應理解成「感懷」條下云：

> 馨香之明德的作用大概並不限於助祭，它應該和馨香的祭品一樣，是可以直接奉獻給上天、神靈的，換言之，他們可以像享受馨香的祭品一樣享受明德。清華簡《祭公之顧命》簡4-5有如下文句：
>
> 隹（惟）寺（時）皇上帝尼（宅—度）元（其）心，卿（享）元（其）明惠（德），宭（府—付）畀四方，甬（用）纏（纚—膺）受天之命，專（敷）馘（聞）才（在）下。
>
> 這段說的是上帝忖度文王、武王的心，享受他們明德，將天下四方交給他們。這背後的邏輯就是裘先生所說的上帝臨視下方，如果被臨視者的德行是好的，就會降下福祉。

〔註45〕《汗簡‧古文四聲韻》，中華書局，2010年，第106頁。此據「國學大師」網站引用。

除了「享德」外，還有「厭德」的說法，如《尚書·雒誥》「萬年厭乃德」、毛公鼎【集成 02841、通鑑 02518】「不（丕）顯文武，皇天引猒（厭）乒（厥）德，配我有周，雁（膺）受大命」，可見德和祭品一樣，不但可以享受，甚至還可以飽食。

蔣文先生的博士論文現在已經正式出版，上引的相關內容見《先秦秦漢出土文獻與〈詩經〉文本的校勘和解讀》，中西書局，2019 年，170～171 頁，讀者可以參看。

（四）清華簡《治政之道》小札一則〔註46〕

《治政之道》簡6云：

黃帝不出門檐（檐），以智（知）四海之外。〔註47〕

關於「檐」字，整理者僅括注為「檐」，而無說明。檢《韓詩外傳》卷五有相關文句分別作：

天子居廣廈之下，帷帳之內，旃茵之上，被躧舄，視不出閫，莽然而知天下者，以其賢左右也。〔註48〕

聖王在，彼躧舄，視不出閫，而天下隨，倡而天下和。〔註49〕

又劉向《新序·雜事五》有類似文句作：

天子居闈闥之中，帷帳之內，廣廈之下，旃茵之上，不出襜幄而知天下者，以有賢左右也。

其遣詞命意皆與清華簡相近。

其中《外傳》「視不出閣」〔註50〕與清華簡「不出門檐（檐）」之文義尤近，並且「檐（檐）」、「閣」古音亦極近，〔註51〕二者應為同源關係。

〔註46〕此文首發於武漢大學簡帛網，http://www.bsm.org.cn/?chujian/8175.html，2019-12-02。

〔註47〕黃德寬主編：《清華大學藏戰國竹簡（玖）》，中西書局，2019 年，第 126 頁。

〔註48〕屈守元：《韓詩外傳箋疏》，四川出版集團巴蜀書社，2012 年，第 248 頁。

〔註49〕屈守元：《韓詩外傳箋疏》，第 265 頁。

〔註50〕《爾雅·釋宮》「宮中之門謂之闈，其小者謂之閨，小閨謂之閣，……」，是「閣」為「小門」，又詳段玉裁：《說文解字注》，上海古籍出版社，2012 年，第 587 頁。

〔註51〕案凡從「詹」從「合」之字音近而通用，詳見李家浩：《關於〈詛楚文〉「𩍍鞠」的釋讀》，載郭錫良、魯國堯主編：《中國語言學》（第一輯），山東教育出版社，2008 年 7 月。

案《說文》作「閶」，云「閶謂之橘。橘，廟門也。」〔註52〕《說文》「閶」字廁於「闥」、「閔」、「闈」、「閤」之間，而宋本《玉篇》及《篆隸萬象名義》又皆以「閶」、「閤」二字相鄰，如下所引：

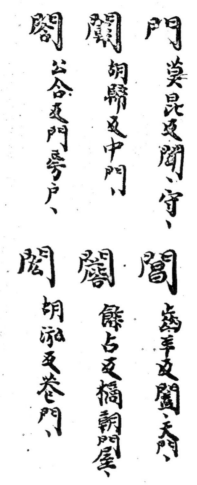

（《篆隸萬象名義》，台聯國風出版社，1975 年，第 585 頁）

是許叔重、顧野王皆知「閶」字古義有「門也」之訓。又《集韻·上声·五十琰》：「閶，門屋。」〔註53〕傳世文獻中如《國語·吳語》云「王背檐而

〔註52〕參段玉裁：《說文解字注》，上海古籍出版社，2012 年，第 587 頁。案程瑤田《通藝錄·釋宮小記·棟宇楣阿榮檐霤辨》一文，謂「『閶橘』之『閶』與『檐槐』之『檐』判然兩事」、又有「余有《〈說文〉『檐』、『閶』異義考》詳之」語。（見《程瑤田全集》（壹），黃山書社，2008 年，第 465 頁。）案今《程瑤田全集》未見收有此文，蓋已遺佚。

〔註53〕趙振鐸：《集韻校本》（上冊），上海辭書出版社，2012 年，第 932 頁。

立，大夫向檐」，韋昭注云：

> 檐謂之樀。樀，門戶掩陽也。〔註54〕

所以，清華簡《治政之道》「不出門檐（檐—閶）」之「門檐（檐—閶）」應為同義複詞。「門檐（檐—閶）」猶云「門閶」耳。〔註55〕

　　案《廣雅·釋器》云：「幠、帗，幦也。」王念孫《疏證》云：

> 《太平御覽》引《通俗文》云：「障牀曰襜。」《釋名》云：「牀前帷曰襜，言襜襜而垂也。」《新序·雜事》篇云「不出襜幄而知天下」，襜與帗同。《爾雅》「衣蔽前謂之襜」，襜與幠皆是障蔽之名，幦謂之幠，亦謂之襜，屋梠謂之樀，亦謂之檐，樀與幠，檐與襜，聲近而義同也。〔註56〕

則《新序》作「不出襜（帗）幄而知天下」，殆漢劉向所改。

　　總之，《外傳》《新序》等相關文句有其共同的來源，即來源於清華簡《治政之道》篇之「黃帝不出門檐（檐—閶），以智（知）四海之外」。

　　我們知道，出土文獻最重要的意義之一，就是大大地豐富了古代漢語的詞彙和詞例，補充字典詞書書證之不足，讓我們對於古代語言有更深入更確切的了解。通過本文的考證，正足以說明這一點。

（五）清華簡（陸）《子產》小札一則〔註57〕

　　《子產》篇14-15有下引一段話：

> 𣃠（前）者之能迓（役）相亓（其）邦豪（家），以成名於天下者，身以虜〔註58〕（獻）之。〔註59〕

〔註54〕徐元誥：《國語集解》，中華書局，2002年，第558頁。

〔註55〕《漢書·霍光金日磾傳》「後霍氏反，安上傳禁門闥」，顏師古曰：「禁，止也。門闥，宮中大小之門也。傳聲而止諸門闥也。」又揚雄《光祿勳箴》：「廊殿門闥，限以禁界。」《後漢書·班彪列傳》：「闈房周通，門闥洞開。」

〔註56〕王念孫：《廣雅疏證》，中華書局，1983年，第235頁。

〔註57〕此文首發於復旦大學出土文獻與古文字研究中心網站，http://www.fdgwz.org.cn/Web/Show/2773，2016/4/20。

〔註58〕原整理者讀為「處」，此從趙平安說，見趙平安：《清華簡（陸）》文字補釋（六則），http://www.tsinghua.edu.cn/publish/cetrp/6831/2016/201604160528354665 53594/20160416052835466553594_.html。

〔註59〕李學勤主編：《清華大學藏戰國竹書·陸》（下冊），中西書局，2016年，第141頁。

整理者的注釋說：

> 役，《左傳》成公二年「以役王命」，杜注：「事也。」相，輔助。

案簡文之「役」字，亦為輔助之義。《廣雅·釋詁二》：「役，助也。」王念孫《疏證》云：

> 役者，《少儀》云：「息則張而相之，廢則埽而更之，謂之社稷之役。」鄭注云：「役，為也。」《正義》云：「為謂助為也。」
> 〔註60〕

又王念孫《廣雅疏證補正》云：

> 《周官·萤氏》「遂役之」，鄭注云：役之，使助之。〔註61〕

皆可以為證。

簡文言「役（役）相亓（其）邦豪（家）」，即輔助其國家之義。案《書·大誥》有「爽邦由哲」語，「爽邦」應讀為「相邦」，「爽（相）邦」是輔相、佐助國家的意思。〔註62〕又《書·立政》有「用勸相我國家」語（「國家」，《說文》「勸」字下引作「邦家」），三者之遣詞命意至為相近。

（六）釋清華簡（陸）《管仲》篇之「堅緻」〔註63〕

清華簡（陸）《管仲》簡6-7有下引一段話：

> 管仲答：「鑒礙不枉，執即緣繩，可設於承；鑒礙以亢，吉凶陰陽，遠邇上下，可立於輔。」〔註64〕

清華大學出土文獻讀書會引石小力先生說：

> 「賢質」一詞見於《晏子春秋·問下·景公問為臣之道晏子對以九節》：「肥利之地，不為私邑，賢質之士，不為私臣。」

案「鑒礙」，「鑒」，《說文》訓為「剛也」。其同音義的有「堅」、「賢」、「賢」、

〔註60〕參王念孫：《廣雅疏證》，中華書局，1983年，第52頁。

〔註61〕參王念孫：《廣雅疏證》，第420頁。

〔註62〕詳細的討論，參蔡偉：《誤字、衍文與用字習慣——出土簡帛古書與傳世古書校勘的幾個專題研究》，復旦大學博士學位論文，指導教師：陳劍教授，2015年6月，第127～129頁。

〔註63〕此文首發於武漢大學簡帛網，http://www.bsm.org.cn/?chujian/6676.html，2016-04-16。

〔註64〕清華大學出土文獻讀書會：《清華六整理報告補正》，http://www.tsinghua.edu.cn/publish/cetrp/6831/2016/20160416052940099595642/20160416052940099595642_.html。

「掔」等字。〔註65〕「礩」字，按照漢字的一般規律，可分析為從石臷聲（端母質部）。我們認為，「礩」可讀為「緻」（章母質部）。《釋名》卷七《釋樂器》：「磬，罄也。其聲罄罄然堅緻也。」〔註66〕字又作「侄」。《廣雅‧釋詁一》：「侄，堅也。」〔註67〕

然則「鋻（堅）礩（緻）」為同義複詞，就是堅硬的意思。案「堅緻」又作「堅致」，《淮南子‧時則》：「工師效功，陳祭器，案度程，堅致為上。」《詩‧小雅‧斯干》「鳥鼠攸去」，鄭玄箋：「其堅致則鳥鼠之所去也。」其同義詞有「攻（功）致」，上引《淮南子‧時則》的文句，《禮記‧月令》有類似的記載作：「命工師効功，陳祭器，按度程，毋或作為淫巧，以蕩上心，必功致為上。」《詩‧唐風‧鴇羽》傳曰：「鹽，不攻致也。」凡此「致」字，同《廣雅》的「侄」，皆為「堅固」之義。「鋻（堅）礩（致／緻）不枉」，猶《荀子‧法行》之言「堅強而不屈」也。

此兩句之文句相埒、互文相足。「亢」，即「伉直」之「伉」。《史記‧仲尼弟子列傳》：「子路性鄙，好勇力，志伉直，冠雄雞，佩豭豚，陵暴孔子。」《漢書‧周昌傳》：「御史大夫昌，其人堅忍伉直。」《酷吏傳》：「郅都伉直。」字也作「抗」，《墨子‧親士》曰：「是故比干之殪，其抗也；孟賁之殺，其勇也；西施之沈，其美也；吳起之裂，其事也。故彼人者，寡不死其所長，故曰：太盛難守也。」《爾雅》：「梗，直也。」「梗」與「亢」、「伉」、「抗」音義並同。則簡文「鋻（堅）礩（致／緻）以亢」與「鋻（堅）（致／緻）不枉」文義相同。

而「承」、「輔」皆是佐助之義。《小爾雅‧廣詁》：「承，佐也。」字通作「丞」。〔註68〕則簡文「可設於承」，就是「可立於輔」。

又此文以繩、承為韻（蒸部平聲）；亢、陽為韻（陽部平聲）；下、輔為韻（魚部上聲）。其比音之密、屬辭之工如此，簡直就是四言詩了。

〔註65〕參王念孫：《廣雅疏證》，中華書局，1983年，第40〜41頁。
〔註66〕參王先謙：《釋名疏證補》，上海古籍出版社，1984年，第329頁。
〔註67〕參王念孫：《廣雅疏證》，中華書局，1983年，第40〜41頁。案《說文》「䤛，齒堅也。」（段玉裁注：「《玉篇》：䤛堅皃。《廣韻》：䤛聲。各本䤛作齒，恐誤。」段玉裁：《說文解字注》，上海古籍出版社，2012年，80頁）「䤛」從「至」聲亦含有「堅」義，其語源相同。
〔註68〕參黃懷信：《小爾雅匯校集釋》，三秦出版社，2003年，第82頁。

（七）據清華簡《四告》語句訓釋《詩經》「遐福」之「遐」 [註69]

「遐福」，《詩》中凡兩見，一為《小雅・天保》：

> 天保定爾，俾爾戩穀，罄無不宜，受天百祿，降爾遐福，維日
> 不足。

一為《小雅・鴛鴦》：

> 鴛鴦在梁，戢其左翼。君子萬年，宜其遐福。

「遐福」之「遐」，毛傳無說，鄭箋分別訓為：

> 遐，遠也。天又下予女以廣遠之福，使天下溥蒙之，汲汲然如
> 日且不足也。

> 遐，遠也。遠猶久也。

後來學者相承。迨清馬瑞辰作《毛詩傳箋通釋》，又提出：

> 遐與嘏聲近而義同。《爾雅》：「嘏，大也。」《說文》：「嘏，大
> 遠也。」遐訓遠者當即嘏字之假借。

都是將「遐」字視為形容詞。

我一直以來也是認為鄭玄的說法沒有什麼問題，因為「遐」字是個常用字，訓「遠也」又是它的常用義，用以形容「福」，也說得通。

直到最近讀到清華簡《四告》有與《詩經》類似語句，才恍然悟出，其實「遐」是個假借字，不應訓為「久遠」。

趙平安先生《清華簡〈四告〉的文本形態及其意義》（《文物》2020 年第 9 期）一文謂《四告》四篇告辭首尾格式相似。最後一句語詞相同，字面略有出入：

> 宜尔耆（祜）福（十四）
>
> 宜尔祜福（廿四）
>
> 宜尔祜福（卅七）
>
> 宜爾（尔）祜福（五十）

並指出：

〔註69〕此文首發表於「錦州抱小」公眾號，https://mp.weixin.qq.com/s?__biz=MzI4O
TIxMjg2OA==&mid=2247483786&idx=1&sn=f1f16ad64a02964ab381645d9eef
77d4&chksm=ec33d121db445837d7c2548b011d21240a27ebea64c872c6a77c739
5041120d737572630ae61&exportkey=AcMjobviNI8NZWOGsv0KbS8%3D&acc
tmode=0&pass_ticket=y671MTb98jeVH%2BZAnrQXLTvp9LNy25YKju5t9lW
NMEMdXoTrH8vp2eAa7nMh%2Bnjc&wx_header=0#rd，2020-10-02。

　　其中爾、尔繁簡不同，「者」「祜」是通假關係。「祜福」連用春
秋金文常見，但是，目前還沒有早於春秋的例子。這樣看來，「祜福」
連用可以作為一個時代標記來對待。
趙先生文後附有照片，作：

　　因為「遐」、「祜」古音極近，可以通借，如《詩·小雅·隰桑》「心乎愛
矣、遐不謂矣」，「遐」，《表記》作「瑕」。鄭玄注：「瑕之言胡也。」又《詩·
大雅·旱麓》「遐不作人」，李富孫《異文釋》：「《潛夫論·德化》引作『胡不』。」
〔註70〕，都是從「叚」從「古」音近相通之證。
　　現在我們將《詩經》「遐福」讀為「祜福」，則為同義複詞，那「遐（祜）」
就是名詞。回過頭來看《詩經》原文，也可證明「遐福」應讀為「祜福」。《小
雅·天保》：

　　　　天保定爾，俾爾戩穀，罄無不宜，受天百祿，降爾遐福，維日
　　不足。
毛亨傳：

　　　　戩，福；穀，祿也。

〔註70〕　參《故訓匯纂》，商務印書館，2013年，第2304頁。

—29—

可知「降爾遐（祜）福」與「俾爾戩穀」，屬對精嚴。又《小雅・鴛鴦》全文為：

> 鴛鴦于飛，畢之羅之。君子萬年，福祿宜之。
>
> 鴛鴦在梁，戢其左翼。君子萬年，宜其遐福。
>
> 乘馬在廄，摧之秣之。君子萬年，福祿艾之。
>
> 乘馬在廄，秣之摧之。君子萬年，福祿綏之。

二章「宜其遐（祜）福」，「遐（祜）福」與其他三章作「福祿」同意。

又《儀禮・士冠禮》：「眉壽萬年，永受胡福。」鄭玄注：「胡，猶遐也、遠也。」「胡福」亦應讀為「祜福」。

參考文獻

1. 向熹《詩經詞典》（修訂本），商務印書館，2014 年，第 558 頁。

（八）說清華簡《四告》之「畢狄」與「畢易」〔註71〕

據趙平安先生《清華簡〈四告〉的文本形態及其意義》（《文物》2020 年第 9 期）一文，我們知道，清華簡《四告》有下引文句：

> 弋（式）卑（俾）曾孫永嗣先公，𤋮=（熙熙）萬年，啻壹我家，畢狄（逖）不羕（祥），遠於不䛒（辭），弋（式）卑（俾）曾孫龔（恭）爾明（盟）祀，宜爾祜福。
>
> 襄（攘）去㤵（懋）疾，畢易（逖）庶訧（尤）。

文中的「畢狄」與「畢易」一詞，趙先生將「狄」與「易」皆括注為「逖」。

我們認為，「狄」與「易」應該讀為《詩・大雅・皇矣》「攘之剔之」之「剔」，謂剪剔、剪除。字又作「狄」，《詩・魯頌・泮水》「狄彼東南」，陸德明《經典釋文》云：「狄，《韓詩》作鬄，除也。」鄭箋云：「狄當作剔。剔，治也。」〔註72〕

清華簡《四告》「襄（攘）去」與「畢易（剔）」並列，與《詩》之「攘之剔之」連言，其文義相同。

〔註71〕此文首發表於「錦州抱小」公眾號，https://mp.weixin.qq.com/s?__biz=MzI4OTIxMjg2OA==&mid=2247483792&idx=1&sn=f33135ab77c68b99b540791b5075cb06&chksm=ec33d13bdb44582d9790773aa0c797552ec08b010d3a8dc7c141a3f8e279f4ae36e11e0e9c1b&exportkey=AcilA6DAcw%2B4kRD4RafhUsk%3D&acctmode=0&pass_ticket=y671MTb98jeVH%2BZAnrQXLTvp9LNy25YKju5t9lWNMEMdXoTrH8vp2eAa7nMh%2Bnjc&wx_header=0#rd，2020-10-05。

〔註72〕詳參段玉裁《說文解字注》「鬄」字下，上海古籍出版社，1984 年。

（九）釋清華簡《四告》的一個聯綿詞〔註73〕

據馬楠先生《〈尚書·立政〉與〈四告〉周公之告》（《出土文獻》2020 年第 3 期，中西書局）一文，清華簡《四告》篇周公部分，有下引文句：

> 旦惟之：有殷競蠢不若，竭失天命，昏囂天下，離殘商民，暴
>
> 虐百姓，氐荒其先王天乙之猷力，顛覆厥典，咸替百成。

「昏囂天下」，程浩先生《清華簡〈四告〉的性質與結構》（《出土文獻》2020 年第 3 期，中西書局）引作：昏擾天下。

程浩先生文章徑讀「昏囂」為「昏擾」，不知是整理者的意見，還是程先生的意見，從文義上看，應無問題。但我們知道，「囂」上古音屬宵部，「擾」上古音屬幽部，從語音上講，並不是非常密合。故我在剛開始讀到程浩先生的文章時，首先想到的是清華簡《四告》的「囂」字應即安大簡《詩經·小戎》「嬰我心曲」之「嬰」。關於「嬰我心曲」，整理者（《安徽大學藏戰國竹簡·一》，中西書局，2019 年，103～104 頁）說：

> 《毛詩》作「亂我心曲」，「嬰」，從又，「囂」聲，疑「撓」之
> 異體。上古音「囂」曉紐宵部，「撓」泥紐宵部，典籍中「囂」與
> 「敖」，「敖」與「澆」通（參《古字通假會典》，七九七頁）。《廣
> 雅·釋詁》：「撓，亂也。」《左傳·成公十三年》：「散離我兄弟，
> 撓亂我同盟，傾覆我國家。」《毛詩》作「亂」，蓋因「嬰」「亂」
> 形近而誤。「撓」「亂」義亦相近。

是「昏囂（撓）天下」，謂撓亂天下。

又「離殘商民」，案「殘」從「戔」聲，我們知道，凡從「戔」聲之字與「散」字古音相近，故往往通用。如《老子》「其微也易散」，「散」字，郭店《老子》甲作「後」，〔註74〕故此「離殘」即「離散」。

清華簡《四告》云「昏囂（撓）天下，離殘（散）商民」，其中的「昏囂

〔註73〕此文首發表於「錦州抱小」公眾號，https://mp.weixin.qq.com/s?__biz=MzI4O
　　　TIxMjg2OA==&mid=2247483805&idx=1&sn=4d132793fe1c580590ed30db625
　　　719dd&chksm=ec33d136db445820671b17821b0ba9e8346072ffa24f8c0b4def461
　　　135b31ef19f70c299c446&exportkey=AVTk5MbUy44IRrepY1TzCJc%3D&acct
　　　mode=0&pass_ticket=y671MTb98jeVH%2BZAnrQXLTvp9LNy25YKju5t9lWN
　　　MEMdXoTrH8vp2eAa7nMh%2Bnjc&wx_header=0#rd，2020-10-13。
〔註74〕更多的例證可詳參鄧少平：《試說楚簡中讀為「散」的「戔」字》，《中國文字
　　　研究》（第十七輯），上海人民出版社，2013 年，第 36～39 頁。

（撓）」和「離殘（散）」與《左傳·成公十三年》：「散離我兄弟，撓亂我同盟」之「撓亂」和「散離」，其用詞及文義相近，可以比照。

後來檢《逸周書·商誓》，發現有下引文句：

> 今在商紂，昏憂天下，弗顯上帝，昏虐百姓，奉天之命。

俞樾認為「憂」當作「（擾）」，昏、擾同義，昏憂天下，言亂天下也；孫詒讓疑當讀為「泯擾天下」〔註75〕。

才知讀清華簡《四告》「昏囂」為「昏擾」，蓋本《逸周書·商誓》文。所以我們又重新考慮，認為清華簡《四告》的「昏囂」是個雙聲聯綿詞。《廣雅·釋詁三》：「恢，亂也。」王念孫《疏證》云：

> 恢者，《說文》：「恢，亂也。」《大雅·民勞篇》「以謹昏恢」，毛傳云：「昏恢，大亂也。」（引者案：《詩經》正文及毛傳，皆作「惽恢」）鄭箋云：「猶謹謔也。」《小雅·賓之初筵篇》「載號載呶」，毛傳云：「號呼謹呶也。」呶與恢亦同義。〔註76〕

「呶」與「恢」字，古韻學家或歸幽部，或歸宵部，〔註77〕各有道理。而作為聯綿詞，歸幽、歸宵則可以不必細較。

然則清華簡之「昏囂」與傳世古書的「昏憂（擾）」、「昏恢」、「謹謔」、「謹嘵」、「謹呶」等，為同一語詞之異寫，皆是昏亂之義。

參考文獻

1. 朱起鳳《辭通》（上冊）「惽恢」條，上海古籍出版社，1982年，715頁。
2. 阮元《毛詩注疏校勘記》，《毛詩正義》（第三冊），北京大學出版社，2000年，第1340頁。

（十）試說清華簡《四告》之「硫士弟男」

清華簡拾收錄的《四告》第一篇「周公告皋繇」，其中簡8-10有下引一段話：

> 用倉（創）興立誨（謀）。嚾（惟）猷，閞（淵）胙（祚）〔圖〕〈繇〉縈（繹），硫（效）士弟（艶）男，㬎（允）畢（厥）元良，以縛（傅）

〔註75〕參黃懷信、張懋鎔、田旭東：《逸周書彙校集注（修訂本）》，上海古籍出版社，2007年，第454頁。

〔註76〕王念孫：《廣雅疏證》，中華書局，1983年，第80頁。

〔註77〕參何九盈：《音韻叢稿》，商務印書館，2002年，第61頁。

楠（輔）王身，咸作𠂤（左）右叉（爪）齒（牙），甬（用）經緯大

邦周。〔註78〕

關於「曥（惟）猷，胐（淵）胙（祚）█〈繇〉彙（繹）」，整理者認為「繇繹」疑讀為「抽繹」，近義連用。又引一說讀為「由繹」，指選拔人才，屬下讀，「胐（淵）胙（祚）」則屬上讀；關於「𣪏（效）士弟（䍐）男」，整理者認為「𣪏（效）」是授官的意思；而「弟（䍐—秩）」表示品級、官職，簡文作動詞。

此段簡文的句讀及文義，網上討論也很多，〔註79〕各有道理。讀過之後雖不太讚同，但亦頗具啟發性。現在提出我們的看法，敬請讀者批評指正。

頗疑「𣪏」字可讀為「招」。文獻中從「堯」從「召」之字，音近而多通用，如阜陽漢簡《詩經》「右撓我繇房」，今本作「右招我由房」、銀雀山漢墓竹簡《唐勒賦》「不撓指」，《淮南子‧覽冥》作「不招指」、《文子‧上禮》「暴行越知，以譊名聲於世」，《淮南子‧俶真》作「暴行越智於天下，以招號名聲於世」。又《銀雀山漢墓竹簡‧壹》「弱而不事強，胃（謂）之撓央（殃）」，「撓」亦讀為「招」〔註80〕。

《左傳‧昭公二十年》云：「旃以招大夫，弓以招士，皮冠以招虞人。」《廣雅‧釋言》：「招，來也。」

而簡文的「男」，即「才能」之「能」，詳蔣禮鴻先生《義府續貂》「能」字條下。〔註81〕為方便讀者省覽，今迻錄於下：

……是古者男子乃用力於田。取能力田，為生民之切事，故以

男為能，引申為凡有材能堪任事之義。《經籍纂〔註82〕詁》男字訓

〔註78〕 黃德寬主編：《清華大學藏戰國竹簡（拾）》「釋文部分」，中西書局，2020 年，第 110 頁。

〔註79〕 武漢大學簡帛論壇「清華十《四告》初讀」，http://www.bsm.org.cn/forum/forum.php?mod=viewthread&tid=12624&extra=&page=15。

〔註80〕 見陳偉武：《簡帛兵學文獻探論》，中山大學出版社，1999 年，第 164 頁；又參蔡偉：《讀〈銀雀山漢墓竹簡〉札記》，復旦大學出土文獻與古文字研究中心網站，http://www.gwz.fudan.edu.cn/Web/Show/933，2009/10/10。

〔註81〕 蔣禮鴻：《義府續貂》，中華書局，2020 年，第 97 頁。

〔註82〕 案「纂」當作「纂」，可參裘錫圭：《談談進行古代語文的學習和研究的一些經驗教訓》，復旦大學出土文獻與古文字研究中心網站，http://www.gwz.fudan.edu.cn/Web/Show/453，2008/6/8。此字蔣禮鴻全集本《義府續貂》（浙江大學出版社，2020 年 1 月）亦沿誤未改。關於《義府續貂》的一些訛誤問題，讀者可以參看拙文（微信公眾號：「錦州抱小」，「我讀《義府續貂》

任訓之言任者十有六，如《釋名‧釋長幼》云：「男，任也，典任事也。」皮錫瑞曰：「案：《尚書》二百里男邦，《史記》作任國。《白虎通》書侯甸男衛為侯甸任衛。男、任字通。」《白虎通‧嫁娶篇》云：「男者，任也，任功業也。」《古微書》引《春秋元命包》云：「男者，任功立業。」夫曰任事，曰任功立業，非材能其為何？男、能雙聲。男古韻屬侵部，其義為力田，引申為材能。能古韻屬之部，對轉入蒸部，讀奴登切。蒸、侵旁轉，故借能為男。……

又簡文「弟」字可讀為「第」，品第、評定的意思。如《管子‧度地》：「凡一年之事畢矣，舉有功，賞賢，罰有罪，遷有司之吏而第之。」《漢書‧王褒傳》：「所幸宮館，輒為歌頌，第其高下，以差賜帛。」

綜上所述，簡文云「祁（招）士弟（第）男、夋（允／遂）氒（厥）元良，以縛（傅／扶／榜／傍）楠（輔）王身」，是說招徠才士、品第賢能、擢進良善，以輔佐王身。

（十一）說清華簡《四告》「允厥元良」之「允」

清華簡拾收錄的《四告》第一篇「周公告皋繇」，其中簡 8-10 有下引一段話：

> 用倉（創）興立誨（謀）。喔（惟）猷，閉（淵）胙（祚）〈繇〉彙（繹），祁（效）士弟（勵）男，夋（允）氒（厥）元良，以縛（傅）楠（輔）王身，咸作右（左）右叉（爪）醫（牙），甫（用）經緯大邦周。〔註83〕

關於「夋（允）氒（厥）元良」這句，整理者說：

> 允，誠信，誠實。《書‧堯典》「夙夜出納朕命，惟允。」《書‧泰誓中》「剝喪元良，賊虐諫輔」，蔡沈集傳：「元良，微子也。諫輔，比干也。」簡文「元良」當為泛稱。

案此文「夋（允）」字，當即《說文‧夲部》訓為「進也」之「鞅」字。〔註84〕

（一）」，2020 年 6 月 2 日，https://mp.weixin.qq.com/s/__biz=MzI4OTIxMjg2OA==&mid=2247483660&idx=1&sn=5443ac47ac7261685e79db455c7224b9&chksm=ec33d1a7db4458b1f5ee73f196625bc35ccd4dd15357c6625149cce024db28a118734f91fb5f&token=642397460&lang=zh_CN#rd）。

〔註83〕黃德寬主編：《清華大學藏戰國竹簡（拾）》「釋文部分」，中西書局，2020 年，第 110 頁。

〔註84〕參段玉裁：《說文解字注》，上海古籍出版社，1991 年，第 498 頁。

又段玉裁《說文解字注》「旞，導車所載，全羽以為允」（310頁）云：

> 允、旞亦雙聲疊韻也。《詩》「仲允膳夫」，《古今人表》作「膳
> 夫中術」。術與遂古同音通用。允古音如戈盾之盾，是以漢之大子中
> 盾，後世稱大子中允。允、盾、術、遂四字音近。……允，進也。
> 此謂允即𩐐之假借，《夲部》曰：𩐐，進也。引《易》「𩐐升大吉」。

案「遂」字也有「進」的意思，〔註85〕與《說文》「𩐐」訓為「進」，並聲近
而義同。〔註86〕

檢《禮記·月令》：「（孟夏之月）命太尉，贊桀俊，遂賢良，舉長大。」
鄭玄注：「贊，猶出也；遂，猶進也。」孔穎達疏：「桀俊，或未仕沉滯者，故
云出；賢良，或職單位下，故云遂。」又偽古文《尚書·仲虺之誥》：「佑賢輔
德，顯忠遂良。」孔傳：「忠則顯之，良則進之。」

上引《月令》及《仲虺之誥》，其文義皆與《四告》之「𧸓（允）氒（厥）
元良」相近。

又清華簡壹《皇門》簡3「廼方（旁）救（求）巽（選）睪（擇）元武聖
夫，縢（羞）于王所」，今本《逸周書》作「乃方求論擇元聖武夫，羞于王所」。
《四告》及《皇門》兩文皆用「元」字表示「善也」，而「𧸓（允）」、「縢（羞）」
並訓為「進也」，其用詞及文義，與《四告》尤為相近。

又案此文之「以縛（傅）楠（輔）王身」，「縛」字亦可讀為「榜」或「傍」
〔註87〕，《墨子·尚賢上》《尚賢下》分別引《傳》曰「求聖君哲人，以裨輔
而身」、「晞夫聖武知（智）人，以屏輔爾身」，所云「以裨輔而身」、「以屏輔
爾身」，即《四告》之「以縛（榜／傍）楠（輔）王身」，「裨」、「屏」、「縛（榜
／傍）」並聲近而義同。

附記：

董珊先生看過小文後，提示《𢿃尊》「新宜🔲（吮）」，「吮」字
亦訓「進、遂」。

〔註85〕參《故訓匯纂》，商務印書館，2003年，第2302頁。
〔註86〕從「允」從「遂」之字音近相通，可參沈培：《清華簡字詞考釋二則》，復旦
　　　大學出土文獻與古文字研究中心網站，http://www.gwz.fudan.edu.cn/Web/
　　　Show/1367，2011/1/9。
〔註87〕參王念孫：《廣雅疏證》「榜，輔也」下，中華書局，1983年，第126頁、《補
　　　正》第427頁。

關於「吮」字的釋讀，可參陳致《「允」「吮」「畯」試釋》，《饒宗頤國學院院刊》（創刊號），中華書局（香港），2014 年 4 月；又董珊《新見商代金文考釋四種》，《「出土文獻與傳世典籍的詮釋」國際學術研討會論文集》，復旦大學出土文獻與古文字研究中心，2017 年 10 月 14～15 日；後此文正式刊出，見復旦大學出土文獻與古文字研究中心編《出土文獻與傳世典籍的詮釋》，中西書局，2019 年，第 13 頁。

（十二）釋清華簡《四告》篇中的一個同義複詞

清華簡拾收錄的《四告》第二篇「伯禽父」告辭，其中簡 22-23 有下引一段話：

> 弋（式）卑（俾）皇辟又（有）焯（綽），天子賜我饢（林）寶、金玉庶器。毚（饞）贛（貢）饗養（饍），圶（福）嗌（益）增多，勿結勿旗（期），……〔註88〕

整理者讀「圶」為「福」，引徐在國先生《據安大簡考釋銅器銘文一則》（《戰國文字研究》（第一輯），安徽大學出版社，2019 年）為證；又訓「結」為「了結、終止」，引《淮南子・繆稱》「故君子行思乎其所結」為證。

案安大簡《詩經》簡 87「圶玕六加」，《毛詩・鄘風・君子偕老》對應的文句作「副笄六珈」。安大簡整理者引徐在國先生《談銅器銘文中的「不圶」》（《紀念于省吾、姚孝遂先生學術研討會論文》，2016 年）的文章，謂金文「不圶」當讀為「丕福」〔註89〕

我們知道，古文字形體單、複往往無別，「圶」從兩「不」字，而仍以「不」為聲，故可與「副」、「福」相通假。

但在《四告》中，「圶」恐不應讀為「福」。因為簡文之義，乃謂所獻饗饍之物，增益而加多耳，初與「福」無涉也。

我們認為，「圶」可讀為「陪」或「附」、「坿」，《廣雅・釋詁一》：「附、坿、陪，益也。」王念孫《疏證》云：

〔註88〕黃德寬主編：《清華大學藏戰國竹簡（拾）》「釋文部分」，中西書局，2020 年，第 117 頁。

〔註89〕《安徽大學藏戰國竹簡・一》，中西書局，2019 年，「注釋部分」，第 130 頁。

　　　陪者，鄭注《曲禮》云：「陪，重也。」又注《中庸》云：「培，

益也。」培與陪通。〔註90〕

又整理者訓「結」為「了結、終止」，可從。〔註91〕而將「旗」字括注為「期」，

無說，似可稍作補充說明。案此「旗（期）」應訓為「終已」之義，即《詩

經・魯頌・駉》「思無期」之「期」，《廣雅・釋言》：「期，卒也。」王念孫

《疏證》云：

　　　期之言極也。《小雅・南山有臺篇》云「萬壽無期」、「萬壽無

疆」，《魯頌・駉篇》云「思無疆」、「思無期」，「百年曰期」，義亦

同也。〔註92〕

綜上所述，「杯噉（益）」猶云「埤益」、「裨益」，「杯（陪／培／附／坿）噉

（益）增多，勿結勿旗（期）」，謂增多所獻饗饋之物，而勿終止之。

（十三）讀清華簡《五紀》小札三則

1.

　　《清華簡（拾壹）》收錄的《五紀》，其簡100有下引文句：

　　　逆燹（氣）乃章（彰），云（雲）㲋（霓）亞（從）羘（將）。〔註93〕

　　關於簡文的「亞」字，學者們有不同於整理報告的意見，如石小力先生

說：

　　　亞，讀疾速意之「懵」。《墨子・明鬼下》：「凡殺不辜者，其得

不詳。鬼神之誅，若此之憯遫也。」孫詒讓《閒詁》：「憯、遫義同。」

羘，盛貌，與「彰」 意近。《詩・陳風・東門之楊》：「東門之楊，

其葉羘羘。」本句謂雲霓一下子佈滿天空。

　　王寧先生說：

　　　其中的「羘」字可能就是《漢書・天文志》「羘雲」之「羘」，

卜辭中有「三牂雲」（合 13399 正），劉釗先生認為「牂」當讀為

「羘」（劉釗：《卜辭所見殷代的軍事活動》，《古文字研究》十六

輯）。「羘羘」、「將將」、「藏藏」是一詞，茂盛貌，「羘雲」可能是

〔註90〕 王念孫：《廣雅疏證》，中華書局，1983 年，第 37 頁。

〔註91〕 可參王念孫：《廣雅疏證》「結，終也」下，第 129 頁。

〔註92〕 王念孫：《廣雅疏證》，第 162 頁。

〔註93〕 清華大學出土文獻研究與保護中心編，黃德寬主編：《清華大學藏戰國竹簡
（拾壹）》，上海中西書局，2021 年，第 124 頁。

指濃密的雲，雲濃密則如葉之茂盛也。（武漢大學簡帛網——簡帛論壇：《清華簡〈五紀〉初讀》，45#，發表於 2021-12-9）

ee 先生說：

簡 100：「逆氣乃彰，雲霓懵牂」，「懵」從清華大學出土文獻讀書會石小力先生讀，「牂」可讀為「翔」。典籍「翔」多與「雲」連言，如《戰國策·秦策四》「楚、燕之兵雲翔不敢校」、《後漢書·馮衍傳》：「兵革雲翔，百姓震駭」等。（同上 76#，發表於 2021-12-18）

gefei 先生說：

簡 100「雲霓 X 牂」，X 讀「崇」，《廣雅》「聚也」「積也」，《小爾雅》「叢也」，「牂」為盛、大，「崇牂」是說雲霓叢積、盛多（「祁祁如雲」）（同上 125#，發表於 2021-12-20）

那下面也來談談我們的淺見。

案整理報告所隸定的「亙」字，簡文作 ，此字與清華簡壹《保訓》簡 2「朕疾 甚」之「 」及清華簡陸《子儀》簡 8「鳥飛可（兮） 永」之「 」為同一字。孟蓬生先生讀《保訓》「朕疾 甚」之「 」為「漸」；〔註94〕清華陸《子儀》「鳥飛可（兮） 永」，網友 ee 先生指出：

「懵」讀為「漸」，「懵永」猶言「漸遠」。〔註95〕

受他們這種讀法的啟發，頗疑《五紀》的 也可讀為「漸」。「漸」，逐漸。如《漢書·李廣利傳》：「天子業出兵誅宛，宛小國而不能下，則大夏之屬漸輕漢。」「漸」也作「浸」，如《易·遯》：「浸而長也。」孔穎達疏：「浸者，漸進之名。」《楚辭·遠遊》：「形穆穆以浸遠兮，離人群而遁逸。」漢揚雄《法言·問明》：「浸以光大，不亦懿乎？」漢許慎《說文解字序》：「字者，言孳乳而浸多也」等皆是。字又作「寖」，如漢桓寬《鹽鐵論·世務》：「夫漢之有匈奴，譬若木之有蠹，如人有疾，不治則寖以深。」

如果此說可信，則簡文云「逆燹（氣）乃章（彰），云（雲）霓（霓）亙（漸/浸/寖）牂（將）」，其以「亙（漸/浸/寖）」「乃」相對，「亙（漸/

〔註94〕 孟蓬生：《〈保訓〉「疾 甚」試解》，http://www.fdgwz.org.cn/Web/Show/844，復旦大學出土文獻與古文字研究中心網站，2009/7/10。

〔註95〕 ee：《清華六〈子儀〉初讀》，武漢大學簡帛網「簡帛論壇」http://www.bsm.org.cn/forum/forum.php?mod=viewthread&tid=3343&extra=page%3D1&page=1,7#，發表於 2016-4-16。

浸／寖）」「乃」皆為虛詞，可謂屬對精嚴。其句式則猶下文簡 103 之「羣永（祥）乃亡，百神則窴（寧）。

「羋」字則從石小力、王寧兩先生說。又詳參王念孫《廣雅疏證・釋訓》「藏藏，茂也」及「鏘鏘，盛也」條下。〔註96〕字也作「壯」。

「云（雲）𩅦（霓）㞚（漸／浸／寖）羋（將／壯）」，是說雲霓逐漸／漸漸茂盛壯大而布滿天空。

參考文獻

1. 陳劍：《釋「琮」及相關諸字》，收入《甲骨金文考釋論集》，線裝書局，2007 年。

2. 趙思木：《〈清華大學藏戰國竹簡（壹）〉集釋及專題研究》，華東師範大學博士學位論文，指導教師：黃人二教授，2017 年。

2.

《清華簡（拾壹）》收錄的《五紀》，其簡 101-103 有下引文句：

> 黃帝大悤（悚），俑（稱）讓（攘）以悫（圖），八憿（機）惴（端）乍（作），黃帝悎（告）永（祥），乃命四尤均（徇）于右（左）右上下君（陰）昜（陽）。四尤曰：吁！寺（蚩）蚘（尤）乍（作）兵，乃□□。黃帝乃命四尤＝（尤戡）之，四尤乃敔（屬），四亢（荒）、四桓（柱）、四唯（維）、羣示（祇）萬皃（貌）皆敔（屬），羣永（祥）乃亡，百神則窴（寧）。〔註97〕

簡文「黃帝悎（告）永（祥）」，整理報告將「悎」括注為「告」，網友 gefei 先生（武漢大學簡帛網——簡帛論壇：《清華簡〈五紀〉初讀》72#、84#）、蜨枯先生（同上，89#）據字形「悎」，認為所從的所謂「告」字，就是陳劍先生曾考釋過的「中豎屈頭」的「造」字，並將「悎」讀為「遭」。

關於「悎」字的讀法，我們有不同的臆見。我們認為，「悎」字從「造」聲，可讀為憂戚之「戚」或「慼／慽」。〔註98〕

簡文描寫了黃帝的心理變化，從開始的「大悤」（悚懼），進而變為「悎（戚／慼／慽）」（憂愁），最終（簡104）「大懌（懌）」（喜悅），其次序并

〔註96〕王念孫：《廣雅疏證》，中華書局，1983 年，第 185～186 頁。
〔註97〕清華大學出土文獻研究與保護中心編，黃德寬主編：《清華大學藏戰國竹簡（拾壹）》，上海中西書局，2021 年，第 126 頁。
〔註98〕參陳劍：《釋造》，收入《甲骨金文考釋論集》，線裝書局，2007 年，第 134 頁。

然。而且這三個字皆從「心」，恐非偶然現象，這也是我們不從讀「遭」之說的一個主要的原因。

3.

眾所周知，古代的文獻在傳播流布的過程中，存在著各種各樣的訛誤情況。校勘學的重要性就是發現訛誤並加以校正，使之較接近或符合作者立言的本旨。近讀清華簡《五紀》，也發現一處可能是由於抄寫所致的訛誤，現在寫出以就正於讀者。

《五紀》簡29-31 有下引一段文字：

受悳（德）雖（發）寺（時），萅（春）昷（夏）秌（秋）各（冬），連（轉）受寒脣（暑），三（四）亟（極）至風，隆（降）坨（施）寺（時）雨，舉（興）冒（育）萬生，六畜番（蕃）余（餘）。十神又（有）八，以光天下六貞。后曰：皮（皮）、革、羽、毛、絲、桼（漆）。〔註99〕

這段文字是有韻的，整理報告已經指出：

此句脣（暑）、雨、余（餘）為韻，魚部。

我們懷疑「吕（以）光天下六貞」這句存在抄寫所致的訛誤，當以「吕（以）光天下」為句，「六貞」二字本應在「后曰」下。根據我們的臆見，簡文應作：

受悳（德）雖（發）寺（時），萅（春）昷（夏）秌（秋）各（冬），連（轉）受寒脣（暑），三（四）亟（極）至風，隆（降）坨（施）寺（時）雨，舉（興）冒（育）萬生，六畜番（蕃）余（餘），十神又（有）八，吕（以）光〔註100〕天下。后曰：六貞（珍）：皮（皮）、革、羽、毛、絲、桼（漆）。

則簡文以脣（暑）、雨、余（餘）、下為韻。我們讀「貞」為「珍」，是因為下文簡33和34皆有「貞」用為「珍」字者。簡文之「皮（皮）、革、羽、毛、絲、桼（漆）」為六種珍貴的物品，與《書·禹貢》「厥貢漆絲」「厥貢羽、毛、齒、革」可以互相比照。如此，則簡文皆以四字為句，句法整飭而用韻諧婉。

<hr />

〔註99〕清華大學出土文獻研究與保護中心編，黃德寬主編：《清華大學藏戰國竹簡（拾壹）》，上海中西書局，2021年，第101～102頁。

〔註100〕光，疑即「光被四表」之「光」，充塞之義。字又作「桄」「橫」「廣」，參王引之：《經義述聞》，江蘇古籍出版社，2000年，65頁；又段玉裁：《說文解字注》，上海古籍出版社，1991年，第268頁。

三、讀安大簡《詩經》札記四則

（一）安大簡「折命不猷」補證〔註1〕

　　安大簡《詩經・小星》首章云「折命不同」、二章云「折命不猷」，《毛詩》與之對應的文句分別作「寔命不同」、「寔命不猶」。整理者說：

　　　　上古音「折」屬章紐月部，「寔」屬禪紐錫部，二字聲韻相近，可通。《說文假借義證》：「《檀弓》『吉事欲其折折爾』，注：『折折，安舒貌。』亦引《詩》『好人提提』。案，艸部𣂈字隸變為折，而或作提音，今齊韻有折字，鄭注既引《詩》，則折與提可通借矣。」（參朱珔《說文假借義證》第六八〇頁，黃山書社一九九七年）毛傳：「寔，是也。命不得同於列位也。」《釋文》：「《韓詩》作『實』，云：有也。」馬瑞辰云：「是者，語詞。《韓詩》作『實』訓有者，有亦語詞。」「寔」屬禪紐錫部，「實」屬船紐質部，二者音近，可以相通（參《古字通假會典》第四六一頁）。「折」或讀為「誓」。〔註2〕

對於整理者的這種說法，有學者提出質疑，如網友海天遊蹤先生說：

　　　　謹按：二者音不近，也未見通假例證。有些輾轉通假的例證還需要再辨析。毛傳：「寔，是也。」馬瑞辰云：「是者，語詞。」其

〔註1〕 此文首發於武漢大學簡帛網，http://www.bsm.org.cn/?chujian/8152.html，2019-10-13。

〔註2〕 黃德寬、徐在國主編：《安徽大學藏戰國竹簡（一）》，中西書局，2019年，第93頁。

說可從。據此，可知簡文的「折」當理解為「逝將去女」、「逝不古

處」、「噬肯來遊」之「逝」、「噬」，同為發語詞。〔註3〕

又王寧先生說：

> 《毛詩》「折」作「寔」，《毛傳》：「寔，是也。」疑簡本「折」
> 是「析」字之誤，「析」古音心紐錫部，「寔」禪紐錫部（一說禪紐
> 支部），音近可通。《檀弓》「折折」蓋亦「析析」之誤，故鄭玄以為
> 即《詩》之「提提」，「提」音亦禪紐支部。〔註4〕

檢王引之《經義述聞》卷九《周官》「䂫蔟氏」下引王念孫云：

> 「折」與「摘」聲相轉，「蔑」與「帝」聲亦相轉，古音「折」
> 「蔑」二字在月部，「摘」「帝」二字在錫部，「䂫」從「折」聲而
> 讀為「摘」，猶「鞞靫淺幭」之「幭」從「蔑」聲而讀為「帝」也。

〔註5〕

可知月、錫二部音近而通借。又出土文獻中亦多見月、錫二部之字相通之例：

上博三《周易》簡52「戲丌（其）亡（無）人」，「戲」，今本作「闃」；上博

二《子羔》簡1「叓（史—使）亡（無）又（有）少（小）大思（肥）寁」，

何琳儀先生讀「寁」為「瘠」；〔註6〕張家山漢簡《脈書》「目外際痛」，「際」，

馬王堆帛書《陰陽十一脈灸經》甲本作「漬」；〔註7〕馬王堆帛書《天下至道

談》31行「竊」字，35行作「積」。〔註8〕

又《經義述聞》「朽木不知」條下引王念孫云：

> 折於古音屬祭部，知於古音屬支部，支、祭二部之字古或相通。

〔註3〕《安大簡〈詩經〉初讀》，武漢大學—簡帛網—簡帛論壇，http://www.bsm.org.cn/
forum/forum.php?mod=viewthr.ead&tid=12409&extra=&page=9，發表於 2019-
9-29。

〔註4〕《安大簡〈詩經〉初讀》，武漢大學—簡帛網—簡帛論壇，http://www.bsm.org.cn/
forum/forum.php?mod=viewthread&tid=12409&extra=&page=10，發表於 2019-
9-30。

〔註5〕王引之：《經義述聞》，江蘇古籍出版社，2000 年，第 217 頁。

〔註6〕何琳儀：《第二批滬簡選釋》，收入黃德寬、何琳儀、徐在國合著《新出楚
簡文字考》，安徽大學出版社，2007 年，第 156～157 頁。

〔註7〕《張家山漢墓竹簡・二四七號墓》（釋文修訂本），文物出版社，2006 年，第
119 頁。

〔註8〕整理小組注：竊，《廣雅・釋詁一》：「取也。」下文作積氣。參《馬王堆漢墓
帛書・肆》，文物出版社，1985 年，第 164 頁；又《長沙馬王堆漢墓簡帛集
成・陸》（中華書局，2014 年，第 166 頁）說同。

《檀弓》「吉事欲其折折爾」，鄭注「折折，安舒貌。《詩》曰：好人提提。」《釋文》：「折，大兮反。」《中庸》引《詩》「既明且哲」，《釋文》：「哲，徐本作知。」哲之為知，折折之為提提，亦猶折之通作知也。他若《士冠禮》「緇布冠缺項」，鄭注「『缺』讀如『有頍者弁』之『頍』。」《禮運》「故功有藝也」，注「藝或為倪。」《說文》：「陛讀虹蜺之蜺。」此皆支、祭二部相通之證。〔註9〕

文獻中如「蜺」之與「齧」；「蜺」之與「瑟」〔註10〕；又《史記·封禪書》「羨門高誓」，宋玉《高唐賦》作「高谿」〔註11〕；《周易》「夬」卦，《歸藏》作「規」〔註12〕；馬王堆帛書《養生方》有「蕈英」，或作「蕈薜」、「蕈葵」〔註13〕。可證支、月二部之音確實相近而可以通借。

又程浩先生指出，清華簡《五紀》有不少「規矩」的「規」用的是「喬」字的假借：

> 喬（規）巨（矩）五尾（度），天下所行（《五紀》簡45）
>
> 天下又（有）惪（德），喬（規）巨（矩）不爽（《五紀》簡46）
>
> 中正喬（規）巨（矩），權冉（稱）正臬（衡）。（《五紀》簡63）
>
> 喬（規）受天道，祀又（有）尚（常），後（司）是巨（矩）（《五紀》簡87-88）
>
> 於天女（如）喬（規），於神女（如）巨（矩），於人女（如）尾（度）（《五紀》簡97）
>
> 夫是古（故）後喬（規）巨（矩）五尾（度），道事又（有）古，言豊（禮）母（毋）沽（《五紀》簡125）
>
> 采（由）喬（規）正巨（矩）彖（遂）尾（度）（《五紀》簡126-127）
>
> 天下之成人，參五才（在）身，喬（規）巨（矩）五尾（度）（《五紀》簡128-129）

在這些辭例中，「喬」皆是與「巨（矩）」連用，讀為「規」當無疑問。此外，

〔註9〕 王引之：《經義述聞》，江蘇古籍出版社，2000年，第295頁。

〔註10〕 高亨：《古字通假會典》，齊魯書社，1997年，第473頁。

〔註11〕 高亨：《古字通假會典》，第455頁。

〔註12〕 參王明欽：《王家臺秦墓竹簡概述》，收入《新出簡帛研究》，文物出版社，2004年，第34頁。

〔註13〕 參《馬王堆漢墓帛書·肆》，文物出版社，1985年，第109頁。

篇中還有 3 處作星象名的「天衞」，應該也是讀作「天規」的。〔註14〕案「衞」為喻母物部，與月部字音近，都是-t 韻尾，文獻中有「譎」與「決」相通的例證，〔註15〕故「衞」與支部字的「規」相通假，這與《周易》「夬」卦，《歸藏》作「規」相類似。

綜上所述，安大簡《詩經·小星》「折命」與毛詩之作「寔命」，乃由音近以致異，實無可疑。

這看似不合音理的通假關係，由王念孫率先揭示出來，因為有故書及近今出土之文獻例證作為支撐，則支錫與祭月之間的通假關係，是完全可以作為通例確定下來了。這對考釋古文字以及解讀古文獻無疑會有很大的幫助，下面就簡單地舉例加以說明。

嶽麓秦簡壹《為吏治官及黔首》有下引文句：

一曰誇（姱）而夬；二曰貴而企；三曰亶（擅）折割；四曰犯上不智（知）其害；五曰閒（簡）〔註16〕士貴貨貝。〔註17〕

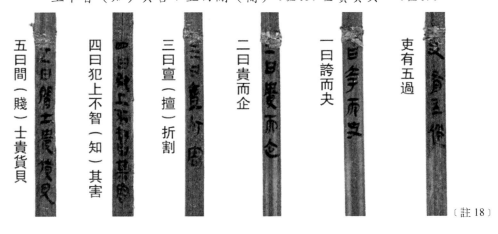

〔註18〕

〔註14〕參程浩：《談談楚文字中用為「規」的「夬」字異體——兼說篆隸「規」字的來源》，清華大學出土文獻研究與保護中心網站，https://www.ctwx.tsinghua.edu.cn/info/1083/2748.htm，2021-12-16。

〔註15〕王念孫：《讀書雜志》，江蘇古籍出版社，2000 年，第 664 頁。

〔註16〕此字參蔡偉：《讀竹簡札記四則》，復旦大學出土文獻與古文字研究中心網站，http://www.gwz.fudan.edu.cn/Web/Show/1457，2011/4/9；又參蔡偉：《誤字、衍文與用字習慣——出土簡帛古書與傳世古書校勘的幾個專題研究》，臺灣花木蘭文化事業有限公司出版，2019 年，第 142～144 頁。

〔註17〕朱漢民、陳松長主編：《嶽麓書院藏秦簡·壹》，上海古籍出版社，2010 年，第 128 頁。

〔註18〕《嶽麓書院藏秦簡·壹》，上海古籍出版社，2010 年，圖版第 32 頁。

關於「企」字的釋字，學者頗有分歧，如方勇先生根據睡虎地秦簡相應的內容作「貴以大（泰）」，從而認為「企」應是「大」字誤字。〔註19〕王輝先生也認為「企」為「大」的誤字「可能是對的」。〔註20〕

我們認為無論從字形還是用韻，應為「企」字（溪母支部），無可懷疑。字形可參同書《占夢書》簡0312正：

〔註21〕

又北大漢簡《蒼頡篇》簡69：

踝企瘖散（散—蹴）〔註22〕

〔註19〕方勇：《讀嶽麓秦簡札記（一）》，武漢大學簡帛網，http://www.bsm.org.cn/show_article.php?id=1444，2011-04-11。

〔註20〕王輝：《說馬王堆帛書中與「企」同形之字可能釋為「立」》，收入《古文字研究》（第30輯），中華書局，2014年，第450頁。

〔註21〕《嶽麓書院藏秦簡·壹》，圖版第154頁。

〔註22〕整理者引《說文》：「瘖，跛病也。讀若脅，又讀若掩。」云「瘖」可假作「掩」、「盍」、「闔」等字，認為與下字「散」，訓為分離、飛散之義相反。（《北京大學藏西漢竹書·壹》，上海古籍出版社，2015，第136頁）劉婉玲從之（《出土〈蒼頡篇〉文本整理及字表》，吉林大學碩士學位論文，指導教師：馮勝君教授，2018年，第115頁）。案「散」疑同「蹴」，《康熙字典》引《篇海》「音跚。行貌。」又云「徐列切，音蔎。義同。」

其中「企」字作：

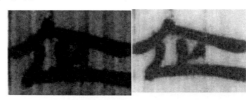

〔註23〕

與秦簡之筆畫皆一一相合，可以為證。秦簡《為吏治官及黔首》以夬、企、剴、害、貝為韻，為支、月合韻。

又魏宜輝先生指出的《集篆古文韻海》「撉」古文寫作「　」，並將其分析為從辵從企，甚是。但魏先生仍從王輝先生的觀點而認為嶽麓秦簡的　是舌音月部字。〔註24〕我們認為「　」從「企」聲而同「撉」，也是由於支、月音近從而形成的異文。〔註25〕我們知道，《說文》中字的重文也有不是同一韻部的字，比如「瓊」或從「矞」作「璚」、或從「巂」作「瓗」，段玉裁注云：

> 矞為夏之入聲，角部觼或作鐍，此十四部與十五部合音之理；
> 瓊或从瓗。巂聲也。此十四部與十六部合音之理。〔註26〕

又如「琨」或從「貫」作「瑻」。段玉裁注云：

> 馬融《尚書》、《漢·地理志》皆作瑻。貫聲在十四部，與十三部昆聲合韻最近，而又雙聲，如昆夷亦為串夷。韋昭瑻音貫。〔註27〕

〔註23〕轉引自劉婉玲：《出土〈蒼頡篇〉文本整理及字表》，吉林大學碩士學位論文，指導教師：馮勝君教授，2018年，第133頁。

〔註24〕魏宜輝：《傳抄古文研究（五題）》，收入安徽大學漢字發展與應用研究中心編《漢語言文字研究》（第2輯），上海古籍出版社，2018年，第89～90頁。

〔註25〕「企」溪母字、「撉」端母字，其聲紐分別是見系和端系，根據一些古韻學者的研究所知，照三系字與端系字、見系字的聲母應該有一個共同的上古來源。參李方桂：《上古音研究·幾個上古聲母問題》，商務印書館，1980年；梅祖麟：《跟見系字諧聲的照三系字》，《中國語言學報》第1期，商務印書館，1983年；楊劍橋：《論端、知、照三系聲母的上古來源》，《語言研究》1986年第一期（總第10期），第110頁；陳劍：《據郭店簡釋讀西周金文一例》，《北京大學中國古文獻研究中心集刊（二）》，第391～392頁，又見《甲骨金文考釋論集》，線裝書局，2007年，第33頁；又參看張富海：《上古漢語kl-、kr-類聲母的舌齒音演變》，「古文字與漢語歷史音韻學」高端論壇論文集，中國杭州，2018-3-30。最明顯的如「頍」字從「支」聲而讀溪母。

〔註26〕段玉裁：《說文解字注》，上海古籍出版社，2012年，第10頁。

〔註27〕段玉裁：《說文解字注》，第17頁。

就是例證，而《說文》中若此者不勝枚舉。所以「⿰彳企」從「企」聲而同「撚」，毫不足怪。

本人疏於音韻，在此拋磚引玉，希望專治韻學、精研音理者對此現象作更深入的研究及解釋。

又安大簡《詩經·小星》首章云「折命不同」、二章云「折命不猷」，《毛詩》與之對應的文句分別作「寔命不同」、「寔命不猶」。關於二章「折命不猷」，整理者注釋說：

> 「猷」，從「犬」，「酉」聲，同「猶」。〔註28〕

我們知道，「猶」「猷」本為一字，後來用各有當，遂區分為二字二義。毛亨傳：「猶，若也。」鄭玄箋：「不若，亦言尊卑異也。」朱熹《詩集傳》：「猶，亦同也。」高亨《詩經今注》：「猶，似也，同也。」

需要補充的是，訓為「同」的「猶／猷」，古書中多作「醜」。《廣雅·釋詁四》：

> 捆、粹、兼、並、集、合、稽、醜、共，同也。

王念孫《疏證》云：

> 捆、粹、醜者，《方言》：「醜、捆、絟，同也。宋衛之閒曰絟，或曰捆，東齊曰醜。」……醜之言儔也，《孟子·公孫丑篇》云：「今天下地醜德齊。」〔註29〕

《小星》首章云「折（寔／是／實）命不同」、二章云「折（寔／是／實）命不猷（猶／醜）」，其所要表達的意思相同。此即王念孫謂之「《詩》之用詞，不嫌於複」〔註30〕、聞一多謂之「字變而義不變之例」〔註31〕，是古人為文習見的一種修辭方式。

案毛詩《墻有茨》「言之醜也」，安大簡作「言之猷」，〔註32〕是「醜」與「猷」二字通假之證。根據這一現象，則《毛詩·小雅·斯干》云「兄及弟矣，式相好矣，無相猶矣」，其中「無相猶矣」即「無相醜矣」，「猶（醜）」「好」

〔註28〕黃德寬、徐在國主編：《安徽大學藏戰國竹簡（一）》，中西書局，2019 年，第94 頁。

〔註29〕王念孫：《廣雅疏證》，中華書局，1983 年，第 116～117 頁。

〔註30〕王念孫：《廣雅疏證》，中華書局，1983 年，19 頁。

〔註31〕參聞一多：《詩經通義》，收入《聞一多全集》（第四卷），湖北人民出版社，1993 年，第 266 頁。

〔註32〕黃德寬、徐在國主編：《安徽大學藏戰國竹簡（一）》，第 128 頁。

相對為文。《詩》義本自明白，謂兄弟之間當相愛相親，互相交好；不應相怨相讎，互相交惡。毛傳、鄭箋皆不得其義，後來諸家又異說紛起。〔註33〕唯清儒俞樾將「猶」讀為《說文》中訓為「醜」的「敵」，則甚具卓識。為省卻讀者翻檢之勞，現將俞氏之說迻錄於下：

> 「猶」當讀為「敵」。《說文·女部》：「敵，醜也。」「式相好矣，無相敵矣」，「好」與「敵」相對成義。《遵大路篇》「無我魗兮，不寁好也」，《正義》曰：「魗與醜古今字。」《正月篇》「好言自口，莠言自口」，傳曰：「莠，醜也。」此以「敵」與「好」對，猶彼以「魗」與「好」對、「莠」與「好」對也。「猶」、「敵」並從「酉」聲，故得通用，傳、箋均失之。〔註34〕

安大簡借「猷」為「醜」的現象，可以啟發我們，《說文》的「敵」及《方言》卷十三「㛤，惡也」的「㛤」〔註35〕，也應視為「醜」字的後起分別字。

檢清華簡叁《芮良夫毖》的下引一段文字：

> 心之慐（憂）矣，埜（靡）所告罜（懷），佳（兄）俤（弟）愿矣，忑忑（恐）不和均（均）。

首先，簡文的「均」字，或讀為「順」〔註36〕。案吳銘先生《廣雅新證》「諴，調也」條下引到《芮良夫毖》「兄弟愿矣，恐不和均」及《墨子·兼愛中》「兄弟不相愛，則不和調」語為證，〔註37〕可參。又《詩·大雅·皇皇者華》：「我馬維駰，六轡既均。」毛傳：「均，調也。」《類篇》：「均，和也。」《素問·上古天真論》：「三八腎氣平均」，張志聰集注：「均，和也。」〔註38〕又銀雀山漢墓竹簡《唐勒》簡 2113-2114 有下引文字：

> 馬汁（協）險（斂）正（整）齊，周（調）均不摯。

由此可見整理者將「均」括注為「均」的說法正確可從。

〔註33〕參向熹：《詩經詞典》（修訂本），商務印書館，2014 年，第 655 頁。

〔註34〕俞樾：《群經平議》卷十／155 頁，《續修四庫全書》178，上海古籍出版社。

〔註35〕《廣雅·釋詁三》：「㛤，惡也。」即本於《方言》，參王念孫：《廣雅疏證》，中華書局，1983 年，第 106 頁。

〔註36〕《清華簡三〈芮良夫毖〉初讀》，武漢簡帛網—簡帛論壇—簡帛研讀討論區 http://www.bsm.org.cn/bbs/read.php?tid=3040&fpage=3），2013 年 1 月 26 日，25 樓網友海天遊蹤說。

〔註37〕參吳銘：《廣雅新證》，華東師範大學博士論文，指導教師：劉志基教授，2017 年 6 月，第 141 頁。

〔註38〕參《故訓匯纂》，商務印書館，2003 年，第 414 頁。

其次，關於簡文「兄弟慝矣」之「慝」，整理者據《孟子‧梁惠王下》「民乃作慝」朱熹注，訓為「怨惡也」為說。〔註39〕馮勝君先生提出不同意見，認為「慝」應讀為「鬩」，他說：

> 按，「慝」之常訓為「惡」，本身並沒有怨恨或埋怨的意思，朱熹將之訓為「怨惡」，並不十分準確。如果「慝」訓為「惡」，則「兄弟慝矣，恐不和均」，在文義上不好理解。我們認為「兄弟慝矣」之「慝」，當讀為「兄弟鬩于牆」之「鬩」。〔註40〕

馮先生的說法雖然於文義可通，但「慝」「鬩」二字古音卻不很相近。尤其是於用字習慣亦不甚合，因為清華簡以「戜」為「鬩」〔註41〕。而且從《詩經》中相類似的句法來看，「慝」字的語法位置應為形容詞，讀為「鬩」，訓為爭鬥，亦不合文法，所以馮先生改讀的意見恐難以成立。

我們認為，簡文「兄弟慝矣」之「慝」，即「邪惡」、「醜惡」的意思，《國語‧魯語上》：「且夫君也者，將牧民而正其邪者也，若君縱私回而棄民事，民旁有慝，無由省之，益邪多矣。」韋昭注：「慝，惡也。」這是「慝」常見的字義。其所表達的意思即為「兄弟之間關係不好、交惡」，亦即上引《墨子》之「兄弟不相愛」，然則清華簡之「兄弟慝矣」與《斯干》之「兄及弟矣，式相好矣，無相猶（醜）矣」（案《廣雅‧釋詁三》：「慝、憎，惡也。」〔註42〕），其文義可以互相發明。

參考文獻

1. 王瑜楨《〈清華大學藏戰國竹簡（參）‧芮良夫毖〉釋譯》，《出土文獻》（第六輯），中西書局，2015 年。

〔註39〕李學勤主編：《清華大學藏戰國竹簡‧叁》（下冊），中西書局，2012 年，第150 頁，注釋（30）。

〔註40〕馮勝君：《讀清華簡〈芮良夫毖〉札記》，《紀念何琳儀先生誕辰七十周年暨古文字學國際學術研討會》（安徽大學文學院漢字發展與應用研究中心主辦、安徽大學出版社協辦，2013 年 8 月 1～3 日），第 186～188 頁；又安徽大學漢字發展與應用研究中心編《漢語言文字研究》（第 1 輯），上海古籍出版社，2015 年，第 184～186 頁。

〔註41〕清華簡陸《鄭文公問太伯》甲簡 9、《鄭文公問太伯》乙簡 8 有「朝夕戜（鬥／鬩）戜（鬩）」語，見《清華大學藏戰國楚簡‧陸》，中西書局，2016 年，119 頁、123 頁注釋（27）。

〔註42〕參王念孫：《廣雅疏證》，中華書局，1983 年，第 106 頁。

（二）安大簡《詩經》補證一則〔註43〕

安徽大學藏戰國竹簡《詩經》有一篇《江有湏（汜）》，其中有一句作「歗也訶」，黃德寬、徐在國主編的《安徽大學藏戰國竹簡（一）》（中西書局，2019年，94頁）指出：

> 「歗也訶」，《毛詩》作「其嘯也歌」。「歗」從「欠」「翏」聲，疑「歗」字異體。《魯詩》《齊詩》皆作「歗」。「翏」屬來紐幽部，「肅」屬心紐覺部，二字作聲符可互換。

也有學者不同意此說，如網友無痕先生說：

> 「翏」「肅」聲母有別，查檢文獻似罕見諧此二字相通者，可疑。「翏+欠」或可讀「嗷」，《說文》：「嗷，呼也。」古書有「嗷嗷」「嗷然」，皆哭貌。《老子》「其上不皦」之「皦」，帛書乙本作「謬」。〔註44〕

我們認為整理者的意見是可信的。大概是因為文獻中這樣類似的例證較少，故整理者未加舉證，所以會引起質疑。這裡補充一些傳世文獻上的證據，或許對以後解讀出土及傳世文獻有些助益。

案《淮南子·覽冥》有下引一段話：

> 故至陰飂飂，至陽赫赫，兩者交接成和而萬物生焉。

何寧謂《莊子·田子方》作：

> 至陰肅肅，至陽赫赫，赫赫發乎地，肅肅出乎天，兩者交通成和而物生焉。〔註45〕

又《世說新語·賞譽篇》：

> 世目李元禮：「謖謖如勁松下風。」

劉孝標注：

〔註43〕 此文首發於「錦州抱小」公眾號，https://mp.weixin.qq.com/s?__biz=MzI4OT IxMjg2OA==&mid=2247483742&idx=1&sn=6c65651d9d3dc95ad3f0a566cde1a 9ff&chksm=ec33d1f5db4458e30a7d5d76f310a5221f8c334bd31a9ad4a07439e2b 40b1a910beaf5fe96e6&exportkey=AfsOc16wMxQaiawP7QXYzSk%3D&acctm ode=0&pass_ticket=e%2Bv1dhmT4emYIm1X3UwPTvCUJPQgspXF111PbYFY U9uuiQSEan7aXUldZOQ2rzVy&wx_header=0#rd，2020-07-20。

〔註44〕 見武漢大學簡帛論壇·簡帛研讀《安大簡〈詩經〉初讀》，http://www.bsm.org.cn/ forum/forum.php?mod=viewthread&tid=12409&extra=&page=8，發表於 2019-9-2。

〔註45〕 何寧：《淮南子集釋》，中華書局，2010 年，第 457 頁。

《李氏家傳》「華夏稱曰：『潁川李府君，顒顒如玉山。汝南陳仲舉，軒軒若千里馬。南陽朱公叔，飂飂如行松柏之下。』」蕭旭先生認為：

《容止篇》「嵇康身長七尺八寸，風姿特秀。見者歎曰：『蕭蕭肅肅，爽朗清舉。』或云：『肅肅如松下風，高而徐引。』」謖謖，同「肅肅」，清冷貌。本字為「飀飀」、「飍飍」，《廣雅》：「飀，風也。」《集韻》：「飍，寒風。或從宿。」蘇軾《見和西湖月下聽琴》「謖謖松下風，藹藹壟上雲。」藹藹，和煦貌，「謖謖」與之對舉，其義自顯。陸機《吳趨行》「藹藹慶雲被，泠泠祥風過。」泠泠，微冷貌。正同一機杼，可以作為旁證。《御覽》卷953引《世說》「李元禮泂泂如長松下風，周君飂飂如小松下風。」泂泂、飂飂，亦微冷貌。今吳方言曰「風涼飀飀」、「溧涼飀飀」，猶存古義。字或作「蕭蕭」，蕭古讀如肅，《戰國策・燕策三》「風蕭蕭兮易水寒，壯士一去兮不復還！」言秋風飀飀，正狀其微冷，故與「易水寒」相應。字或作飀，《廣韻》：「飀，涼風。」《通雅》卷10謂「謖謖，與『肅肅』通，有『收縮』、『疾速』兩義。」《辭通》卷21謂「肅肅，勁烈貌。謖、肅同音通用。」朱鑄禹箋：「謖謖，風起貌。一說謖與肅通。」楊勇箋引王叔岷曰：「謖讀為肅。肅肅，風急貌。」張永言釋為「象聲詞。形容風聲。」並未得厥誼。《容止篇》「肅肅如松下風，高而徐引。」徐，緩慢。則「肅肅」不得訓為「疾速」、「勁烈貌」、「風急貌」，至為明顯。劉氏所引《李氏家傳》「南陽朱公叔，飂飂如行松柏之下。」《御覽》卷495引袁山松《後漢書》作「朱公叔肅肅如松柏下風。」相互比較，知「肅肅」、「謖謖」與「飂飂」義同，「飂飂」即形容陰冷之貌。《淮南子・覽冥訓》「故至陰飂飂，至陽赫赫。」字或作「溧溧」，漢・嚴遵《道德指歸論・江海篇》「眾陽赫赫而天王之，眾陰溧溧而地王之。」〔註46〕

其中的「肅肅」與「飂飂」，也是由於音相近以致異文。這就可以補充證明安大簡異文的看似不合音理，但確確實實是由於音近而通借。

〔註46〕蕭旭：《〈世說新語〉吳方言例釋》，收入《群書校補》（肆），廣陵書社，2011年，第1379頁。

　　總之，安大簡《詩經》中存在的諸多異文問題，是非常值得音韻學者作更深入的研究與闡釋。

　　小文寫成後，蒙蕭旭先生提示：

　　　　心母來母古通，龐光華先生《上古音及相關問題綜合研究：以複輔音聲母為中心》一書有論，如「論來母、心母相諧的問題」，文中舉了諧聲字的例子，如「數」上古音屬心母，從來母字「婁」得聲；「曬」上古音屬心母，從來母字「麗」得聲。

　　　　文中又舉陳章太、李如龍《閩語研究・閩西北七縣市的方言》一章中也介紹了閩西北方言中來母讀為心母的現象；又王福堂《漢語方言語音的演變和層次》指出在閩北的建甌話中，有很多來母字讀 s 聲母。如：平聲的「籮、螺、狸、蘆、雷、籃、鱗、郎、聾、籠」，上聲的「李、老、卵、兩、稂」，去聲的「露」，入聲的「力、笠」等大量的來母字都是讀成心母 s。〔註47〕

讀者可以參考。

　　現在《毛詩・國風・召南・江有汜》「其嘯也歌」，其「嘯」字，安大簡作「歗」；又《淮南子・覽冥》「至陰飂飂」，《莊子・田子方》作「至陰肅肅」；又《世說新語・賞譽篇》「謖謖如勁松下風」，劉孝標注引《李氏家傳》作「飂飂如行松柏之下」、《御覽》卷 495 引袁山松《後漢書》作「朱公叔肅肅如松柏下風」。又清華簡肆《別卦》有從「連」得聲的卦名「嗹」字，王家臺秦簡《歸藏》所對應的字作「散」，〔註48〕這都是出土及傳世文獻上確定無疑的來母、心母相通的例證，可為龐光華先生論文補充文獻上的證據。

（三）也說安大簡《詩經》「炊皮（彼）北林」〔註49〕

　　《詩經・秦風・晨風》有「𩙿彼晨風，鬱彼北林」語，其中的「鬱」字，

〔註47〕龐光華：《上古音及相關問題綜合研究：以複輔音聲母為中心》，暨南大學出版社，2015 年，第 470～474 頁。

〔註48〕李學勤主編：《清華大學藏戰國竹簡（肆）》，中西書局，2013 年，第 134 頁。

〔註49〕此文首發於「錦州抱小」公眾號，https://mp.weixin.qq.com/s?__biz=MzI4OTIxMjg2OA==&mid=2247483748&idx=1&sn=fe6adea461e39c28ac0be0a1ae9823fd&chksm=ec33d1cfdb4458d93a1b6c8571ab9a4963b280df15cbfc7022056c5d685d5ff0fbb440c0baa9&exportkey=Af9gBcwldaRug6j3J4Vc6xI%3D&acctmode=0&pass_ticket=e%2Bv1dhmT4emYIm1X3UwPTvCUJPQgspXF1l1PbYFYU9uuiQSEan7aXUldZOQ2rzVy&wx_header=0#rd，2020-07-22。

安大簡《詩經》作「炊」，整理者認為：「炊」从「火」聲，與「炊爨」之「炊」是同形字。上古音「火」屬曉紐微部，「鬱」屬影紐物部，音近可通。〔註50〕

劉剛先生則根據安大簡《詩經》的異文「炊（吹）皮（彼）北林」，「疑『炊』被誤寫或誤認成『敊』（『炊』、『敊』也有可能本為一字），後來才訛成『鬱』、『溫』、『宛』等字。」從而對《詩經‧秦風‧晨風》首章的「䬃彼晨風，鬱彼北林」提出了新的解釋，他認為這兩句話可以翻譯為「早上迅疾的風啊，在北林裡呼呼地吹著」。〔註51〕

劉剛先生的文章發表之後，顏世鉉、王寧兩先生分別寫了補充和商榷的文章。〔註52〕

最近，劉剛先生又發表了題為《〈詩‧秦風‧晨風〉的再討論》〔註53〕的文章。這四篇文章讀後，我們想談談自己的一些看法，希望能解決一些實際的問題，而不是添亂。

檢王引之《經義述聞‧古詩隨處有韻》下引王念孫曰：

> 古人之詩隨處可以用韻，非但用之句末，如後人作五七言之例已也。……覺古人之詩應律合節，觸處成韻，有非後人誦讀之所能盡者，……「䬃彼晨風，鬱彼北林」，䬃、鬱為韻，風、林為韻。……此皆所謂同聲相應，同氣相求，而學者可以類推矣。譬之風行水上，自然成文，而非可以人力與焉者也。昔之歌詩者莫不知之，……〔註54〕

又參孔廣森《詩聲類‧詩聲分例‧句中隔韻例》；〔註55〕又朱駿聲云：「《詩‧晨風》叶䬃、鬱，句中韻。」〔註56〕這些都是清代古韻學家的共同觀點。

〔註50〕黃德寬、徐在國主編：《安徽大學藏戰國竹簡（一）》，中西書局，2019年，第112頁。

〔註51〕劉剛：《〈詩經〉古義新解（二則）》，《語言科學》2018年第3期，第252～253頁。

〔註52〕顏世鉉：《說幾組安大簡〈詩經〉的異文》，《通過簡牘材料看古代東亞研究國際論壇會議資料集》，韓國：慶北大學2018年12月17～20日；王寧：《安大簡〈詩經‧秦風‧晨風〉「炊」字臆解——兼說〈說文〉「敊」字的音義問題》，復旦大學出土文獻與古文字研究中心網站，http://www.gwz.fudan.edu.cn/Web/Show/4374，2019/1/11。

〔註53〕劉剛：《〈詩‧秦風‧晨風〉的再討論》，《漢字漢語研究》2020年第2期。

〔註54〕王引之：《經義述聞》，江蘇古籍出版社，2000年，第177～181頁。

〔註55〕孔廣森：《詩聲類》，中華書局，1983年，第63頁。

〔註56〕朱駿聲：《說文通訓定聲》，商務印書館，1937年，第2506頁。

　　《詩》中同此例者，如《周頌·絲衣》「絲衣其紑，載弁俅俅」（絲、載為韻，紑、俅為韻），又「兕觥其觩，旨酒思柔」（兕、旨為韻，觩、柔為韻）。《魯頌·泮水》「角弓其觩，束矢其搜」（角、束為韻，觩、搜為韻）皆是。由此可見，《詩》中此類押韻現象絕非偶然。

　　如果以安大簡的「炊」為「昌垂切」（昌紐歌部）之「炊（吹）」，顯然不合於《詩》之韻例。

　　所以我們同意安大簡整理者的意見，以「炊」從「火」聲，其與「炊爨」之「炊」只是偶爾同形而非真正意義上的形音義相同。

　　也就是說安大簡的「炊」字其實並非「昌垂切」之「炊」，乃從「火」聲之字，與「欻」（許勿切，曉紐物部）為繁簡字的關係。也有一種可能，即「炊」就是「欻」的誤字，所以可以與傳世本《詩經》「鬱」、「溫」、「宛」形成音近的異文關係。

　　下面再談文義。案《小雅·沔水》有「鴥彼飛隼，率彼中陵」語，此句與「鴥彼晨風，鬱彼北林」的句式相類似，其中「鴥」、「率」也是押韻的，而且也都是承接式的結構。「率」是循、沿著的意思。而「鬱」字，毛亨《傳》云：

　　　　鬱，積也。北林，林名。先君招賢人，賢人往之駛疾，如晨風
　　之飛入北林。

則「鬱」為積聚之義。其異文「宛」、「溫（蘊）」也都是委積之義。那末，「鴥彼晨風，鬱彼北林」，譯成現代漢語就是：

　　　　行動迅捷的晨（鸇）風鳥，聚集／群集在那樹林之北。

《群書治要》卷29《晉書上》引干寶《紀》云：

　　　　古先哲王，知利百姓，是以感而應之，悅而歸之，如晨風之鬱
　　北林，龍魚之趣淵澤也。

《太平御覽》卷76引晉·干寶《晉紀總論》作：

　　　　古先哲王，知其然也，是以扞其大患，而不有其功；禦其大災，
　　而不尸其利，是以感而應之，悅而歸之，如晨風之鬱北林，魚龍之
　　趨淵澤也。

其文義與《毛傳》同。

（四）試說《詩經》的「何斯違斯」〔註57〕

《詩・召南・殷其雷》云：

殷其雷，在南山之陽。何斯違斯，莫敢或遑。振振君子，歸哉
歸哉！

殷其雷，在南山之側。何斯違斯，莫敢遑息。振振君子，歸哉
歸哉！

殷其雷，在南山之下。何斯違斯，莫或遑處。振振君子，歸哉
歸哉！

其中「何斯違斯」，安大簡作「可斯韋斯」。

〔註57〕此文首發於「錦州抱小」公眾號，https://mp.weixin.qq.com/s?__biz=MzI4OT
IxMjg2OA==&mid=2247483773&idx=1&sn=dc862eb887e30784ae95c8607173
b137&chksm=ec33d1d6db4458c0c6e5511c8fcd2658dd911740c534179f764a64b
cfb6058fa7a13b40cdac9&exportkey=Ack6B%2BELIvvHoWsyRFcepcE%3D&a
cctmode=0&pass_ticket=e%2Bv1dhmT4emYIm1X3UwPTvCUJPQgspXF1l1Pb
YFYU9uuiQSEan7aXUldZOQ2rzVy&wx_header=0#rd，2020-08-26。

整理者注：

> 「可斯違斯：《毛詩》作「何斯違斯」。毛傳：「斯，此。」阜陽漢簡《詩經》亦作「韋」。「韋」、「違」諧聲可通。毛傳：「違，去。」〔註58〕

鄭玄《箋》云：

> 何乎此君子，適居此，復去此，轉行遠，從事於王所命之方，無敢或閒暇時。閔其勤勞。

孔穎達《正義》曰：

> 言殷殷然靁聲在南山之陽，以喻君子行號令在彼遠方之國。既言君子行王政於遠方，故因而閔之，云何乎我此君子，既行王命於彼遠方，謂適居此一處，今復乃去此，更轉遠於餘方，而無敢或閒暇之時，何為勤勞如此。既閔念之，又因勸之，言振振然信厚之君子，今為君出使，功未成，可得歸哉？勸以為臣之義，未得歸也。

朱熹《詩集傳》：

> 何斯，斯，此人也；違斯，斯，此所也。……言殷殷然靁聲，則在南山之陽矣。何此君子獨去此、而不敢少暇乎。於是又美其德。且冀其早畢事而還歸也。

可見自漢代以至宋代，學者對此詩的意見都大體相同。

案清代姚際恒的《詩經通論》卷一中說：

> 「螽斯」（《周南·螽斯》）之「斯」，語辭，猶「鹿斯」「鶉斯」（《小雅·小弁》）也。《豳風》「斯螽動股」（《七月》）則又以「斯」居上，猶「斯干」（《小雅·斯干》）「斯粹」（《大雅·召旻》）也。

楊伯峻先生指出姚氏這話陳奐在《毛詩傳疏》曾說過，楊先生認為：

> 也未必完全正確，但他看到詩為了音節而有襯字，還是有識力的。「斯」之為襯字，不如舉《召南·殷其雷》「何斯違斯」的「何斯」為例，「何斯違斯」即何違斯。陳奐雖說斯為語辭，卻用「麟之趾」（《周南·麟之趾》）「兔斯首」（《小雅·瓠葉》「有兔斯首」）來相證，那麼，「螽斯羽」也猶如《曹風·蜉蝣》的「蜉蝣

〔註58〕黃德寬、徐在國：《安徽大學藏戰國竹簡（一）》，上海中西書局，2019年，第91頁。

之羽」了。陳奐、姚際恒的所謂語辭，和我的所謂襯字還是有所不同。〔註59〕

現在我們在楊先生的基礎之上，更進一步認為，「何斯違斯」與《詩·豳風·鴟鴞》「恩斯勤斯，鬻子之閔斯」之「恩斯勤斯」為同一句式，兩「斯」字皆是襯字。安大簡「可斯韋斯」與《詩》「何斯違斯」、「恩斯勤斯」這種句式，猶《詩》「X兮X兮」的句式，如《邶風·旄丘》「瑣兮尾兮」，《衛風·淇奧》「瑟兮僩兮，赫兮咺兮，……寬兮綽兮」，《衛風·芄蘭》「容兮遂兮」，《鄭風·子衿》「挑兮達兮」，《曹風·候人》「薈兮蔚兮，……婉兮孌兮」，《巷伯》「萋兮斐兮，哆兮侈兮」等。《詩》的「X兮X兮」這類句式中，兩「兮」字也是襯字，故此類句式在後世可以省略兩「兮」字而組成詞語，如「寬綽」、「挑達」、「薈蔚」、「婉孌」即是。

又《詩·商頌·那》有「猗與那與」，馬瑞辰《毛詩傳箋通釋》云：「猗、那二字疊韻，皆美盛之貌，通作『猗儺』（見《檜風》）、「阿難」（見《小雅》）。草木之美盛曰猗儺，樂之美盛曰猗那，其義一也。」可知「猗與那與」的句式中，兩「與」字也是襯字。

同理，《鴟鴞》之「恩斯勤斯」，《韓詩》作「殷斯勤斯」，去掉兩「斯」字後即「恩勤」、「殷勤」；安大簡「可斯韋斯」與《毛詩》「何斯違斯」，去掉兩「斯」字後就是「可韋」或「何違」。我們認為「可韋」或「何違」即「猗違」這一聯綿詞的不同的書寫形式。「可斯韋斯」、「何斯違斯」，猶《國語·晉語三》「威兮懷兮，各聚爾有，以待所歸兮。猗兮違兮，心之哀兮」之「猗兮違兮」。汪遠孫《國語發正》云：「猗、依一聲之轉，『猗兮違兮，心之哀兮』，言欲歸重耳而不能決，故心哀也。」又《漢書·孔光傳》云：

> 又傅太后欲與成帝母俱稱尊號，羣下多順指，言母以子貴，宜立尊號以厚孝道。唯師丹與光持不可。上重違大臣正議，又內迫傅太后，猗違者連歲。丹以罪免，而朱博代為大司空。

如淳曰：「不決事之言也。」師古曰：「猗違猶依違。猗音於奇反。」

此詩以雷聲起興。蓋「何（猗）斯違斯，莫敢或遑」、「何（猗）斯違斯，莫敢遑息」、「何（猗）斯違斯，莫或遑處」，皆為描寫女子之詞。

〔註59〕楊伯峻：《詩經句法偶談》，收入《楊伯峻學術論文集》，嶽麓書社，1984年，第72頁。

　　言聞雷聲而心生恐懼，那一剎那頃，對所愛之人的思念全都涌上心頭，由思之繼而伴隨各種複雜的心情，詩人只用了這「猗（倚）違」一詞，便將情緒極易波動的女人的那種由恐懼，轉生猶豫、遲疑不決、矛盾重重的心態，一一展現無遺，詩人之言情體物，可謂窮極工巧。其所云無敢有閒暇者，蓋閒暇則思之愈深，念之更切，而痛苦也愈多。

四、讀上博簡《卉茅之外》札記 [註1]

　　頃獲讀曹錦炎先生《上博竹書〈卉茅之外〉注釋》[註2]一文，該文披露了上博簡中的一篇先秦佚文。現將曹先生所作的釋文迻錄如下：

　　　　卉茅之外，迻（役）敢承（承）【簡1】行。疾（喉）青（舌）
　　宊（堵）賽（塞），安（焉）能聰明？舊立（位）不挾（捲），昔（措）
　　足安（焉）窵（奠）？多宙（廟）募（寡）情，民古（故）弗敬。
　　皇句（后）又（有）命，幾（豈）敢亢（荒）曰（怠）？敬戒呂（以）
　　峙（待），榦（幹）棠（常）元（其）若茲（哉）。血燹（氣）不週
　　（通），箸（孰）【簡2】能飲（食）之？敢戈（陳）□羍（較），不
　　智（知）元（其）若茲（哉）。【簡3】

　　首先，簡文通篇為有韻之文，其以行、明為韻（古韻陽部）；窵（奠）、敬為韻（古韻耕部）；曰（怠）、茲、之、茲為韻（古韻之部）。

　　其次，簡文云「舊立（位）不挾（捲），昔（措）足安（焉）窵（奠）」，曹錦炎先生謂此句大意為：「宗廟中舊的祖先神位不收去，新增的神位將置足何處去祭奠他們呢？」我們認為簡文或許應有其他的解釋，疑可讀為「舊（久）立不挾（倦），昔（措）足女（安）窵（奠）」，「昔（措）足女（安）窵（奠）」，即「女（安）窵（奠）昔（措）足」，乃倒文以就韻之例，如《詩·邶風·日月》「出自東方」，又云「東方自出」；《詩·召南·羔羊》「退食自公」，又云

〔註 1〕此文首發於復旦大學出土文獻與古文字研究中心網站，http://www.fdgwz.
　　　　org.cn/Web/Show/4435，2019/5/30。
〔註 2〕曹錦炎：《上博竹書〈卉茅之外〉注釋》，武漢大學簡帛研究中心主辦《簡帛》
　　　　（十八輯），上海古籍出版社，2019 年。

「自公退食」。〔註3〕檢《廣雅・釋詁四》:「措、奠,置也。」〔註4〕簡文「奠（奠）昔（措）」為同義複詞,就是措置、放置的意思。簡文謂久立不倦,將如何置足?(腳怎麼放?)

關於出土文獻中同義複詞的運用,在《上海博物館藏戰國楚竹書(八)》收有整理者擬定的《蘭賦》,原整理者曹錦炎先生作過很好的說明,現在據以引用:

> 本篇賦文對仗講究,用字推敲。同義或義近字連文疊用,如「茂豐」、「殘賊」、「違遠」、「行道」、「備修」、「凥宅」、「約儉」、「比擬」,以及「雨露」、「薆薜」、「螻蟻」、「虫蛇」等,均是由兩個義近字組合而成的同義複詞,足見此賦修辭之美。遣詞用句之清麗,與屈原宋玉作品相比,可以說並無遜色。〔註5〕

這足以說明同義複詞這一構詞方式的重要性及其普遍性。

案《蘭賦》簡2有下引一段文字:

> 緩才(哉)菜(蘭)可(兮),□□攸(搖)荅(落)而猷(猶)不遊(失)乒(厥)芳=(芳,芳)涅(盈)訛(比)迡(邇)而達馘(聞)于四方。

此釋文吸收了復旦吉大古文字專業研究生聯合讀書會(以下簡稱「讀書會」)及網友的意見,〔註6〕讀者可自參閱,不再一一出注,以求簡省。

關於「訛迡」,讀書會的意見是:「迡上一字當為從言從言從北之字,隸定作訛,楚簡中北字多見,均讀為必,此字疑為謐字異體。《爾雅》『謐,靜也。』迡,疑讀為寧,《左傳・僖公七年》『盟于甯母。』杜預注『高平方與縣東有泥母亭,音如甯。』《後漢書・郡國志》泥母作甯母,甯、寧可通,《大雅・文王有聲》『遹求厥寧』,《說文・欠部》引作『甯』。則迡可讀為寧。寧、靜意同。」網友小狐先生懷疑此句當讀為:「盈匹迡而達聞於四方。其香氣充盈於近處(匹、迡皆指其近處)而又飄散到四方。」案小狐先生之解釋文義可

〔註3〕參徐仁甫:《廣古書疑義舉例》「倒句叶韻例」,中華書局,1990年,第106~107頁;又參看蔡宗陽:《詩經纂箋》,臺北萬卷樓,2013年,第547~548頁。

〔註4〕王念孫:《廣雅疏證》,中華書局,1983年,第109頁。

〔註5〕馬承源主編:《上海博物館藏戰國楚竹書(八)》,上海古籍出版社,2011年,第250頁。

〔註6〕復旦吉大古文字專業研究生聯合讀書會《上博八〈蘭賦〉校讀》,http://www.gwz.fudan.edu.cn/SrcShow.asp?Src_ID=1597,2011年7月17日。

從，但正如袁瑩先生所指出的：「匹」似乎沒有表示近處的用例。〔註7〕此外還有網友跟帖提出諸如「密邇」、「謐（溢）泥（墀）」、「僻匿」等說。〔註8〕

我們認為訛可讀為「比」。訛，所從之北，楚簡中多用為「必」，而「比」、「必」古音一為並母脂部，一為幫母質部，有著嚴格的陰入對轉關係。文獻中的異文如「故書庇作秘」、「古文秘柴」，〔註9〕可以為證。「比邇」為同義複詞，皆訓為「近」。〔註10〕檢銀雀山漢簡《晏子》簡581有「觀上【□□】欲而微為之竊，求君之比壂（邇）」語，整理者指出，比邇，指親信。〔註11〕這也是「比邇」連文之證。《蘭賦》的「訛（比）泥（邇）」，猶如上博二《從政》甲簡13「孚=（君子）之相讓（就）也，不必才（在）近泥（邇）」之「近泥（邇）」。都是古漢語常見的一種構詞形式——同義複詞。

另外，上博簡《卉茅之外》云「多宙（廟）募（寡）情，民古（故）弗敬」，案「宙」疑可讀為「貌」，郭店簡《性自命出》簡20、上博簡一《性情論》簡12皆借「宙」為「容貌」之「貌」；〔註12〕又《說文》「緢」字下引《周書》「惟緢有稽」，今本《尚書·呂型》作「惟貌有稽」，〔註13〕皆可為證。「多宙（廟—貌）募（寡）情」，與《莊子·列禦寇》篇之「厚貌深情」，其構詞方式頗為相似。檢漢·劉向《列女傳·齊田稷母》云：「非義之事，不計於心；非理之利，不入於家，言行若一，情貌相副。」則或分言之或相連文，皆指外貌與內心。

又此文兩見「亓（其）若盍」，「盍」字，曹錦炎先生皆讀為「哉」，謂用作語氣詞；又謂「若」，義為順。案「亓（其）若盍」，疑讀為「亓（其）若盍

〔註7〕復旦吉大古文字專業研究生聯合讀書會《上博八〈蘭賦〉校讀》，2011年7月17日，http://www.gwz.fudan.edu.cn/SrcShow.asp?Src_ID=1597，第27樓。
〔註8〕復旦吉大古文字專業研究生聯合讀書會《上博八〈蘭賦〉校讀》，2011年7月17日，http://www.gwz.fudan.edu.cn/SrcShow.asp?Src_ID=1597，第23樓、第30樓、第47樓。
〔註9〕參高亨：《古字通假會典》，齊魯書社，1989年，第590頁。
〔註10〕《廣雅·釋詁三》：「比，近也。」參王念孫：《廣雅疏證》，中華書局，1983年，第92頁。
〔註11〕《銀雀山漢墓竹簡·壹》，文物出版社，1985年，第97頁。又可參蔣魯敬《銀雀山漢墓竹簡〈尉繚子〉〈晏子〉〈六韜〉集釋》，2012年吉林大學碩士學位論文，指導教師：何景成副教授。
〔註12〕參《郭店楚墓竹簡》，文物出版社，1998年，第182頁注【14】引裘錫圭按語。
〔註13〕段玉裁：《說文解字注》，上海古籍出版社，1991年，646頁；又參李春桃：《古文異體關係整理與研究》，中華書局，2016年，第48頁。

（茲）」，義為「其若此」。「若茲」一詞，屢見於《尚書》，如《湯誓》「夏德若茲」，《大誥》「卜陳惟若茲」，《酒誥》「予不惟若茲多誥」，《梓材》「自古王若茲監」，《多士》「降若茲大喪」，《君奭》「予不允惟若茲誥」、「予不惠若茲多誥」、「祗若茲」等，皆是。

最後，根據本文的意見，我們將上博簡《卉茅之外》釋文重新寫在下面：

卉（艸—草）茅之外，役（役）敢承（承）【簡1】行。庆（庆—喉）青（舌）宅（堵）賽（塞），女（安）能聰明？舊（久）立不挾（倦），昔（措）足女（安）寞（奠）？多宙（庿／廟—貌）募（寡）情，民古（故）弗敬。皇句（后）又（有）命，幾（豈）敢亢（荒）甸（怠）？敬戒吕（以）時（持），榦（幹）棠（常）亓（其）若茲（茲）。血燹（氣）不迥（通），篤（孰）【簡2】能飲（食）之？敢戠（陳）□〔註14〕畢（較？），不智（知）亓（其）若茲（茲）。【簡3】

五、上博簡《卉茅之外》補證二則 [註1]

　　拙文《讀上博簡〈卉茅之外〉札記》（復旦大學出土文獻與古文字中心網站，http://www.gwz.fudan.edu.cn/Web/Show/4435，2019 年 5 月 30 日）刊布之後，又拜讀過諸彥於網上之高論，覺拙文尚有可補充者，故反覆檢索文獻，用以證成拙說。

（一）多宿（庿／廟─貌）募（寡）情

　　簡 2 云：

> 多宿（庿／廟─貌）募（寡）情，民古（故）弗敬。

　　檢《大戴禮記·主言》云：

> 畢弋田獵之得，不以盈宮室也；徵斂於百姓，非以充府庫也。
> 慢怛以補不足，禮節以損有餘。故曰：多信而寡貌，其禮可守，其
> 信可復，其迹可履。

《孔子家語·王言》篇所引之語句略同。如寫本《治要》引《孔子家語》作：

〔註 1〕此文首發於復旦大學出土文獻與古文字研究中心網站，http://www.fdgwz.org.cn/Web/Show/4449，2019/8/4。

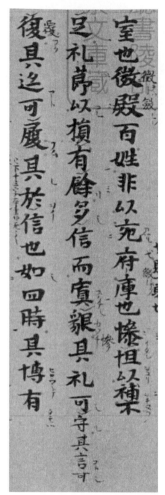

（寫本《群書治要》9 軸／
7 頁；一／599 頁）〔註2〕

清代學者王聘珍云：

貌謂文貌。禮以節其行，故少文貌也。〔註3〕

《大戴禮記》之「寡貌」，謂樸質自然，不加矯飾。上博簡《卉茅之外》云「多
畜（庿／廟—貌）」，則謂繁文縟節，矯揉造作。又《史記·禮書》云：「文貌
繁，情欲省，禮之隆也；文貌省，情欲繁，禮之殺也。」

凡此皆可證簡文之「畜（庿／廟）」應讀為「貌」。

〔註 2〕日本宮內廳書陵部收藏漢籍集覽全文影像之《群書治要》第九軸，http://db.sido.
keio.ac.jp/kanseki/T_bib_search.php；又《群書治要》（一），日本汲古書院，1989
年。

〔註 3〕參方向東：《大戴禮記匯校集解》（上），中華書局，2008 年，第 33 頁。

（二）敬戒呂（以）時（持）

簡 2 又云：

> 敬戒呂（以）時（持）

檢上博二《從政甲》簡 12 有下引文句：

> 韋（敦）行不伏（倦），時（持）善不猒（厭）

即以「時」為「持」，所以將上博簡《卉茅之外》中的「時」讀為「持」，從用字習慣及文義上看，似較為合理。最近看到李發先生亦主張「時」讀為「持」。〔註4〕

案簡文「持」為保守之義。〔註5〕宋人孫應時《元日自警》詩云：

> 王春肇嘉氣，天命未敢知。
>
> 四十六年非，今日正一之。
>
> 昭昭汝初心，敬戒以自持。
>
> 神明監屋漏，此語不可欺。

雖為後世較晚之文獻，但文字、語義與簡文相契合，似亦可堪佐證。

〔註4〕參禤健聰：《戰國楚系簡帛用字習慣研究》，科學出版社，2017 年，第 63～64 頁；又參李發：《上博佚詩〈艸茅之外〉讀後》，「語言與文獻」公眾號，2019 年 8 月 2 日，https://mp.weixin.qq.com/s/c0gND5g16ce5rboR5sU2lQ。

〔註5〕參王引之：《經義述聞・通說》，江蘇古籍出版社，2000 年；又參宗福邦、陳世鐃、蕭海波：《故訓匯纂》，商務印書館，2003 年，第 882 頁。

六、讀北大秦簡札記四則

（一）北大秦簡《教女》校字一則〔註1〕

北大秦簡《教女》有下引一段話：

> 今夫不善女子，不冐（肯）自計。夫在官役，往來必卒。不喜作務，喜歆日醉。與其夫家，音越越剛气（氣）。街道之音，發人請察。夫（021）來旦到，□（016）必夕棄。數而不善在前，唯悔可還（擇）。眾口銷金，此人所冐（謂），女子之敗。見人有客，數來數姝。益粹（埤）為仁，彼沱（池）更澮（滅）。效人不出，梯以塈外。夫雖教之，口羊（佯）曰若，其□□（023）外。直（值）此人者，不幸成大。有妻如此，蚤（早）死為讆（匀）。（022）〔註2〕

關於這段簡文的用韻，朱鳳瀚先生認為：

> 「計」押質部韻；「卒」「醉」「氣」皆押物部韻；「察」，押月部韻。質、物皆入聲韻而旁轉，月、質亦旁轉。

> 以上簡文中，「棄」，押質部韻，也可隨上一枚簡（021）所押韻部。「還」「若」，押鐸部韻；「敗」「澮」「外」，皆押月部韻；「姝」，押屋部韻。屋、鐸亦皆入聲韻而旁轉。月、鐸皆入聲韻而相近。

如果真的如朱鳳瀚先生所說，則簡文的用韻完全亂雜無章，毫無韻例可

〔註1〕此文首發於復旦大學出土文獻與古文字研究中心網站，http://www.fdgwz.
org.cn/Web/Show/3181，2017/11/30。
〔註2〕引自朱鳳瀚：《北大藏秦簡〈教女〉初識》，《北京大學學報（哲學社會科學版）》，
2015年第2期，第11～12頁。

言，只是作者興之所到，想押就押，這樣隨隨便便的話那不就失去了用韻的意義了嗎？所以我們認為朱鳳瀚先生對這段簡文押韻情況的解釋是難以令人相信的。

我們認為由於簡文存在著抄寫錯誤，以致於整段話的用韻顯得極不自然。根據簡文的用韻情況及文義，則所謂的「還」字，疑是「逤」字的誤寫。試比較「逤」與從「睪」的「擇」字：

0328 　譯　　　逤

 睡簡・答問・143：逤免、徙不逤
【注】逤，及、追究。

 睡簡・答問・143：逤免、徙不逤

 睡簡・秦律・105：逤其未靡（磨）

 帛書・脈法・76：謂上〈之〉不逤
【注】不逤，不及。

〔註3〕

 睡簡・日乙・106：以結者，易擇
（釋）

 睡簡・日乙・194：覺而擇（釋）之

 睡簡・日乙・194：西北鄉（嚮）擇
（釋）髮而馳（吪）【注】釋，解除。

〔註4〕

需要說明的是，因未見原簡，我們只能根據朱鳳瀚先生文章中隸定的字形，作一大膽猜測：蓋抄手潛意識裏受「睪」、「達」等字的影响，而將本來的「逤」字誤書作「還」，當然，也不排除由於某些原因而存在誤釋的可能。

如果我們的推測可信，「逤」在簡文中可讀為「逮」。雖然「逤」、「逮」二字分別屬於入聲字-p 韻尾和-t 韻尾，但段玉裁《答江晉三論韻》早已指出：

〔註 3〕王輝：《秦文字編》，中華書局，2015 年，第 265 頁。
〔註 4〕王輝：《秦文字編》，第 1749 頁。

八部與十五部相通處，不可枚數，內、納；盍、蓋；葉、世；劦、協、荔；爾、繭；夾、瘱、瘶，皆兩部交通，以及立、位同用；對、答同用；達、沓同用；甲、蓋同用；逮、遝同用，皆其理也。〔註5〕

而且從古書的異文來看，「遝」、「逮」二字也多通用，如王念孫指出：

　　《中庸》「所以逮賤也」，《釋文》逮作遝；哀十四年《公羊傳》「祖之所逮聞也」，漢石經逮作遝；漢《太尉陳球後碑》「遝完徂齊，實為陳氏」，《太尉劉寬碑》「未遝誅討，亂作不旋」，《吉成侯州輔碑》「遝事和熹后、孝安帝安思皇后」，並以遝為逮。〔註6〕

又馬王堆漢墓帛書《戰國縱橫家書·須賈說穰侯章》：「今魏方疑，可以小（少）割而收也。願君遝楚趙之兵未至於梁（梁）也，亟以小（少）割收魏。」「遝」字，《史記·穰侯列傳》作「逮」。

　　又《方言》卷三：「迨、遝，及也。東齊曰迨，關之東西曰遝，或曰及。」「關之東西曰遝」之「遝」，周祖謨先生注：

　　　　遝，《玄應音義》卷六、《慧琳音義》卷三卷二十七引字並作逮。

　　案遝、逮字通。〔註7〕

檢日本空海《篆隸萬象名義》有：

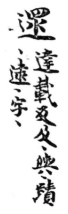

（台聯國風出版社，535頁）

呂浩錄作：

　　遝，達載反。及也，與也，蹟也，逮也字也。

〔註5〕段玉裁：《經韻樓集》，鳳凰出版社，2010年，第129頁。
〔註6〕參王念孫：《讀書雜志》，江蘇古籍出版社，2000年，第234頁。
〔註7〕周祖謨：《方言校箋》，中華書局，2004年，第21頁。

並云：

> 「遝也字也」當作「遝字也」。〔註8〕

可從。則《名義》即以「遝」為「逮」。

　　王念孫等學者曾指出古書中有「遝」誤為「還」的現象，〔註9〕現在補充一些例證，如《篆隸萬象名義》有下引三條：

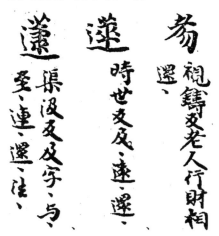

（《篆隸萬象名義》，台聯國風出版社，第 541 頁、第 545 頁、第 599 頁）

呂浩分別錄作：「遝，渠汲反，及字也，與也，至也，連也，還也，法也。」「遱，還也。」「芴，老人行財相還也」，而未加校正。〔註10〕案所謂的「還」皆當為「遝」，與「逮」同。

又寫本《群書治要》引《漢書》　　，〔註11〕「雜還」即「雜遝」之誤。

〔註8〕呂浩：《篆隸萬象名義校釋》，學林出版社，2007 年，第 154 頁。

〔註9〕見王念孫：《讀書雜志》，江蘇古籍出版社，2000 年，第 234 頁；又見《逸周書雜志》「時之還」下，第 32 頁；又見《墨子雜志》「還至、矢之所還、皆還父母妻子同產」下，第 576 頁；又參看孫詒讓：《札迻》，中華書局，2009 年，第 259 頁。

〔註10〕呂浩：《篆隸萬象名義校釋》，學林出版社，2007 年，第 157 頁、第 158 頁、第 176 頁。

〔註11〕《群書治要》（二），汲古書院，1989 年，第 307 頁。

又寫本《淮南鴻烈閒詁》有「隨還肆刑」語，今本《淮南子・兵略》作「隨逮肆刑」。又有「當者莫不廢還崩阤」語，今本《淮南子・兵略》作「當者莫不廢滯崩阤」，都是「逤」誤為「還」之例。「廢還〈逤／逮〉崩阤」與「廢滯崩阤」乃由於音近而致異。〔註12〕

簡文「唯悔可還〈逤—逮〉」，可讀為「唯（雖）悔可（何）還〈逤—逮〉」（簡文（027）云「老人唯怒，戒勿敢謗」，「唯」亦應讀為「雖」）。案《左傳・宣公二年》「棄人用犬，雖猛何為」、《楚辭・九章・涉江》「苟余心其端直兮，雖僻遠之何傷」、《焦氏易林・剝之井》「載船渡海，雖深何咎」以及《教女》簡文（027）「老人悲心，雖惡何傷」，都是「雖……何……」的句式。

「雖悔何逮」與古書中常見的「雖悔何及」同意，而皆源於《尚書・盤庚》「汝悔身何及」及《左傳・昭公二十三年》「子雖悔之何及」語。

綜上所述，簡文云「數而不善在前，唯（雖）悔可（何）還〈逤—逮〉」，大致是說：屢有不善在前，後雖悔之，尚將何及哉？

退一步講，即使簡文「逤」如字讀，從押韻的角度來講，也完全可以講得通，因為收 p 尾的字與收 t 尾的字也可以互相押韻，如楊雄《甘泉賦》以節、業押韻；《羽獵賦》以輵、礚、峽、外押韻。〔註13〕

最後，根據我們的理解，再將這段簡文重新寫在下面：

今夫不善女子，不肎（肯）自計。夫在官役，往來必卒。不喜作務，喜歁（飲）日醉。與其夫家，音越越剛气（氣）。〔註14〕街道之音，發人請察。夫（021）來旦到，□（016）必夕棄。數而不善在前，唯（雖）悔可（何）還〈逤—逮〉？眾口銷金，此人所胃（謂）。見人有客，數來數媷，女子之敗。益粋（埤）為仁，彼沱（池）更

〔註12〕王利器先生乃謂「廢還猶言廢然而返」（王利器：《日本古寫本〈淮南鴻烈閒詁〉第二十校證》，收入王利器：《曉傳書齋集》，華東師範大學出版社，1997年，第 245 頁），則據誤字而強加訓釋，顯然不可信。

〔註13〕參羅常培、周祖謨：《韓魏晉南北朝韻部演變研究》，中華書局，2007 年，第 235 頁、第 238 頁。

〔註14〕朱鳳瀚說，越越，原簡文「越」下為重文符號，義近於「愈愈」。《詩經・小雅・正月》「憂心愈愈」，朱熹集傳：「愈愈，益甚之意。」小疋認為簡文「越」下重文符號為衍文，越，揚也。「音越{＝}剛气（氣）」猶云聲大氣粗。見小疋：《北大秦簡〈善女子之方〉識小（二）》，復旦大學出土文獻與古文字研究中心網站——論壇討論，http://www.gwz.fudan.edu.cn/forum/forum.php?mod=viewthread&tid=7448&extra=。案簡文「音越＝剛气（氣）」也可能涉下文「街道之音」之「音」而衍「音」字，誌此以待後考。

澮（濊）。效人不出，梯以塱（望）外。夫雖教之，口羊（佯）曰若（諾），其□□（023）外。直（值）此人者，不幸成大。有妻如此，蚤（早）死為藞（匄）。（022）

則簡文以計、卒、醉、气（氣）、察、棄、還〈逻—逮〉、胃（謂）為韻，以敗、澮（濊）、外、外、大、藞（匄）為韻，用韻非常自然而和諧。

案古書中多見「逻」誤為「還」者，下面就加以援引，用以作為此文的補充。如曹植《相論》有下引一段文字：

> 宋臣有公孫呂者，長七尺，面長三尺，廣三寸，名震天下。若此之狀，蓋遠代而求，非一世之異也。使形殊於外，道合其中，名震天下，不亦宜乎！語云：無憂而戚，憂必及之；無慶而歡，樂必隨之。

趙幼文云：

> 隨，《詮評》：「《藝文》作還。」案《御覽》亦作還，宋刊本《曹子建文集》作「遂」，《文選·與山巨源絕交書》李注引《國語》賈注：「遂，從也。」疑作遂字是。〔註15〕

檢《長短經》卷一《察相》第六有下引文句：

> 夫命之與相，猶聲之與響也。聲動乎凡響，窮乎應，必然之理矣。雖云以言信行，失之宰予，以貌度性，失之子羽。然《傳》稱：「無憂而戚，憂必及之；無慶而樂，樂必還之。」

字亦作「還」。

我們認為，所謂的「樂必隨之」的「隨」應當從《藝文類聚》及《太平御覽》作「還」，「還」即「逻」的俗訛字。其作「遂」者，字形尚未過於失真，而作「隨」者則必為後人所改。「樂必還〈逻〉之」即「樂必逮之」，與「憂必及之」相對為文。

案《莊子·盜跖》：

> 窮美究執，至人之所不得逮，賢人之所不能及。

《淮南子·脩務》：

> 夫宋畫吳冶，刻刑鏤法，亂脩曲出，其為微妙，堯、舜之聖不能及；蔡之幼女，衛之稚質，梱纂組，雜奇彩，抑墨質，揚赤文，禹、湯之智不能逮。

〔註15〕趙幼文：《曹植集校注》，人民文學出版社，1984年，第118～119頁。

《淮南子·齊俗》：

> 故高不可及者，不可以為人量，行不可逮者，不可以為國俗。

《治要》卷 35《文子·下德》：

> 故高不可及者，不以為人量，行不可逮者，不可為國俗，故人
> 才不可專用，而度量道術可世傳也。

《藝文類聚》卷 49 引《太常敬子任府君傳》：

> 若夫天才卓爾，動稱絕妙，辭賦極其清深，筆記尤盡典實，若
> 聞金石，似注河海，少孺迷而未工，長卿工而未速，孟堅辭不逮理，
> 平子意不及文，孔璋傷於健，仲宣病於弱，……〔註 16〕

皆是「及」「逮」對文之例。《爾雅·釋言》：

> 逮，遝也。遝，及也。

可為其證。

檢《書·費誓》云：

> 甲戌，我惟征徐戎。峙乃糗糧，無敢不逮，汝則有大刑！魯人
> 三郊三遂，峙乃楨榦。甲戌，我惟築，無敢不供，汝則有無餘刑，
> 非殺。魯人三郊三遂，峙乃芻茭，無敢不多。

「無敢不多」之「多」當據《史記·魯周公世家》作「及」。所云「无敢不逮」、
「无敢不供」、「无敢不多〈及〉」，其所運用的修辭方式相同，都是反覆重言，
用以強調。

又《方言》卷十三：「還，積也。」戴震《方言疏證》云：

> 案此義別無可考，《荀子·非相篇》注引《方言》云：「儇，疾
> 也。」《文選·南都賦》注引《方言》曰：「儇，急，疾也。」《吳
> 都賦》注引《方言》曰：「儇、佻，疾也。」佻之為疾見前卷十二
> 內，而無「儇疾」之訓，「儇疾」「還積」或字形音聲疑似而訛。
> 〔註 17〕

錢繹《方言箋疏》以「環繞」之義說之，謂「環繞即積聚之意也」。又王引之
說《荀子·榮辱》「靡之儇之」，引《方言》曰「還，積也」，謂「還」與「儇」
聲近而義同，「靡之儇之」，皆積貫之意。〔註 18〕似皆不切。

〔註 16〕《宋本藝文類聚》（中冊），上海古籍出版社，2013 年，第 1340 頁。
〔註 17〕華學誠：《揚雄方言校釋匯證》，中華書局，2006 年，第 898 頁。
〔註 18〕王念孫：《讀書雜志》，江蘇古籍出版社，2000 年，第 648 頁。

頗疑此「還」亦當為「遝」之俗訛字。《漢書·劉向傳》:「及至周文,開基西郊,雜遝眾賢,罔不肅和。」顏師古注:「雜遝,聚積之貌。」是「遝」有「積」義。

案《廣雅·釋詁一》:「渫,積也。」王念孫《疏證》云:

> 渫者,《淮南子·俶真訓》云:「橫廓六合,渫貫萬物。」王逸注《離騷》云:「貫,累也。」渫貫,猶言積累。《原道訓》云:「大渾而為一,葉累而無根。」《主術訓》云:「葉貫萬世而不壅。」葉與渫通。《本經訓》「積牒璇石,以純脩碕」,高誘注云:「牒,累也。」牒與渫聲亦相近。〔註19〕

《方言》「還〈遝〉,積也」即《廣雅》「渫,積也」。「還〈遝〉」與「渫」聲近而義同,《詩·衛風·芄蘭》「童子佩韘」,鄭玄箋:「韘之言遝,所以彄遝手指。」是其證。

上文引日本寫本《淮南鴻烈閒詁》「當者莫不廢還崩阤」,今本《淮南子·兵略》作「當者莫不廢滯崩阤」,「還〈遝／逮〉」與「滯」音近而致異。案《國語·周語下》「氣不沈滯,而亦不散越」,韋昭注:「沈,伏也。滯,積也。」字又作「蹛」,《史記·平準書》「蹛財役貧」,裴駰《集解》引《漢書音義》曰:「蹛,一曰貯也。」《史記·平準書》「留蹛無所食」,司馬貞《索隱》:「蹛,謂貯也。」又引韋昭:「蹛謂積也。」則《方言》訓為「積也」之「還〈遝〉」與「滯」「蹛」亦音近而義同。

又《文選·潘岳〈哀永逝文〉》「委蘭房兮繁華,襲窮泉兮朽壤」,李善注引賈逵《國語注》:「襲,還也。」案「還」與「襲」義不相近,疑此「還」亦「遝」之誤字。賈逵訓「襲」為「還〈遝〉」,以聲訓為之。檢《篆隸萬象名義》作:

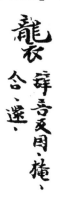

（台聯國風出版社,第 1403 頁）

〔註19〕 王念孫:《廣雅疏證》,中華書局,1983 年,第 18 頁。

亦是「遷」字而非「還」字。案「襲」「遷」音義皆近，如馬王堆帛書《相馬經》4 上有「一寸逮鹿，二寸逮麋，三寸可以襲歆（烏）」語，《長沙馬王堆漢墓簡帛集成》注：「襲烏，形容馬的速度快到可以襲擊烏鴉。」蕭旭先生指出：

> 襲亦逮也。《廣雅》：「襲，及也。」下文即作「遷（逮）歆（烏）雅（鴉）」。31 下〔註20〕

可為其證。

（二）北大秦簡《雜祝方》小札一則

《雜祝方》簡 M-001 有下引語句：

> 水泉人所汲者，言曰：上泉弗＝（弗弗），下泉逢＝（逢逢），丈夫觭立，女子所從。

田天先生說：

> 「弗」，可讀為「沸」，擬聲詞，指水的聲音，司馬相如《上林賦》有「沸乎暴怒，洶涌澎湃」之語。「逢」，擬聲詞，可指鼓聲，如《詩經・大雅・靈臺》：「鼉鼓逢逢，矇瞍奏公。」〔註21〕

案讀「弗」為「沸」雖然可從，但簡文並非「擬聲詞，指水的聲音」；又謂「『逢』，擬聲詞，可指鼓聲」，則顯然與簡文文義不符。

我們認為，簡文的「弗＝（沸沸）」、「逢＝（逢逢）」都是形容泉水涌出的盛多、盛大之貌。如《山海經・西山經》「又西北四百二十里，曰崟山，……丹水出焉，西流注於稷澤，其中多白玉，是有玉膏，其原沸沸湯湯」，「沸沸」，郭璞注：「玉膏涌出之貌也。《河圖玉版》曰：『少室山，其上有白玉膏，一服即仙矣。』亦此類也。沸音拂。」〔註22〕《書・洪範》「子孫其逢」，馬融注曰：「逢，大也。」王念孫指出：

> 逢之言豐也，豐亦大也。《玉藻》「縫齊倍要」，鄭注曰：「縫，或為逢，或為豐。」《淮南・天文篇》「五穀豐昌」，《史記・天官書》「豐」作「逢」，是古「逢」、「豐」聲義皆同也。」〔註23〕

〔註20〕蕭旭：《馬王堆帛書〈相馬經〉校補》，復旦大學出土文獻與古文字研究中心網站，http://www.gwz.fudan.edu.cn/Web/Show/2437，2015 年 1 月 27 日。
〔註21〕田天：《北大藏秦簡〈雜祝方〉簡介》，《出土文獻研究》（第十四輯），中西書局，2015 年，第 18 頁。
〔註22〕袁珂：《山海經校注》，北京聯合出版公司，2016 年，第 37 頁。
〔註23〕王引之：《經義述聞》，江蘇古籍出版社，2000 年，第 88 頁。

重言之則為「逢逢」。《墨子・耕柱》有「逢逢白雲」語，孫詒讓《間詁》：「逢，蓬通。《毛詩・小雅・采菽》傳云：『蓬蓬，盛貌。』《莊子・秋水篇》云：『蓬蓬然起於北海。』」〔註24〕皆可以為證。

檢《廣雅・釋訓》：「萋萋、莆莆，茂也。」王念孫《疏證》云：

> 《說文》：「萋，艸盛也。」《大雅・卷阿篇》「萋萋萋萋」，傳云：「梧桐盛也。」《生民篇》「瓜瓞唪唪」，傳云：「唪唪然多實也。」案「唪唪」亦茂盛之貌，不必專訓多實。《說文》「琫」字注云：「讀若《詩》曰『瓜瓞萋萋』。」是「唪唪」即「唪唪」也。「瓜瓞唪唪」猶言「麻麥幪幪」耳。《卷阿》釋文云：「萋萋，布孔反，又薄孔反，又薄公反。」《小雅・采菽篇》「維柞之枝，其葉蓬蓬」，傳云「蓬蓬，盛貌」，義亦與萋萋同。

> 《爾雅》「覭髳，茀離也」，郭璞注云：「謂草木之叢茸翳薈。」是「茀」為「茂」也，重言之則曰「茀茀」。《夏小正》「拂桐芭」，傳云：「言桐芭始生，貌拂拂然也。」「拂」與「茀」通。〔註25〕

草木之盛謂之「萋萋」、「茀茀」，水泉涌出之盛謂之「弗=（沸沸）」、「逢=（逢逢）」，其語源相同。

又案從「弗」從「孛」之字由於聲近往往互為異文，〔註26〕《呂氏春秋・重言》「臣聞君子有三色：顯然善樂者，鐘鼓之色也；湫然清淨者，衰絰之色也；艴然充盈，手足矜者，兵革之色也」，「艴然充盈」，《說苑・權謀》作「勃然充滿」，《列女傳・賢明・齊桓衛姬》作「忿然充滿」。故「沸」字又作「浡」，《淮南子・原道》「夫道者，覆天載地，廓四方，柝八極，高不可際，深不可測，包裹天地，稟授無形，原流泉浡，沖而徐盈」，高誘注：「浡，涌也。」

又《廣雅・釋訓》：「勃勃，盛也。」王念孫《疏證》云：

> 《大雅・皇矣篇》「臨衝閑閑，崇墉言言」、「臨衝茀茀，崇墉仡仡」，傳云：「閑閑，動搖也；言言，高大也」、「茀茀，彊盛也；仡仡，猶言言也。」案「言言」、「仡仡」皆謂城之高大，則「閑閑」、「茀茀」亦皆謂車之彊盛，「茀茀」與「勃勃」同。《廣雅》以「閑

〔註24〕孫詒讓：《墨子間詁》，中華書局，1986年，第389頁。

〔註25〕王念孫：《廣雅疏證》，中華書局，1983年，第185頁。

〔註26〕參高亨：《古字通假會典》，齊魯書社，1997年，第601頁【弗與浡】【佛與勃】，第602頁【拂與悖】【艴與勃】【紼與綍】，第603頁【茀與孛】，第604頁【沸與浡】【費與悖】【費與哱】。

閑」、「勃勃」俱訓為盛，蓋本諸三家也。《法言・淵騫篇》云「勃勃
乎其不可及乎」，《淮南子・時則訓》云「敪敪陽陽，唯德是行」，卷
二云「淳，盛也」，「淳」、「敪」並與「勃」同。〔註27〕

由上可知「逢」、「勃」皆有盛大之義，故可以組合成詞，如「蓬勃」者即是。
賈誼《旱雲賦》：「遙望白雲之蓬勃兮，滃澹澹而妄止。」此為雲之盛；張鷟
《朝野僉載》卷三：「宗楚客造一新宅成，皆是文柏為梁，沉香和紅粉以泥壁，
開門則香氣蓬勃。」此為香氣之盛；字又作「漨浡」，《文選・左思〈吳都賦〉》：
「潮波汩起，迴復萬里。歊霧漨浡，雲蒸昏昧。」劉良注：「漨浡，煩鬱之狀。」
〔註28〕案「煩鬱」猶云紛鬱，此為氣霧之盛；亦作「漨渤」，《藝文類聚》卷
61 引晉庾闡《楊都賦》：「漨渤灪潗，潢漾擁涌。驚波霆激，駭浪川動。」此
則為水之盛。〔註29〕字又作「熢㶿」，《集韻・一東》「熢，熢㶿，煙鬱兒。」
〔註30〕《集韻・十一沒》「㶿、燯，煙起兒。或從勃。」〔註31〕《法苑珠林》
卷 11：「灰湯涌沸，惡氣熢㶿」，又卷 93：「唯見火星流出，臭煙熢㶿。」《妙
法蓮華經》卷第二《譬喻品》第三：「臭煙熢㶿，四面充塞。」宋賈似道《悅
生隨抄》：「其香熢㶿，滿室如霧。」

綜上所述，簡文之「上泉弗=（弗弗—沸沸），下泉逢=（逢逢）」，猶云上
下之泉水皆蓬勃耳，即謂泉水涌出之盛。

又田天先生說：

「丈夫觭立，女子所從」，「觭」，讀為「奇偶」之「奇」，指單
身未偶之人。這兩句為祝禱之語，「上泉」、「下泉」句是以泉水起興，
「丈夫」、「女子」或分指施術對象和祝禱方，即言單身未偶的男性，
就是女子可以依從的對象。

案「觭立」與「隻立」義近。《公羊傳・僖公三十三年》「匹馬隻輪無反者」，
何休注：「匹馬，一馬也。隻，踦也。皆喻盡。」〔註32〕《漢書・五行志第七
中之下》作「匹馬觭輪無反者」。〔註33〕是「觭」、「隻」義近。《列子・力命》

〔註27〕王念孫：《廣雅疏證》，中華書局，1983 年，第 186 頁。
〔註28〕《六臣注文選》，中華書局，2012 年，第 102 頁。案《集韻・一東》：「熢，熢
㶿〈淳〉，煩鬱兒。」
〔註29〕《宋本藝文類聚》（中冊），上海古籍出版社，2015 年，第 1672 頁。
〔註30〕趙振鐸：《集韻校本》（上冊），上海辭書出版社，2012 年，第 12 頁。
〔註31〕趙振鐸：《集韻校本》（中冊），上海辭書出版社，2012 年，第 1408 頁。
〔註32〕《十三經注疏》（下冊），上海古籍出版社，1997 年，第 2264 頁。
〔註33〕班固：《漢書》（第五冊），中華書局，1987 年，第 1428 頁。

「多偶、自專、乘權、隻立四人相與游於世，胥如志也」，「隻立」，唐・盧重玄《列子解》「孤介之狀也」，唐・殷敬順《沖虛至德真經釋文》：「隻立，獨孤自立。」〔註34〕陶潛《命子》：「嗟余寡陋，瞻望靡及。顧慚華鬢，負影隻立。」鮑照《字謎》：「乾之一九，隻立無偶。坤之二六，宛然雙宿。」

簡文謂男子獨孤自立，而女子隨從。「從」，即跟隨、追隨之義。如《莊子・漁父》：「同類相從，同聲相應，固天之理也。」

又案「觭立」之「觭」或亦可讀為「倚」，〔註35〕「倚」亦立也。《荀子・性惡》「今當試去君上之埶，無禮義之化；去法正之治，無刑罰之禁。倚而觀天下民人之相與也，若是，則夫彊者害弱而奪之，眾者暴寡而譁之，天下之悖亂而相亡不待頃矣」，楊倞注曰：「倚，任也。或曰：倚，偏倚，猶傍觀也。」王念孫指出：

> 倚者，立也。言立而觀之也。《說卦傳》「參天兩地而倚數」，虞翻曰：「倚，立也。」（《廣雅》同）《楚辭・九辯》「澹容與而獨倚兮」，謂獨立也。《招隱士》「白鹿麏麚兮，或騰或倚」，謂或騰或立也。《列子・黃帝篇》曰：「有七尺之骸，手足之異，戴髮含齒，倚而趣者謂之人」，謂立而趣也。《淮南・氾論篇》曰：「立之於本朝之上，倚之於三公之位。」〔註36〕

又《吳越春秋・闔閭內傳》記申包胥「晝馳夜趨，足踵蹠劈，裂裳裹膝，鶴倚哭於秦庭，七日七夜，口不絕聲」，蕭旭先生謂「鶴倚」猶言鶴立。〔註37〕凡此皆可以證明在古漢語中，「倚」有立的意思。〔註38〕《楚辭・九章・抽思》「何晦明之若歲」，王逸注云：「憂不能寐，常倚立也。」《潛夫論・釋難》「是以次室倚立而嘆嘯，楚女揭幡而激王。」《易林》「泰之屯」：「倚立相望，適我道通，驅駕賓士，比目同創。」《易林》「晉之履」：「倚立相望，引衣欲

〔註34〕楊伯峻：《列子集釋》，中華書局，1991年，第210頁。

〔註35〕王凱博：《出土文獻資料疑義探研》（吉林大學博士論文，指導教師：林澐教授，2018年，第149頁注3），說簡文「丈夫觭立」，不知是否與立義的「倚」有關，可見他對簡文「觭立」的文義尚未作肯定，小文聊作補充。

〔註36〕王念孫：《讀書雜志》，江蘇古籍出版社，2000年，第727頁；又參蔣禮鴻：《義府續貂》（增訂本），中華書局，1987年，第83頁；又參張傳官：《急就篇校理》，中華書局，2017年，第267～268頁。

〔註37〕參蕭旭：《羣書校補（續）・5》，臺灣花木蘭文化出版社，2014年，第1198頁。

〔註38〕又關於「倚」有「立」義，也可參吳銘：《廣雅新證》，華東師範大學博士論文，指導教師：劉志基教授，2017年6月，第395～397頁。

裝。陰雲蔽日，暴雨降集。」又銀雀山漢簡《守法守令等十三篇・七》簡899
有「捶（垂）拱倚立談語，皆勿得為也」語，皆以「倚立」二字連文。

綜上所述，簡文云「丈夫觭（倚）立，女子所從」，簡文謂男子站立，而
女子隨從。

（三）說北大秦簡《禹九策》之「有甀者丘」 〔註39〕

北大秦簡《禹九策・善》簡43-45有下引一段話：

> 有甀者丘，唯鬼之居。有人蜀（獨）行，瞑（暝）晦（晦）莫
> （暮）夜。捕（甫）抵求道，唯神是禺（遇）。取出青（？貣？）之，
> 與人戰斲（鬭）。疾不在它方，唯要（腰）與族。今弗恒祠，將癗病
> 弗舍。今巫藉靈巫毋居，幸將復故。

關於「有甀者丘」之「甀」字，李零先生說：

> 甀讀疛。疛者是病人。丘是丘井之丘。古人認為，病人多的地
> 方，一定是地下住着鬼。

網友子居說：

> 甀更可能是讀為坷，《說文・土部》：「坷，坎坷也。」觀下文「有
> 人獨行」可知，這裏的「丘」應該就是丘陵的丘。丘陵多是坎坷不
> 平的，比喻人生多有坎坷，所指蓋即久病不愈的情況。

王寧先生說：

> 「甀」字上面疑是從柯，從讀音上說，此字讀為「疛」固無不
> 可，從音義兩方面說，似讀為「瘑」更確切。《廣韻・上聲・四紙》：
> 「瘑，瘱也，喪也。」《說文》：「瘱，幽薶也」、「薶者，瘱也」。「瘑」、
> 「瘱」古音同影紐雙聲、歌月對轉疊韻音近，則「瘑」當為「瘱」
> 的音轉，用為葬埋之字，故亦訓「喪」。「瘑者丘」是埋死人的地方，
> 猶今言墳地，所以說「唯鬼之居」。又從用韻看，「丘」當為「虛」，
> 與「居」為韻。〔註40〕

案「有甀者丘」即《詩》中所常見之「有X者X」句式，如：

> 有漼者淵（《小雅・小弁》）

〔註39〕此文首發於復旦大學出土文獻與古文字研究中心網站，http://www.fdgwz.
org.cn/Web/Show/3123，2017/10/7。
〔註40〕上引三說見王寧：《北大秦簡〈禹九策〉補箋》，復旦大學出土文獻與古文字研
究中心網站，2017年9月27日，http://www.gwz.fudan.edu.cn/Web/Show／3113。

> 有頍者弁（《小雅・頍弁》）
>
> 有菀者柳（《小雅・菀柳》）
>
> 有芃者狐（《小雅・何草不黃》）
>
> 有卷者阿（《大雅・卷阿》）

根據句式，則「有」下一字必為形容詞。那末讀為「疴」、「瘄」，顯然皆不合於句法。

所謂的「匜」，因未見圖版，不知簡文究竟作何，但從其隸定來看，所從為「可」，殆無可疑。今馳騁胸臆，試為之猜測如下：

頗疑「匜」可讀為「阿」，《廣雅・釋詁二》：「畸、阿，衺也。」王念孫《疏證》云：

> 畸者，《周官・宮正》「奇衺之民」，鄭注云：「奇衺，謑詬非常也。」《曲禮》「國君不乘奇車」，盧植注云：「奇車，不如法之車也。」《管子・版法篇》云：「植固不動，倚邪乃恐。」畸、奇、倚並通，奇衺猶攲衺，語之轉耳。《說文》：「畸，殘田也。」亦田形之不正者也。

> 阿者，《商頌・長發》箋云：「阿，倚也。」《爾雅》云：「偏高，阿邱。」《衛風・考槃》傳云：「曲陵曰阿。」皆衺之義也。阿與奇衺之奇聲亦相近。〔註41〕

檢《詩・鄘風・載馳》有「陟彼阿丘」語，而《爾雅》「偏高，阿邱」正是解釋《詩》的，《詩》言「阿丘」與簡文之「有匜（阿）者丘」同意，皆是用以形容修飾「丘」的。

又案「有X者X」句式中，「者」與「之」同義，如《小雅・菀柳》「有菀者柳」，孔穎達《正義》云：「有菀然枝葉茂盛之柳。」〔註42〕《詩・小雅・何草不黃》「有芃者狐，率彼幽草；有棧之車，行彼周道。」「者」、「之」互文，是「者」即「之」。〔註43〕《小雅・采綠》「薄言觀者」，高亨《詩經今注》：「者同諸，之也。」〔註44〕案高說可從，「薄言觀者」與《詩》「薄言采之」

〔註41〕王念孫：《廣雅疏證》，中華書局，1983年，第71頁。

〔註42〕《十三經注疏》，上海古籍出版社，1997年，第492頁。

〔註43〕吳昌瑩：《經詞衍釋》者字條有「者猶之也」，收入《古書字義用法叢刊》，北京中國書店，1984年，第97頁；裴學海：《古書虛字集釋》（下冊），中華書局，1982年，第758～759頁。

〔註44〕高亨：《詩經今注》，上海古籍出版社，1980年，第357頁。

「薄言有之」「薄言掇之」「薄言捋之」「薄言袺之」「薄言襭之」「薄言追之」「薄言震之」諸句法相似。又《魯頌・駉》有「薄言駉者」之語，「駉」字應為動詞，在《詩》中不知該如何解釋。

案「者」、「之」同義，故書傳中互為異文者多見，如《詩・鄘風・干旄》「彼姝者子」，《論衡・本性》引作「彼姝之子」；〔註45〕《管子・小問》「浩浩者水，育育者魚」，《藝文類聚》卷 35 引作「浩浩之水，育育之魚」，《太平御覽》卷 500 引作「浩浩之水，游游之魚」。〔註46〕北大漢簡伍《荊決》簡 12 有「冥冥之海，吾獨得其光。雷電大陰，吾蜀（獨）得陽」句，整理者注曰：「此卦，《日・荊》作『冥【冥】者每（海），吾獨得其【光】』」。〔註47〕《詩・小雅・菀柳》「有菀者柳」，海昏竹書《詩》作「有菁之柳」。〔註48〕

又陳劍先生說，滕公量之人名「卲（昭）者果」與《上博五・季康子問於孔子》簡 6 人名「孟者吳（側）」，兩「者」字均為虛詞，作用與「之」字相類。〔註49〕

由此推而廣之，《詩》云「彼茁者葭」、「彼茁者蓬」（《召南・騶虞》），「彼蒼者天」（《秦風・黃鳥》），「蜎蜎者蠋」（《豳風・東山》），「翩翩者鵻」（《小雅・四牡》），「皇皇者華」（《小雅・皇皇者華》），「菁菁者莪」（《小雅・菁菁者莪》），「蓼蓼者莪」（《小雅・蓼莪》），「楚楚者茨」（《小雅・楚茨》），「裳裳者華」（《詩・小雅・裳裳者華》），凡此「者」字，皆當訓為「之」，〔註50〕相當於現代漢語的「的」。

綜上所述，則簡文之「有䲿（阿）者丘」，就是一邊偏高的小土山。當然，簡文的丘也可能是指丘墓之丘，如司馬遷《報任安書》「亦何面目復上父母之丘墓乎」即是。那末，「有䲿（阿）者丘」，就是指一邊偏高的墳。

〔註45〕吳承仕說：「者、之聲紐同，皆指事詞。」吳承仕：《論衡校釋》，北京師範大學出版社，1986 年，第 11 頁。

〔註46〕黎翔鳳：《管子校注》（中冊），中華書局，2012 年，第 976 頁。

〔註47〕《北京大學藏西漢竹書（伍）》，上海古籍出版社，2015 年，第 173 頁。

〔註48〕朱鳳瀚：《海昏竹書〈詩〉初探》，收入朱鳳瀚、柯中華：《海昏簡牘初論》，北京大學出版社，2020 年，第 98 頁。

〔註49〕轉引自董珊：《出土文獻所見「以謚為族」的楚王族》，《出土文獻與古文字研究》（第二輯），復旦大學出版社，2008 年，第 129 頁。

〔註50〕可參劉如瑛：《〈晏子春秋〉箋校商補》，收入《諸子箋校商補》，山東教育出版社，1995 年，第 137 頁、第 198 頁；又董志翹：《〈莊子〉解詁》，收入《訓詁類稿》，四川大學出版社，1999 年，第 3 頁。

又簡文云「唯要（腰）與族」，李零先生處理為「唯要（腰）與族〈旅＝膂〉」，則是以「族」為「旅」之誤字，認為「旅」借為「膂」。初看起來似乎合情合理，但簡文明明為有韻之文，其以禺（遇）、㢟（鬬）、族為韻，如改為「〈旅＝膂〉」，則失其韻矣。

那末，簡文的「族」應該是什麼意思呢？我們認為，「族」可讀為「腠」。〔註51〕「族」古音為從母屋部，「腠」古音為清母侯部，音相近，故字可以相通。案《廣雅·釋詁三》：「湊、族，聚也。」王念孫《疏證》云：

> 族者，《白虎通義》云：「族者，湊也、聚也。謂恩愛相流湊也。上湊高祖，下至玄〔註52〕孫，一家有吉，百家聚之，生相親愛，死相哀痛，有會聚之道，故謂之族。」族、湊、聚，聲並相近。〔註53〕

又《廣雅·釋言》：「族，湊也。」王念孫《疏證》云：

> 《白虎通義》云：「正月律謂之太蔟何？太者，大也，蔟者，湊也，言萬物始大湊地而出也。」蔟、族聲近義同。〔註54〕

由上可知，從音理和聲訓方面上講，「族」讀為「腠」，毫無問題。

《史記·扁鵲倉公列傳》「君有疾在腠理」，張守節《正義》：「上音湊，謂皮膚。」〔註55〕《黃帝內經素問·舉痛論》「寒則腠理閉」，唐王冰注：「腠，謂津液滲泄之所；理，謂文理逢會之中。」〔註56〕張仲景《金匱要略·臟腑經絡先後病脈證》：「腠者，是三焦通會元真之處，為血氣所注；理者，是皮膚臟腑之文理也。」〔註57〕則「腠」是「腠」，「理」是「理」，二者相類但有別。腠，肌肉的紋理或肌纖維間的空隙；理，皮膚紋理。

然則簡文云「疾不在它方，唯要（腰）與族」，乃謂疾在要（腰）與族（腠）耳。

〔註51〕小文於網上發表後，蕭旭先生提示我，「族」有可能是《莊子·養生主》的「每至於族」之「族」，郭象注：「交錯聚結為族。」

〔註52〕原作「元」，為避諱字，今逕改。

〔註53〕王念孫：《廣雅疏證》，中華書局，1983年，第95頁。

〔註54〕王念孫：《廣雅疏證》，第150頁。

〔註55〕《史記》（第九冊），中華書局，2014年，第3378頁。

〔註56〕《黃帝內經素問》，人民衛生出版社，1978年，第222頁。

〔註57〕徐忠可：《金匱要略論注》，人民衛生出版社，1983年，第4頁。

（四）說北大秦簡《禹九策》之「囷若轂（繫）囚」〔註58〕

北大秦簡《禹九策》簡 16 有下引語句：

> 卜之不死，囷若轂（繫）囚。

關於「囷若轂（繫）囚」之「囷」字，解者紛如，如李零先生說：

> 囷讀渾。這裏是說，卜之雖不至死，卻有如身陷牢獄。

網友子居說：

> 囷當讀為原字，指被關在豬圈內，這句是以此比喻囚禁。

王寧先生說：

> 「囷」古讀若「豢」，《禮記·少儀》：「君子不食圂腴。」鄭注：
> 「《周禮》圂作豢」，《釋文》：「圂與豢同，音患。」《說文》：「豢，
> 以穀圈養豕也。」段注：「圈養者，圈而養之。圈、豢疊韻。」古稱
> 監獄為「圜土」，「豢」、「圈」、「圜」音義並近，均有圍困、囚禁義。
> 此二句當是卜病者，得此卦病人不會死，但病困屋內無法行動，就
> 像被關押的囚犯一樣。又：「囷」可讀為「困」，亦通。〔註59〕

案《廣雅·釋詁三》：「稇、繛、圃，束也。」王念孫《疏證》云：

> 稇，與下圃字同，《說文》：「稇，絭束也。」《齊語》「稇載而歸」，
> 韋昭注云：「稇，縛也。」《管子·小匡篇》作攟。哀二年《左傳》
> 「羅無勇，麋之」，杜預注云：「麋，束縛也。」《釋文》：「麋，邱隕
> 反。」稇、圃、麋聲近義同。今俗語猶謂束物為稇矣。

> 繛者，《玉篇》音古本切，《廣韻》又胡本切。《說文》：「橐，橐
> 也。從束圂聲。」徐鍇傳云：「束縛囊橐之名。」《爾雅》「百羽謂之
> 繛」，《釋文》引《埤倉》云：「繛，大束也。」《穆天子傳》云：「天
> 子於是載羽百繛」《漢書·揚雄傳》「捆申椒與菌桂兮」，顏師古注云：
> 「捆，大束也。」繛、橐、捆並通。又與稇聲相近也。

又《荀子·儒效》有「傂然若終身之虜，而不敢有他志」語，楊倞注曰：

> 傂字書無所見，蓋環繞囚拘之貌，《莊子》曰：「睆然在纆繳之
> 中矣。」〔註60〕

〔註58〕 此文首發於復旦大學出土文獻與古文字研究中心網站，http://www.fdgwz.
org.cn/Web/Show/3118，2017/9/29。

〔註59〕 上引三說見王寧：《北大秦簡〈禹九策〉補箋》，復旦大學出土文獻與古文字研
究中心網站，2017 年 9 月 27 日，http://www.gwz.fudan.edu.cn/Web/Show/3113。

〔註60〕 王先謙：《荀子集解》，中華書局，1988 年，第 139 頁。案楊注引《莊子》語，

案楊注是也。《荀子》之「僡」即賈誼《鵩鳥賦》云「攌如囚拘」之「攌」字。《史記・屈原賈生列傳》「攌如囚拘」,《集解》曰:

徐廣曰:攌音華板反,又音睆。

《索隱》曰:

欄音和板反,《說文》云:「欄,大木柵也。」《漢書》作「儈」,音去隕反。〔註61〕

檢《漢書・賈誼傳》顏師古引李奇曰:「儈音塊。」又引蘇林曰:「音(?)人肩傴儈爾。音欺全反。」師古曰:「蘇音是。」〔註62〕又《文選》作「窘」,李善注:「窘,囚拘之貌。」劉良注:「窘,困也。愚者繫縛俗累囚如困人之拘束也。」〔註63〕

然則上引傳世文獻中的「僡」、「睆」、「攌」、「欄」、「儈」、「窘」,及《廣雅》的「梱」、「縛」、「圞」以及王氏《疏證》所舉的「攟」、「麇」、「橐」、「捆」等字與北大秦簡《禹九策》「圂若轂(繫)囚」之「圂」字,並音近而義同,皆為束縛之義。

又案《漢書・陳湯傳》有「使湯塊然被冤拘囚」語,荀悅《漢紀・前漢孝文皇帝紀》有「(周勃)狼狽失據,塊然囚執」語,前引李奇注《漢書・賈誼傳》曰:「儈音塊。」則「塊然」之「塊」亦當為「環繞囚拘之貌」,而非孤獨或窮困之義可知矣。〔註64〕

抑尤有進者,上引《荀子・儒效》「僡然若終身之虜,而不敢有他志」,王念孫曰:

僡蓋億字之誤。《說文》:「億,安也。從人意聲。」(意,於力切。)《左傳》、《國語》通作億,億行而億廢矣。億然,安然也。言俗儒居人國中,苟圖衣食,安然若將終身而不敢有他志也。〔註65〕

見於《莊子・天地》,原文作:「內支盈於柴柵,外重纆繳,睆睆然在纆繳之中而自以為得。」《玉篇》(殘卷)「綄」字下引作「綄綄然在纆約之車〈中〉」(見《續修四庫全書・經部・小學類》(228冊),第654頁)。

〔註61〕《史記》(第八冊),中華書局,2014年,第3032頁。

〔註62〕《漢書》(第八冊),中華書局,1987年,第2229頁。

〔註63〕《六臣注文選》,中華書局,2012年,第257頁。

〔註64〕「塊」字有學者解釋為孤獨或窮困之義,見郭在貽:《漢書札記》,《郭在貽文集》(一),中華書局,2002年,第51～52頁;又蔣禮鴻:《義府續貂》(增訂本)「塊鞠、塊」下,中華書局,1987年,第142～143頁。

〔註65〕王念孫:《讀書雜志》,江蘇古籍出版社,2000年,第669頁。

案王說甚辯，卻於《荀子》之文義無當。雖然王念孫是清代最傑出的訓詁、音韻和校勘學家，所校晚周諸子、太史公書，類皆精審無匹。尤其是在沒有版本根據的情況下，其校勘結論往往與古本冥合。〔註66〕然載籍極博，容有未照，故智者千慮，或有一失。所謂「改之則怡然理順」，順則順矣，然而並非古書的原文原意，這可能是王氏在改字時，所未曾預料到的。所以本文也想強調這樣一點：

> 校讀古書，如果沒有確鑿的證據而輕改字，即使像王念孫那樣
> 的校勘大家，也是會犯錯誤的。

〔註66〕 參裘錫圭：《考古發現的秦漢文字資料對於校讀古籍的重要性》、《談談地下材料在秦漢古籍整理工作中的作用》，收入裘錫圭：《中國出土古文獻十講》，復旦大學出版社，2004 年 12 月。

七、重讀《蒼頡篇》

　　北大漢簡《蒼頡篇》於 2015 年 9 月出版，距今已近四年，期間研究者不斷，在釋字和文字解釋方面都取得了很好的成績。

　　宋人張載有詩云「置身平易始通詩」，不佞翻造一句：「置身平易始通《蒼》」，不知此文是否達到了「平易」，雖不能至，心嚮往之！

（一）斯坦因所獲敦煌漢簡《蒼頡篇》釋字一則〔註1〕

　　據研究者綴合，英國國家圖書館藏斯坦因所獲漢文簡牘中的《蒼頡篇》簡有如下文句：

　　　　賞祿賢知，賜予分貸。莊（壯）犯者強，朋友過刻。高囂平夷⋯⋯

〔註2〕

其中「莊（壯）犯者強」的「者」字，張存良先生作為未識字而以「□」代之，
〔註3〕劉婉玲先生云：

　　　　由簡 3430、2076、2987 及阜陽本 C54 可知，《蒼頡篇》「賜予分貸」後一句為「壯犯者強」。〔註4〕

〔註1〕此文首發於復旦大學出土文獻與古文字研究中心網站，http://www.fdgwz.org.cn/Web/Show/4413，2019/4/10。附記：小文寫成後蒙張傳官先生審閱、指正，謹致謝忱！

〔註2〕劉婉玲：《出土〈蒼頡篇〉文本整理及字表》，吉林大學碩士學位論文，指導教師：馮勝君教授，2018 年，第 137〜138 頁。

〔註3〕見張存良：《〈蒼頡篇〉研讀獻芹（一）──北大簡〈賞祿〉章級補》，武漢大學簡帛網，2015 年 11 月 24 日，http://www.bsm.org.cn/show_article.php?id=2371。

〔註4〕劉婉玲：《出土〈蒼頡篇〉文本整理及字表》，吉林大學碩士學位論文，指導教師：馮勝君教授，2018 年，第 137 頁。

　　「莊（壯）犯者強」，其中的「者」字不好解釋，與前後字皆不搭配。檢所謂的「者」字，其所在的簡文分別作：

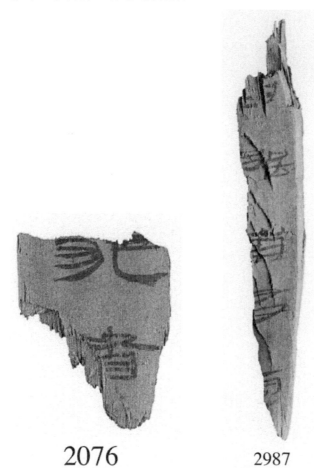

2076　　　　　　　2987
　　　　　　〔註5〕　　　　　　　　〔註6〕

　　英藏簡 2987 及阜陽簡 C54 的所謂「者」字皆殘損大半已不能確知為何字，只能以英藏簡 2076 作：

為說。

〔註 5〕《英國國家圖書館藏斯坦因所獲未刊漢文簡牘》，上海辭書出版社，2007 年，圖版貳伍。

〔註 6〕《英國國家圖書館藏斯坦因所獲未刊漢文簡牘》，圖版柒伍。

案蔣文先生釋出漢鏡的「耆（嗜）」字作：

邢江姚莊　 三槐堂　 私藏5　 私藏8　 私藏10　 私

藏14　 私藏15　 私藏18　 私藏20　 私藏22　 私藏23

私藏25　 私藏29　 私藏35　 私藏37　 私藏41　 私

藏54　 滕州封山

並指出「耆（嗜）」字具有「曰形上多一橫筆和一小豎」的特點，〔註7〕非常
可信。

我們認為敦煌漢簡《蒼頡篇》的「」字與上引漢鏡的「耆（嗜）」字，
其筆劃完全相合，故應釋為「耆」。

「耆」也是強的意思，傳世及出土文獻中習見，〔註8〕檢清華簡伍《封許
之命》簡5有「女（汝）隹（惟）臷（臧）耆尔猷」語，原整理者云：

臧，《說文》：「善也。」耆，《左傳》宣公十二年杜注：「致也。」

網友 ee 先生率先指出「臧耆尔猷」應讀為「壯耆尔猷」，壯、耆都是強
的意思。後來網友蚊首先生也指出：「《詩·小雅·采芑》：『方叔元老，克壯其
猷。』《詩集傳》：『言方叔雖老，而謀則壯也。』」蘇建洲、王寧、高佑仁等先
生也都認同將「臧」讀為「壯」〔註9〕，可信。

〔註7〕蔣文：《漢君忘忘鏡銘新研》，《出土文獻與古文字研究》（第五輯），上海古籍出
　　　版社，2013 年，第 569～570 頁；此文又收入復旦大學出土文獻與古文字研究中
　　　心選編：《探尋中華文化的基因》（一），商務印書館，2018 年，第 254～256 頁。
〔註8〕《廣雅·釋詁一》：「耆，強也。」參王念孫：《廣雅疏證》，中華書局，1983 年，
　　　第 29 頁；又裘錫圭：《讀書札記四則》，《裘錫圭學術文集》第 4 卷（語言文字
　　　與古文獻卷），復旦大學出版社，2012 年 6 月，第 475 頁；裘錫圭：《〈睡虎地
　　　秦墓竹簡〉注釋商榷》，《古文字論集》，中華書局，1992 年，第 537 頁；王凱
　　　博：《楚簡字詞零識（三則）》，《簡帛研究》二〇一四，廣西師範大學出版社，
　　　2014 年，第 19～21 頁；王凱博：《帛書〈春秋事語〉札記一則》，《中國出土資
　　　料研究》第十九輯，2015 年 9 月，第 88～90 頁；連劭名：《銀雀山漢簡〈曹氏
　　　陰陽〉研究》，《中原文物》，2007 年第 2 期，第 69 頁；鄔可晶：《銀雀山漢簡
　　　「陰陽時令、占候之類」叢札》，《出土文獻》第七輯，中西書局，2015 年，第
　　　223～225 頁；吳銘：《廣雅新證》，華東師範大學 2017 年博士學位論文，指導
　　　教師：劉志基教授，第 369～370 頁；王凱博：《出土文獻資料疑義探研》，吉林
　　　大學 2018 年博士學位論文，指導教師：林澐教授，第 138 頁。
〔註9〕參高佑仁：《〈清華伍〉書類文獻研究》，臺北萬卷樓圖書公司，2018 年，第
　　　352～357 頁。

　　《封許之命》云「塾（壯）耆尔猷」，與漢簡《蒼頡篇》之「莊（壯）犯耆強」用字頗相類似，可以比照。

　　總之，「莊（壯）犯（氾／汎）耆強」，義為壯大廣博剛強。其詞義相近，故相連屬，這也符合《蒼頡篇》的編纂體例。

（二）漢簡《蒼頡篇》「過刻」釋義

　　英國國家圖書館藏斯坦因所獲漢文簡牘中的《蒼頡篇》簡有如下文句：

　　　　賞祿賢知，賜予分貸。莊（壯）犯（氾／汎／泛）耆強〔註10〕，

　　朋友過刻。……〔註11〕

　　案「莊犯」似亦可讀為「莊芃」，《玉篇》：「莊，草盛皃。」《說文》：「芃，艸盛也。」又《玉篇》：「芃，草茂盛皃。」是「莊」、「犯（芃）」皆草盛貌，故連言之。

　　「刻」字原釋為「劾」，此從梁靜先生改釋。〔註12〕

　　下面我們解釋一下「朋友過刻」中「過刻」的含義。檢《廣雅·釋詁一》：「過，責也。」王念孫云：

　　　　過者，《呂氏春秋·適威篇》「煩為教而過不識，數為令而非不

　　從」，高誘注云：「過，責也。」《趙策》云：「唯大王有意督過之也。」

　　〔註13〕

後來王氏在《廣雅疏證補正》中又引王引之云：

　　　　《商頌·殷武篇》「勿予禍適」，予猶施也，禍讀為過，適與謫

　　通，勿予過謫，謂不施譴責也。《史記·吳王濞傳》云「賊臣鼂錯擅

　　適過諸侯」，是過、適皆責也。禍與過古字通，《荀子·成相篇》說

　　刑云「罪禍有律，莫得輕重」，罪禍即罪過也。〔註14〕

又王引之《經義述聞·毛詩·勿予禍適》下有類似而稍詳的論述，〔註15〕讀者可以參看。

〔註10〕參抱小：《斯坦因所獲敦煌漢簡〈蒼頡篇〉釋字一則》，復旦大學出土文獻與古文字研究中心網站，2019年4月10日，http://www.gwz.fudan.edu.cn/Web/Show/4413。

〔註11〕劉婉玲：《出土〈蒼頡篇〉文本整理及字表》，吉林大學碩士學位論文，指導教師：馮勝君教授，2018年，第138頁。

〔註12〕見梁靜：《出土〈蒼頡篇〉研究》，科學出版社，2015年，第12頁。

〔註13〕王念孫：《廣雅疏證》，中華書局，1983年，第32頁。

〔註14〕王念孫：《廣雅疏證》，第417～418頁。

〔註15〕王引之：《經義述聞》，江蘇古籍出版社，2000年，第176頁。

再來看「過刻」的「刻」字，《後漢書·申屠剛傳》云：

臣聞王事失則神祇怨怒，姦邪亂正，故陰陽謬錯。此天所以譴
告王者，欲令失道之君，曠然覺悟，懷邪之臣，懼然自刻者也。

李賢注：

刻猶責也。〔註16〕

案《論語·顏淵》「克己復禮為仁」，皇侃疏引范甯曰：「克，責也。」則字又
作「克」。〔註17〕是「過刻」為同義複詞，即「譴責」的意思。

據上所論，《廣雅》訓「過」為「責也」（王氏父子已分別援引書證），今
《蒼頡篇》中亦有「過刻」連言者，由此我們想到《史記·項羽本紀》這一段
話：

及羽背關懷楚，放逐義帝而自立，怨王侯叛己，難矣。自矜功
伐，奮其私智而不師古，謂霸王之業，欲以力征經營天下，五年卒
亡其國，身死東城，尚不覺寤而不自責，過矣。乃引「天亡我，非
用兵之罪也」，豈不謬哉！〔註18〕

《史記》點校本的初版到修訂本都是在「責」下斷句，日本學者瀧川資言已
經指出：

「而不自責過矣」，六字連作一句。過亦責也，非「過誤」之
「過」，《漢書》「矣」作「失」，《通鑒》削「過矣」二字，皆未得史
公意。〔註19〕

所說可從。

案《漢書·王章傳》云：

初，章為諸生學長安，獨與妻居。章疾病，無被，臥牛衣中，
與妻決，涕泣。其妻呵怒之曰：「仲卿！京師尊貴在朝廷，人誰逾仲
卿者？今疾病困厄，不自激卬，乃反涕泣，何鄙也！」

荀悅《前漢紀·前漢孝成皇帝紀》作：

〔註16〕宗福邦等主編《故訓匯纂》，商務印書館，2003 年，第 229 頁；又參范曄：
《後漢書》（第四冊），中華書局，1991 年，第 1011～1012 頁。

〔註17〕宗福邦等主編：《故訓匯纂》，商務印書館，2003 年，第 178 頁；又參黃懷信：
《論語彙校集釋》（下冊），上海古籍出版社，2008 年，第 1061 頁。

〔註18〕點校本修訂本《史記》（第一冊），中華書局，2014 年，第 428 頁。

〔註19〕瀧川資言：《史記會注考證》（貳），新世紀出版社，2009 年，第 602 頁；又
瀧川資言：《史記會注考證》（壹），上海古籍出版社，2015 年，第 473 頁。

初，章學長安，疾病無被，臥牛衣中。與妻子辭訣，涕泣。其妻怒之曰：「仲卿！京師尊貴在朝廷者，誰逾仲卿也？今疾病困厄，不自激昂，乃反涕泣，何其鄙也！」

又《羣書治要》卷41引桓譚《新論》云：

文帝時匈奴大入，燹火候騎，至雍、甘泉，景武之間，兵出數困，卒不能禽制，即與之結和親，然後邊甬〈萌〉〔註20〕得安，中國以寧。其後匈奴內亂，分為五單于，甘延壽得承其弊，以深德呼韓耶單于，故肯委質稱臣，來入朝見漢家，漢家得以宣德廣之隆，而威示四海，莫不率服，歷世無寇，安危尚未可知，而猥復侵刻匈奴，往攻奪其璽綬〔註21〕，而貶損其大臣號位，變易舊常，分單于為十五，是以恨恚大怒，事相攻拒。王翁不自非悔，及〈乃〉〔註22〕遂持屈強無理，多拜將率，調發兵馬，運徙糧食財物以彈〈殫〉索天下，天下愁恨怨苦，因大擾亂，竟不能挫傷一胡虜，徒自窮極竭盡而已。

其中「不自激印（昂），乃反涕泣」、「不自非悔，及〈乃〉遂持屈強無理」與「不自責過矣，乃引天亡我」，此三文皆出自漢人筆下，其句法相類似，可為瀧川資言說「『而不自責過矣』六字連作一句」作一補充證明。「不自責過」，即不譴責自己。史公之意謂項羽將「亡其國」、「身死」歸之於天，卻唯獨不從自身尋找原因。

〔註20〕 參蟲魚：《利用寫本〈群書治要〉校正刻本之失》，復旦大學出土文獻與古文字研究中心網站 http://www.gwz.fudan.edu.cn/Web/Show/2172；又參蔡偉：《誤字、衍文與用字習慣——出土簡帛古書與傳世古書校勘的幾個專題研究》，臺灣花木蘭文化事業有限公司出版，2019年，第157～158頁。

〔註21〕 寫本《治要》作璽綬（日本宮內廳書陵部收藏漢籍集覽全文影像之《群書治要》第41軸第13頁，http://db.sido.keio.ac.jp/kanseki/T_bib_search.php；又《群書治要》（六），日本汲古書院，1989年，第446～447頁），「璽綬」右側有校者所改「璽綬」二字，為後來刻本所承用。案改「璽」為「璽」可從，但「綬」字自可通，檢《廣雅·釋器》云：「綬，緺也。」《小爾雅·廣服》云：「綬謂之緺」，是「綬」即是「緺」，《漢書·外戚世家下》「授皇后璽綬」，顏師古注：「綬，所以繫璽」、又《漢書·元后傳》「奉上皇太后璽綬」，顏師古注：「此綬謂璽之組也。」（參《故訓匯纂》，第1724頁），則「璽綬」連言，其義可通，故「綬」字不必改為「緺」。

〔註22〕 嚴可均：《全後漢文》卷十四引《新論》此文云：「及，當作乃。」可從。參朱謙之：《新輯本桓譚新論》，中華書局，2009年，第21頁。

所以《史記·項羽本紀》這一段話應標點為：

及羽背關懷楚，放逐義帝而自立，怨王侯叛己，難矣。自矜功伐，奮其私智而不師古，謂霸王之業，欲以力征經營天下，五年卒亡其國，身死東城，尚不覺寤，而不自責過矣，乃引「天亡我，非用兵之罪也」，豈不謬哉！

（三）試釋《蒼頡篇》之「獵射畢弋」〔註23〕

水泉子漢簡《蒼頡篇》簡 C086 有下引文句：

弦緩縱，狼（狼）射畢弋與獸遇

張存良先生云：

狼射：即狼射，義不明。〔註24〕

由於此「狼」字張存良先生並沒有附上圖版，我們只能根據其所硬性隸定的字形，再結合文義，試作一臆測。

我們猜想所謂的「狼」字或許存在著因竹簡模糊、殘損等原因從而導致的誤釋之可能，「狼」字很有可能應釋為「獵」。

我們知道，在秦漢簡帛文字中，「獵」常作以下字形：

睡虎地秦簡《秦律雜抄》簡 27〔註25〕　　北大漢簡《老子》〔註26〕　　馬王堆《明君》〔註27〕　　武威漢簡〔註28〕

皆與張存良先生所硬性隸定的字形「狼」相類似。尤其武威漢簡的「獵」字

〔註23〕此文首發於復旦大學出土文獻與古文字研究中心網站，http://www.fdgwz.org.cn/Web/Show/4524，2020/1/7。

〔註24〕張存良：《水泉子漢簡〈蒼頡篇〉整理與研究》，蘭州大學 2015 年博士學位論文，指導教師：伏俊璉教授，第 57 頁、第 220 頁。

〔註25〕字形轉引自程少軒：《也談〈周訓〉的「維歲冬享駕之日」和「臘之明日」》，復旦大學出土文獻與古文字研究中心網站，http://www.gwz.fudan.edu.cn/Web/Show/1519。

〔註26〕字形轉引自李紅薇：《北京大學藏西漢竹書集釋及字表·下編》，吉林大學 2015 年碩士學位論文，指導教師：吳振武教授，第 181 頁。

〔註27〕字形見裘錫圭主編：《長沙馬王堆漢墓簡帛集成·壹》，中華書局，2013 年，第 113 頁，22 行。

〔註28〕王夢鷗：《漢簡文字類編》，臺灣藝文印書館，1974 年，第 67 頁。

與後世「獵」字的俗字作「獦」已十分接近。〔註29〕

　　將「**狠**」改釋為「獵」字後，顯然文從而字順。上引馬王堆帛書《明君》，其辭例為：

　　　　獵射雉（雉—兕）虎〔註30〕

再檢傳世文獻，如《淮南子·泰族》云：

　　　　及至其衰也，馳騁獵射，以奪民時，罷民之力。

又《淮南子·要略》云：

　　　　齊景公內好聲色，外好狗馬，獵射亡歸，好色無辨，作為路寢之臺，族鑄大鍾，撞之庭下，郊雉皆呴。一朝用三千鍾贛，梁丘據子家噲導於左右，故晏子之諫生焉。

又桓譚《新論·譴非》云：

　　　　夫獵射禽獸者，始欲中之，恐其創不大也。既已得之，又惡其傷肉多也。〔註31〕

（寫本《群書治要》41軸／11頁；六／443頁）〔註32〕

〔註29〕黃征：《敦煌俗字典》，獵、獦，上海教育出版社，2005年，第246頁。

〔註30〕裘錫圭主編：《長沙馬王堆漢墓簡帛集成·肆》，第112頁。

〔註31〕朱謙之：《新輯本桓譚新論》，收入《朱謙之文集》（第四卷），福建教育出版社，2002年，第399頁；又朱謙之：《新輯本桓譚新論》，中華書局，2009年，第19頁。案朱氏文集本，其訛誤滿紙，幾不能讀，故以中華書局本為據；吳則虞輯校、吳受琚輯補、俞震、曾敏重訂：《桓譚〈新論〉》，社會科學文獻出版社，2014年，第34頁；白兆麟：《桓譚新論校注》，黃山書社，2017年，第38頁。

〔註32〕日本宮內廳書陵部收藏漢籍集覽全文影像之《群書治要》第四十一軸，http://db.sido.keio.ac.jp/kanseki/T_bib_search.php；又《群書治要》（六），日本汲古書院，1989年。

《漢書‧賈鄒枚路傳》云：

　　　　今從豪俊之臣，方正之士，直與之日日獵射，擊兔伐狐，以傷
　　大業，絕天下之望。

據上引諸書可知「獵射」為漢代習見之語詞。

　　古書中尚有「獠獵畢弋」、〔註33〕「遊獵畢弋」〔註34〕等。而其最為常見
的則為「田獵畢弋」。如《墨子‧非命中》「外之毆騁田獵畢弋」，《莊子‧則
陽》：「衛靈公飲酒湛樂，不聽國家之政；田獵畢弋，不應諸侯之際。」《詩‧
齊風‧盧令序》：「襄公好田獵畢弋，而不脩民事，百姓苦之。」又如法藏敦煌
伯3454《六韜》亦有：

又寫本《群書治要》引《孔子家語‧王言》有：

（寫本《群書治要》9 軸／7 頁；
一／599 頁）

〔註33〕《管子‧四稱篇》：「獠獵畢弋，暴遇諸父。馳騁無度，戲樂笑語。」
〔註34〕《西京雜記》卷六：「廣川王去疾，好聚無賴少年，遊獵畢弋無度，國內冢藏
　　　　一皆發掘。」

這兩處本是「弋」字，卻習慣性地都誤作「戈」，顯然是因抄手潛意識受到與之相近字或偏旁類化等因素而形成的訛誤。〔註35〕

然則「獠獵畢弋」、「遊獵畢弋」、「田獵畢弋」，與水泉子漢簡《蒼頡篇》「獵射畢弋」，它們的構詞及文義皆相類似，可以相互比照。

又新見漢牘《蒼頡篇》失序號第三有下引語句：

…□□挎射畢弋羅罔（網）罟□□□被鑲銜…（142 頁；圖版16 頁）〔註36〕

劉桓先生認為「挎」應是「彀」字的另一種寫法。案所謂的「挎」，圖版作：

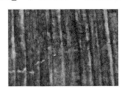

筆畫雖不甚清晰，然左邊所從顯非「手—扌」旁，實乃「犬—犭」旁，疑亦是「獵」字。

根據本文的意見，則漢牘《蒼頡篇》可斷句為：

…□□，獵射畢弋，羅罔（網）罟（罝？）□（罘？），□□被鑲，銜…

（四）說水泉子漢簡《蒼頡篇》之「疾偷廷」〔註37〕

水泉子漢簡《蒼頡篇》有下引一支殘簡：

〔註35〕關於此種誤字情況，可參蔡偉：《誤字、衍文與用字習慣——出土簡帛古書與傳世古書校勘的幾個專題研究》，臺灣花木蘭文化事業有限公司出版，2019年，19 頁。

〔註36〕劉桓編著：《新見漢牘〈蒼頡篇〉〈史篇〉校釋》，中華書局，2019 年 6 月。

〔註37〕此文首發於復旦大學出土文獻與古文字研究中心網站，http://www.fdgwz.org.cn/Web/Show/2708，2016/1/1。

張存良先生所作的釋文為：

　　　　☑闓灸疾偷廷嬰〔註38〕

胡平生先生所作的釋文為：

　　　　☑□灸疾偷廷嬰〔註39〕

而皆未作任何之解釋。

　　現在據北大簡《蒼頡篇》簡 3 之「毒藥醫工，抑按啟久（灸）。嬰但掐援，何竭負戴」，可以確定此簡當斷句為：

　　　　☑闓灸疾偷廷。嬰

依北大簡補足字句後即為：

　　　毒藥醫工【□□□】，【抑按】闓灸疾偷廷。嬰【但掐援□□□】，

　　何竭負戴【□□□】。

現在我們來解釋「疾偷廷」是什麼意思。

　　剛開始想到的是「偷」讀為「痊癒／愈」之「癒／愈」，但「廷」字頗難解釋，雖然「廷」有「平」的意思，可訓「平復」，但總覺得頗為牽強，所以就換了另外一種想法。

　　案《呂氏春秋·勿躬》有「百官慎職而莫敢愉綖」語，高誘注云：「愉，解也；綖，緩也。」王念孫根據押韻指出「綖」當為「綎」，並謂「綎」讀為「挺」，「挺」謂寬緩。〔註40〕又《廣雅·釋詁二》：「挺，緩也。」王念孫《疏證》亦指出「挺」當為「挺」，並引《吳語》韋昭注、《呂覽》高誘注、《後漢書》李賢注來證明，〔註41〕證據確鑿，可以信從。另外，《文選》枚乘《七發》云「雖有金石之堅，猶將銷鑠而挺解也」，王念孫說：「鑠亦消也，挺亦解也。」《七發》下文又有「今太子膚色靡曼，四支委隨，筋骨挺解；血脈淫濯，手足惰窳」語，「筋骨挺解」之「挺」亦為緩義。〔註42〕

〔註38〕張存良：《水泉子漢簡七言本〈蒼頡篇〉蠡測》，《出土文獻研究》（第九輯），中華書局，2010 年，第 68 頁。

〔註39〕胡平生：《讀水泉子漢簡七言本〈蒼頡篇〉》，復旦大學出土文獻與古文字研究中心網站，http://www.gwz.fudan.edu.cn/SrcShow.asp?Src_ID=1064。

〔註40〕參王念孫：《讀書雜志·餘編上》，江蘇古籍出版社，2000 年，第 1028 頁。小文於網上發佈後，蕭旭先生指出，《玉篇殘卷》引《呂氏春秋》作「莫敢愉綖」。挺謂寬緩，朱駿聲、楊樹達指出字本作「綖」。《說文》：「綖，緩也。」

〔註41〕王念孫：《廣雅疏證》，中華書局，1983 年，第 52 頁。

〔註42〕參王念孫：《讀書雜志·餘編下》，江蘇古籍出版社，2000 年，第 1061 頁。

　　上引《呂覽》高誘注「愉，解也」，王念孫指出「愉」與「解」同義，字又作「渝」，《太玄‧格》之次三「裳格鞶鉤渝」，范望注：「渝，解也。」《淮南子‧道應》「敖幼而好遊，至長不渝【解】」，《太平御覽》卷 37 引作「至長不渝解」，《三國志‧蜀志‧郤正傳》注引作「長不喻解」，《論衡‧道虛》作「至長不偷解」。〔註43〕

　　由上可知《呂覽》之「愉綖〈綖（挺）〉」與《淮南子》之「渝【解】」（或作「喻解」、「偷解」）即鬆懈之義，而《七發》之「挺解」為鬆弛、鬆緩之義。

　　根據上述，我們認為水泉子漢簡《蒼頡篇》之「偷廷」，與《呂覽》之「愉綖〈綖（挺）〉」實為同一語詞之異寫。「【抑按】開灸疾偷（愉）廷（挺）」，是說「經過抑按開灸之治療後，疾病得以鬆懈／鬆緩」，「疾病鬆懈／鬆緩」，其意即疾病不那麼利害、疾病的程度有所減輕，猶今語之言「病情緩解」。〔註44〕

　　最後，我們還可以根據北大漢簡及水泉子漢簡《蒼頡篇》校正《易林》中的一個誤字。《易林‧萃》之《節》云「針頭刺手，百病瘳愈。抑按捫灸，死人復起」，周飛先生已引《易林》此文，並指出「抑按捫灸」與《蒼頡篇》簡3「抑按啟久」非常相似，〔註45〕頗具啟發性。

　　我們認為「抑按捫灸」之「捫」應即「開」之誤字。案《易林》雖本為占卜之用，但文學色彩亦較為濃重，其中多摭引周秦兩漢典籍之成語。今北大漢簡《蒼頡篇》出，知《易林》中亦頗有援引《蒼頡篇》之語句者：如《訟》之《巽》、《中孚》之《震》並有「執囚束縛，拘制於吏」語，「執囚束縛」見北大漢簡《蒼頡篇》簡51；《萃》之《家人》有「細小貧寠，不能自存」語，「細小貧寠」亦見北大漢簡《蒼頡篇》簡32，凡此皆可以為證（由於現今出

〔註43〕參王念孫：《讀書雜志‧淮南子‧道應》，江蘇古籍出版社，2000 年，第 874 頁。

〔註44〕案「緩解」為同義複詞，解亦緩也。「懈」與「解」本為同源關係，解是解開、解除，解開就鬆了，所以引申為鬆懈。至於鬆懈的「解」寫作「懈」，乃後來之事，「懈」在《廣韻》中只有「古隘」一切，近代始轉入匣母（參見王力主編：《王力古漢語字典》，中華書局，2000 年，第 1256 頁），倒言之則為「懈緩」，如《易林‧晉》之《解》有「懈緩不前，怠墮失便」語，《宋史‧秦檜傳》「金人以和之一字得志於我者十有二年，以覆我王室，以弛我邊備，以竭我國力，以懈緩我不共戴天之讎，以絕望我中國謳吟思漢之赤子」者皆是。

〔註45〕周飛：《〈蒼頡篇〉研讀札記（二）》，清華大學出土文獻研究與保護中心網站，http://www.tsinghua.edu.cn/publish/cetrp/6831/2015/20151225094400854944373/20151225094400854944373_.html。

土之《蒼頡篇》皆有殘損而非完帙，故《易林》中可能還有引《蒼頡篇》之語句者），蓋後人不曉「開」字之文義，遂改為「捫」字耳。故《易林》此句可據出土文獻校正為「抑按捫〈開〉灸」，其所引即為《蒼頡篇》中語。

（五）北大漢簡《蒼頡篇》校箋〔註46〕

1. 圍奪侵試

簡11：圍奪侵試

整理者讀「試」為「弒」，甚確，而謂「圍即監牢，亦即囹圄，引申為囚禁……」〔註47〕，則非。

案《漢書·貨殖傳》有「篡弒取國者為王公，圍奪成家者為雄桀」語，「篡弒」、「圍奪」即此「圍奪侵試（弒）」也。

王念孫謂「圍」讀曰「勶」，圍奪成家者，勶人而奪其財以成其家也。《孟子·萬章》「今有勶人於國門之外者」，趙注曰：「勶人以兵，勶人而奪其貨。」即此所謂圍奪也。《漢紀·孝文紀》作「劫奪成家」，義與圍奪同。〔註48〕案王說可從，可移以注此。

又案簡71之「齰圄」疑即「錯迕」、「錯啎」。整理者讀為「籍」（踐踏之義）、「藉」（拘繫之義）〔註49〕，疑非是。

2. 攻穿襜魯

簡62：攻穿襜魯

「襜」字整理者引《說文》及《玉篇》為證，又云所從得聲之「詹」，《說文》訓「多言也」；又「魯」，引《說文》訓「鈍詞也」為證。〔註50〕皆不可信。

案「襜魯」當讀為「襜櫓」。「櫓」者，《說文》訓為「大盾也」。「襜」者，

〔註46〕 此文首發於復旦大學出土文獻與古文字研究中心網站，http://www.fdgwz.org.cn/Web/Show/2644，2015/11/17。

〔註47〕 北京大學出土文獻研究所編：《北京大學藏西漢竹書·壹》，上海古籍出版社，2015年，「注釋部分」，第79頁。

〔註48〕 王念孫：《讀書襍志》，江蘇古籍出版社，2000年，第378～379頁。

〔註49〕 北京大學出土文獻研究所編：《北京大學藏西漢竹書·壹》，上海古籍出版社，2015年，「注釋部分」，第138頁。

〔註50〕 北京大學出土文獻研究所編：《北京大學藏西漢竹書·壹》，上海古籍出版社，2015年，「注釋部分」，第130頁。

《廣雅・釋器》:「幨謂之幰。」王念孫《疏證》曰:

> 《淮南子・氾論訓》「隆衝以攻,渠幨以守」,高誘注云:「幨,
> 幰也。所以禦矢也。」《兵略訓》云:「雖有薄縞之幨,腐荷之櫓,
> 然猶不能獨穿也。」〔註51〕

由上可證,「幨」「櫓」皆為防守之器,故連類而言之。

〔註51〕詳參王念孫:《廣雅疏證》,中華書局,1983 年,第 237 頁。

八、讀海昏竹書札記

（一）海昏竹書《詩》異文小札 〔註1〕

頃獲讀朱鳳瀚先生《海昏竹書〈詩〉初探》〔註2〕一文，給我們帶來很多新知，現在僅就《詩》中異文的一些問題，簡單地談談看法，零雜瑣碎，殊無系統，聊備忘忘而已。

1. 釋字問題

《詩·小雅·無羊》「九十其犉」，「犉」，海昏竹書作「㹞」（109頁），為整理者據原字形硬性隸定，其實此字應該就是見於《說文·生部》的「㹞」字，「犉」，如匀切，日母文部；「㹞」，儒隹切，日母微部，古音極近，以致異文。海昏《詩》頗多類似的陰聲、入聲字與陽聲字通用的現象，如《詩·小雅·无羊》「不騫不崩」之「騫」，海昏竹書作「齵」（109頁）；《詩·小雅·我行其野》「蔽芾其樗」，海昏竹書作「偏發其仕」（108頁）；《詩·小雅·斯干》：「噲噲其正，噦噦其冥」，海昏竹書作「款=其正，爨=其瞑」（108頁）；《詩·小雅·庭燎》「鸞聲噦噦」，「噦噦」，海昏竹書亦作「爨=」（107頁）。《詩·檜風·素冠》「我心蘊結兮」，「蘊」，海昏竹書作「搣」（106頁）。

〔註1〕 此文首發於復旦大學出土文獻與古文字研究網站，http://www.fdgwz.org.cn/Web/Show/4752，2021/1/20；http://www.fdgwz.org.cn/Web/Show/4765，2021/3/5；http://www.fdgwz.org.cn/Web/Show/4766，2021/3/18；後此文正式發表於《閩南師範大學學報（哲學社會科學版）》2021年第4期。

〔註2〕 收入朱鳳瀚、柯中華：《海昏簡牘初論》，北京大學出版社，2020年12月。

2. 誤字問題

1.《詩・大雅・棫樸》「勉勉我王」，海昏竹書作「海=羞王」（89頁），「海」、「勉」聲近，古音之部、文部二部相近〔註3〕；「羞」當作「義」，「義」、「我」聲近致異；

2.《詩・大雅・大明》「牧野洋洋」，海昏竹書作「牧野平=」（89頁），「平」字失韻，當作「羊」；

3.《詩・大雅・崧高》「亹亹申伯」，海昏竹書作「再=申伯」（91頁），「再」疑是「每」之誤寫或為整理者之誤釋，「再〈每〉=」與「亹亹」音近致異。〔註4〕

4.《詩・小雅・正月》「民之訛言」，海昏竹書作「民之仙言」（107頁），「仙」應為「化」之誤；

5.《詩・小雅・我行其野》「蔽芾其樗」，海昏竹書作「偏發其仕」（108頁），「仕」疑為從「土」聲字之誤；

6.《詩・小雅・斯干》「幽幽南山，如竹苞矣」，海昏竹書作「幼=南山，如竹誃矣」（108頁），「誃」字於韻不合，未審何字之誤。

7.《詩・小雅・无羊》「矜矜兢兢，不騫不崩」，海昏竹書作「矜=競=」（109頁），「競」字於韻不合，應為「兢」之誤寫或為整理者之誤釋。

8.《詩・魯頌・泮水》「角弓其觩」，海昏竹書作「角弓其解」（86頁），「解」字於韻不合，應是「觩」之誤寫或為整理者之誤釋。

9.《詩・大雅・桑柔》「菀彼桑柔」，海昏竹書作「若皮桑柔」（90頁），「若」當為「菩」，「菩」與「菀」音近致異，此猶《詩・小雅・菀柳》「有菀者柳」，海昏竹書作「有菩之柳」（98頁），可為其證。

10.《詩・大雅・生民》「誕實匍匐」，海昏竹書作「延實妖服」（90頁），原整理者「妖」下未括注，亦無說。「妖」當作「妭」，「妭」、「匍」聲近致異，若「妖」字則與「匍」聲遠而不可通。又案「妖〈妭〉服」與「匍匐」之異文或作「扶服」同。如《詩・邶風・谷風》「匍匐救之」，《禮記・檀弓下》引《詩》作「扶服救之」，《漢書・霍光傳》引《詩》作「扶服捄之」（參朱起鳳《辭通》，

〔註3〕可參陳劍《甲骨金文舊釋「尤」之字及相關諸字新釋》，收入《甲骨金文考釋論集》，線裝書局，2007年。

〔註4〕郭永秉先生於微信提示：「再=」之「再」也許可能是「門」字的誤釋。郭先生的想法有可能是正確的。

上海古籍出版社，1985年，2262頁）。又北大竹書《妄稽》簡70亦有「不能寧息，尚（上）堂扶服」語（「服」，整理者誤釋為「非（扉）」，此據陳劍先生改釋為「服」）。〔註5〕

看到海昏《詩》原簡的楊博先生將「妖」訂正為「跰」。〔註6〕頗疑此文是脫了一「匍」字或與之音同或音近之字，又誤衍一字。因為「跰」與「匍」古音不近，不能假借，所以「跰」字不是「匍」的對應字，考慮到「跰」與「服」字古音極近（皆為唇音職部字），故很有可能是誤衍一字。〔註7〕

11.《詩・大雅・巧言》「荏染柔木」，海昏《詩》（90頁）作：

念（荏）嗔柔木

嗔，疑右旁聲符為「甚」的訛誤，或由於簡文模糊而為整理者誤認誤釋。「染」日母談部，「甚」禪母侵部，音近致異。劉剛先生《釋「染」》云：

> 「湛」古音屬澄母侵部，與「染」聲韻皆近。「染」與「苒」字可通，《詩・小雅・巧言》：「荏染柔木。」《說文》引「染」作「苒」。而「冉」聲字、「甚」聲字皆可與「占」聲字通，……所以「染」可以讀為「湛」。〔註8〕

〔註5〕見陳劍：《妄稽》《反淫》校字拾遺，復旦大學出土文獻與古文字研究中心網站（http://www.gwz.fudan.edu.cn/Web/Show/2850），2016年7月4日。
〔註6〕楊博：《海昏竹書〈詩〉初讀》訂補，武漢大學簡帛網（http://m.bsm.org.cn/view/19783.html），2021年3月15日。
〔註7〕音同或音近誤衍，此類現象古書習見，可參蔡偉：《誤字、衍文與用字習慣——出土簡帛古書與傳世古書校勘的幾個專題研究》，臺灣花木蘭文化事業有限公司，2019年3月，第58～59頁。
〔註8〕劉剛：《釋「染」》，「中國文字學會第七屆學術年會」論文，吉林大學2013年。轉引自李松儒：《清華〈繫年〉集釋》，中西書局，2015年，第232頁。

可以參照。

12.《詩‧大雅‧鳧鷖》「鳧鷖在涇」「鳧鷖在沙」「鳧鷖在渚」,「鳧鷖」之「鷖」,海昏《詩》(90頁)作「仰」,案「仰」當作「抑」,「抑」「鷖」音近致異;《詩‧大雅‧抑》「抑抑威儀」,其「抑」字,海昏《詩》(90頁)作「印」,整理者括注為「抑」,非是。「印」當作「印」。如非原簡之誤寫,就是整理者的誤釋。「印」「抑」音近致異。

13.《詩‧陳風‧防有鵲巢》:「誰侜予美?心焉忉忉。」海昏《詩》(112頁)〔註9〕作:

誰鶝懿美心焉刀=

「美」字下又有「鶝追張也」之注文。案正文注文之「鶝」字,應該是從「鳥」得聲之字。不知是原簡即誤還是整理者誤認誤釋?抑或手民之誤?「鶝」「侜」因聲近而致異。若「鶝」則與「侜」聲遠而不可通。又「懿」「予」二字之形音義皆不相近,頗值得注意。

案《爾雅‧釋詁》:「懿,美也。」「懿」訓為「美」為經典之常訓。〔註10〕海昏《詩》以「懿美」連文,為同義複詞,這與《毛詩》用詞及文義有異,似不能牽合。

而所注「鶝〈鶝〉,追張也」,其中的「追張」即《毛傳》及《爾雅》「侜張,誑也」之「侜張」,「追」「侜」因聲近以致異。類似的例子如《詩‧豳風》中的《鴟鴞》,清華簡《金縢》作《周鴞》,復旦大學出土文獻與古文字研究中心讀書會指出:

> 　　根據一些學者的研究,脂質部或微物部的一些字常與幽部之字相通。如:「敦琢」、「追琢」即「雕琢」,「敦弓」即「彫弓」。「彇」一般解為天子之弓,《孟子》舜弓之「張」實應即與「彇」為一,此可視為一輾轉相通之例。舜弓之名,《孟子‧萬章上》云「干戈朕,琴朕,弤朕」,趙岐注:「弤,彫弓也。天子曰彫弓。堯禪舜天下,故賜之彫弓也。」〔註11〕

〔註9〕朱鳳瀚:《海昏竹書〈詩〉初探》,收入朱鳳瀚、柯中華《海昏簡牘初論》,北京大學出版社,2020年12月。

〔註10〕參宗福邦、陳世鐃、蕭海波主編:《故訓匯纂》,商務印書館,2003年,第836頁。

〔註11〕詳參《清華簡〈金縢〉研讀札記》,復旦大學出土文獻與古文字研究中心網站(http://www.gwz.fudan.edu.cn/Web/Show/1344),2011年1月5日;又參蔡

可為其證。「追」「俯」相通猶「追琢」之與「雕琢」。

鄭玄箋云：

> 誰，誰讒人也。女眾讒人，誰俯張誑欺我所美之人乎？使我心忉忉然。所美，謂宣公也。

根據鄭箋，海昏《詩》可譯為：

> 誰欺誑德行懿美之人？足令我心悄然以悲。

通過本文的考證，使我們知道了作為雙聲聯綿詞的「俯張」，不僅有「譸張」等書寫形式，〔註12〕在漢代的時候還可以寫作「追張」，這在以往的傳世文獻中是從未見過的。於此可見海昏竹簡《詩》在音韻學史料上的重要性，期盼這批竹簡能夠盡快出版，以便學者更充分地加以利用。

當然，因未見原簡，本文的立論只是在整理者給出釋文的基礎上作的一些大膽推測而已，那就姑妄言之，姑妄聽之罷！

3. 括注問題

《詩·大雅·縣》「捄之陾陾」，海昏竹書（89頁）作「救之𦼮=」，整理者將「𦼮」括注為「而」，不知何意。又《詩·小雅·沔水》「鴥彼飛隼」，「鴥」，海昏竹書作「穴」（95頁），未括注；「匪兕匪虎」，海昏竹書作「非雉非虎」（98頁），「雉」未括注。海昏竹書皆當從《毛詩》括注為「陾」、「鴥」、「兕」。〔註13〕

此外，海昏竹書《詩》有些異文不同於《毛詩》，當各依本書，不可牽合，此點尤其值得注意。如《詩·周頌·噫嘻》「噫嘻成王」，海昏竹書作「於悥成王」（91頁），整理者將「於」括注為「噫」，不可從。所謂的「悥」，疑即「憙」字。「於悥成王」其文例猶《詩·周頌·武》之「於皇武王」，陳奐《詩毛氏傳疏》（北京大學出版社，2009年，864頁）云：「皇，美也。」而「憙」

偉：《誤字、衍文與用字習慣——出土簡帛古書與傳世古書校勘的幾個專題研究》，臺灣花木蘭文化事業有限公司，2019年，第136～137頁。

〔註12〕 參朱祖延主編：《爾雅詁林》，湖北教育出版社，2014年，第1667頁；又參朱駿聲：《說文解字通訓定聲》，中華書局，1998年，第255頁；又朱起鳳：《辭通》（上冊），上海古籍出版社，1985年，第815頁。

〔註13〕 據朱鳳瀚《海昏竹書〈詩〉初探》（第81頁），文中括注的字，表示是今本《毛詩》用字。此蒙高中華先生提示，謹致謝意。則拙文是在認為括注是指字的通假的這種情況下所作的立論，所以有的說法顯然很不準確，但考慮到改寫不便，故在此特加說明。

亦可訓為「美」。檢《廣雅·釋詁一》:「皇、熹,美也。」王念孫《疏證》云:

> 皇者,《爾雅》:「皇皇,美也。」《白虎通義》云:「皇,君也、
> 美也、大也、天人之摠,美大之稱也。」《周頌·執競篇》云「上帝
> 是皇」。

> 熹通作熙,《堯典》「有能奮庸熙帝之載」,《史記·五帝紀》作
> 「美堯之事」。

是「於熹(熹/熙)成王」、「於皇武王」,文例一致,皆歎美成王、武王之辭。

又如《詩·大雅·韓奕》「奕奕梁山」,海昏竹書作「義=梁山」(91頁);
《詩·大雅·卷阿》「君子之車」,海昏竹書作「君子之與」(91頁),《詩·小
雅·車舝》「間關車之舝」,海昏竹書作「簡丱與之轄」(94頁),整理者將「義」
括注為「奕」、「與」括注為「車」,皆屬不必要之有意趨同,下面分別加以解釋。

我們認為,海昏竹書「義=梁山」,其「義=」可讀為「峨峨」,與《毛詩》
屬於義近的關係,而非音近假借。

我們知道,傳世文獻的「車」,出土文獻多作「居」,如《詩·邶風·北風》
「惠而好我,攜手同車」,阜陽漢簡《詩經》作「攜手同居」;《詩·鄭風·有
女同車》「有女同車」,海昏竹書作「有女同居」、《詩·檜風·匪風》「匪車嘌
兮」,其「車」字,海昏竹書亦作「居」(106頁),而《詩·小雅·采芑》「其
車三千」,海昏竹書作「其居三千」(115頁),由此可見其用字習慣的一致性。
因此我們認為,海昏竹書「君子之與」、「簡丱與之轄」,兩「與」字並應讀為
「輿」。《詩·秦風·車鄰》「有車鄰鄰」,海昏竹書作「有輿令=」(103頁),其
不作「有居令=」,而作「有輿令=」,則可以作為旁證,可見二者之有別。

4. 牵(大)風有列

又《詩·大雅·桑柔》「大風有隧」,海昏竹書(90頁)作:

牵(大)風有列

整理者未將「列」字括注。

案《毛詩》之「隧」為形況之辭,「隧之言迅疾也」〔註14〕。我們認為此「列」字即「烈風」之「烈」〔註15〕。而不必一定如《毛詩》之作「隧」。海昏竹書《詩》作「牽(大)風有列(烈)」,非常通俗易懂。而《毛詩》作「大風有隧」,「隧」字字義太過生僻,以至毛傳、鄭箋都不能得其確解,要一直等到清代的訓詁學家作一番精心考證,才能知曉。

另外,《詩·大雅·下武》「受天之祜」,海昏竹書(89頁)作「受天之胡」,則為拙說謂「胡福」亦應讀為「祜福」〔註16〕,添一證據。

5. 追弓既臼

又海昏《詩》(91頁)有「追弓既臼」語句,整理者將「臼」括注為「堅」。如果簡文此字確是「臼」字,那末括注為「堅」,是不可信的。

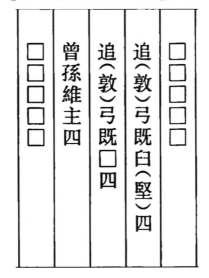

□
□
□
□

曾孫維主四

追(敦)弓既□四

追(敦)弓既臼(堅)四

□
□
□
□

〔註14〕 說見王引之:《經義述聞》卷七,江蘇古籍出版社,2000年,第167頁。

〔註15〕 可參蔣玉斌:《釋甲骨文「烈風」——兼說「乡」形來源》,復旦大學出土文獻與古文字研究中心編《出土文獻與古文字研究》第六輯,上海古籍出版社,2015年。

〔註16〕 公眾號「錦州抱小」《據清華簡〈四告〉語句訓釋〈詩經〉「遐福」之「遐」》(https://mp.weixin.qq.com/s?__biz=MzI4OTIxMjg2OA==&tempkey=MTA5Nl9ub3ZTQWlwK1VsRnl6K205Y3Bvd3NFaWtPRkVOUmJoR1FuZFRrWDNCCR3hpbjAxZkgtNk9CYWFtOTA1Wm1WVW1ONnlUeUdydEVoSDNpYjZOEemx1WTVmYnFXTGtBTnM2YVlxMHHJYbFY1bUZzwWExBYU02TFR0OFZvUVpzM2FtNU5wVHBOX2FzU3MyTXhhbkExUkxyWlNrMGJGVjcuR0UyWllWWVlBfn4%3D&chksm=6c33d1225b445834b959f46fe6544ad8a58c062da9c33f88f8047c6f821e7cd481b7b1db5c35#rd),2020年10月2日。

我們知道，「臼」「堅」二字古音並不相同或相近，所以不具備通假的必要條件，不能通假。

當然，如簡文此字真是「臼」字，那就可以以此立論。我們懷疑，可能是因為海昏《詩》的章次與《毛詩》不一致，才導致整理者認為「追弓既臼」與《毛詩》「敦弓既堅」相同。從安大簡《詩經》來看，其章次亦有不同於《毛詩》者，如《卷耳》，安大簡第二章為《毛詩》第三章，簡本第三章為《毛詩》第二章，〔註17〕就是例證。又海昏《詩》（92～93頁）有多處與《毛詩》章次不一致者。

頗疑「追弓既臼」所對應的應該是「敦弓既句」，「臼」為幽部字，「句」為侯部字，古音侯、幽二部相近，《詩經》中就有合韻的現象，所以會有很多的古韻學家將二部合而為一。《詩・鄭風・風雨》「風雨瀟瀟」，「瀟瀟」，海昏《詩》（100頁）作「需=」，是其例。又《爾雅・釋器》：「絢謂之救。」《說文》：「樛，下句曰樛。」亦侯、幽二部聲近之例。所以「敦弓既句」之「句」，海昏《詩》作「臼」，也就能夠合理地解釋了。

6. 而秉義不衡

《詩・大雅・蕩》「而秉義類」，海昏《詩》（85頁）作：

而秉義不衡（？）

較《毛詩》多一「不」字。

案此類現象在文獻中尤其是出土文獻中並不少見，如《詩・周頌・載見》「載見辟王」，海昏《詩》（85頁）作「載來見辟王」，與《墨子・尚同中》引作「載來見彼王」（孫詒讓《墨子閒詁》（上冊），中華書局，2001年，88頁）相合。又《詩・大雅・皇矣》「帝謂文王，予懷明德」，上博一《孔子詩論》簡7引作：

〔…帝胃（謂）文王，予〕褱（懷）尔（爾）㬎（明）惪（德）

〔註17〕《安徽大學藏戰國竹簡・一》，中西書局，2019年，第74頁。

李銳先生指出《墨子・天志（中）》引作「帝謂文王：予懷明德」，而《墨子・天志（下）》引作「帝謂文王：予懷而明德」；「尔」、「而」可通。〔註18〕反之，《詩・周南・卷耳》「維以不永懷」「維以不永傷」，這兩句，安大簡《詩經》皆無「不」字；〔註19〕《詩・周南・柏舟》「之死矢靡它」「之死矢靡慝」，這兩句，安大簡《詩經》皆無「之」字。〔註20〕由此可見，同樣的《詩經》，出土文獻與傳世文獻，其語句的字數並不是一字不差。

　　或謂：此詩上下文皆以四字為句，此句疑當從《毛詩》，「不」字為衍文。當然，《詩》中以四字為句是正例、常例，但就此詩而論，如「女炰烋於中國，斂怨以為德」「時無背無側」「以無陪無卿」「天不湎爾以酒」「人尚乎由行」「內奰于中國」「匪上帝不時」「雖無老成人」「枝葉未有害」「在夏后之世」，足見詩人不拘拘於字數之多寡，而但以情感之是否宣洩為主。所以海昏《詩》多一「不」字，在沒有其它反證的情況下，似不能輕易地以常理而加以否定。

　　關於「而秉義類，彊禦多懟」這句，鄭箋云：

　　　　義之言宜也。類，善。女執事之臣，宜用善人，反任彊禦眾懟

　　　為惡者，皆流言謗毀賢者。

宋儒朱熹將「義」解釋為「善」，謂「言汝當用善類、而反任此暴虐多怨之人」。清人陳奐、馬瑞辰認為「義類」兩字都是「善」的意思。〔註21〕俞樾《群經平議》卷十一「而秉義類」條曰：

　　　　《箋》云：「義之言宜也。類，善。女執事之人，宜用善人。」

　　樾謹按：下文即云「彊禦多懟」，與此一氣相承，無不用此反用彼之意。然則鄭解「義類」為宜用善人，非經旨也。《尚書・立政篇》：「茲乃三宅無義民。」《呂刑篇》：「鴟義姦宄。」王氏念孫曰：「義與俄同，衺也。」引《大戴禮・千乘篇》「誘居室家，有君子曰義」及《管子・明法解篇》「雖有大義，主無從知之」為證。此經義字亦俄之假字，類與戾通。《周書・史記篇》：「愎類無親。」孔晁注：「類，戾也。」《說文・犬部》：「戾，曲也。」然則義類猶言衺曲也，「而秉義類，彊禦多懟」，言女執事皆衺曲之人及彊禦眾懟者也。《昭十

〔註18〕　參俞紹宏：《上海博物館藏楚簡校注》，中國社會科學出版社，2016年，第32頁。

〔註19〕　《安徽大學藏戰國竹簡・一》，中西書局，2019年，第74頁。

〔註20〕　《安徽大學藏戰國竹簡・一》，第126頁。

〔註21〕　參向熹：《詩經詞典》（修訂本），商務印書館，2014年，第639～640頁。

六年左傳》：「刑之頗類。」義類與頗類同，頗、義古同部字。〔註22〕
今海昏《詩》作「而秉義不衛（？）」，則「秉義」有可能就是文獻中所常見的
秉執道義的意思。如上博六《慎子曰恭儉》簡4有下引文句：

　　　均分而坓（廣）貤（貤—施），嵵惪（德）而方義

　「嵵惪（德）而方義」，從范常喜先生讀作「持德而秉義」，〔註23〕該文
並引傳世文獻類似的記載為證：

　　　《戰國策・秦策三》：蔡澤曰：「質仁秉義，行道施德於天下，
　　天下懷樂敬愛，願以為君王，豈不辯智之期與？」

　　　《鹽鐵論・本議》：君子執德秉義而行，故造次必於是，顛沛必
　　於是。

可見「秉義」為古人的成詞。

　　海昏《詩》「衛」疑是「術」之誤字（也可能由於簡文模糊而為整理者誤
認誤釋）。如此，「而秉義不衛〈術〉」與《毛詩》之作「而秉義類」，只是多出
一「不」字而已（其相反的例子，可參上文引用的《詩經》「維以不永懷」「維
以不永傷」，安大簡《詩經》皆無「不」字）。因為「衛〈術〉」「類」古音極
近，以致異文。據古文字學者研究，「類」字所從的「米」旁有可能是「朮」
的訛誤。《禮記・緇衣》「為下可述而志也」，郭店本《緇衣》作「為下可頛（類）
而等也」、上博本《緇衣》作「為下可頖（頛—類）而嘗也」，〔註24〕可為其
證；又疑「衛」是「衞」之誤字，「衞」「類」古音亦極近，〔註25〕故相通借。

　　如海昏《詩》「衛」確是「術」或「衞」之誤字或誤釋，則其文義也可作其
他的解釋。「不衛〈術〉」或「不衛〈衞〉」應與「不遹」之音義相同。〔註26〕
《爾雅・釋訓》：

〔註22〕（清）俞樾：《春在堂全書》（第1冊），鳳凰出版社，2010年，第179頁。
〔註23〕范常喜：《讀〈上博六〉札記六則》，武漢大學簡帛網（http://www.bsm.org.cn/
　　　show_article.php?id=667），2007年7月25日。
〔註24〕相關的討論，可參馮勝君：《郭店簡與上博簡對比研究》，線裝書局，2007年，
　　　第84～87頁。
〔註25〕參王引之：《經義述聞・國語》「心類德音」下，江蘇古籍出版社，2000年，
　　　第516頁。
〔註26〕古音「述」「術」與「遹」相通，可參蔣禮鴻：《義府續貂》（增訂本），中華
　　　書局，2020年，第158頁；又參王念孫：《讀書雜志・淮南子》「載之木」下，
　　　江蘇古籍出版社，2000年，第879頁。凡此皆足證從「朮」從「矞」得聲之
　　　字音近而相通。

不遹，不蹟也。

郭璞注云：

言不循軌跡也。

王引之《經義述聞・爾雅》引陳奐曰：

不遹者，即《邶風・日月篇》之「報我不述」也。古《毛詩》

當作「報我不遹」。

王氏又云：

《詩》「報我不述」，《釋文》：「本又作術。」《文選・廣絕交論》

注引《韓詩》亦作「術」。鄭注《樂記》、韋注《魯語》、高注《呂氏

春秋・誣徒篇》並云：「術，道也。」「報我不術」者，報我不以道

也。〔註27〕

若海昏《詩》「衕」字所釋確定無誤，則可讀為「後」，《說文》：「後，迹也。」
「衕（後）」為元部字。元部字亦可與下文「懟」「內」押韻，因為「古元、術
二部音讀相通」，〔註28〕可證。所以其於韻亦合。

「不衕（後）」與《詩・小雅・沔水》「念彼不蹟，載起載行。心之憂矣，
不可弭忘」之「不蹟」同意。毛傳：「不蹟，不循道也。」鄭箋：「諸侯不循法
度，妄興師出兵，我念之憂不能忘也。」

總之，海昏《詩》此處的異文無論是誤字與否，都可以解釋為「不循軌
跡」。不過，「秉義」是正面積極意義的，而「不衕〈術─遹〉」是負面消極意
義的，合在一起，似不太好解釋，詩人蓋謂：

汝殷商之王以秉執道義為名，卻不循轍跡，乃務為強暴，故招

致多怨。

或者「義」字當從俞樾說為「鷗義姦宄」之「義」，言「汝殷商之王不循轍跡
而步入邪塗」。

如果此文的說法有些許道理，這說明海昏《詩》的異文，對我們理解《詩》
旨，對《詩經》文本的闡釋，更多了一些思路。如不能成立，則姑妄言之，而
讀者姑妄聽之而已。

〔註27〕參王引之：《經義述聞》，江蘇古籍出版社，2000年，第647頁。

〔註28〕參王引之：《經義述聞》「厥亂為民、亂為四輔、亂為四方新辟、厥亂明我新
造邦、厥亂勸寧王德、亂謀面用丕訓德」下，江蘇古籍出版社，2000年，第
95頁。

上引俞樾讀「義類」為「俄戾」，是邪曲的意思。我也一直以為俞說較切合《詩》意，所以在剛看到海昏《詩》作「而秉義不衙（？）」的時候，就曾想過：「不」字為衍文，「衙」疑是「術」之誤字，此「衙〈術〉」同《孫臏兵法・地葆篇》「凡地之道，陽為表，陰為裏，直者為綱，術者為紀」之「術」，蔣禮鴻先生讀為「遹」，迂迴的意思。〔註29〕這樣，海昏《詩》「而秉義（俄）{不}衙〈術—遹〉」，則與《毛詩》之作「而秉義類」相同。

不過後來我還是覺得當從海昏《詩》作「而秉義不衙〈術—遹〉」為是，詳細的解釋已見上文。

（二）海昏竹書《保傅》「知=非色」臆解〔註30〕

據韓巍先生《海昏竹書〈保傅〉初探》〔註31〕一文，海昏竹書《保傅》有下引一支簡作：

> ……天子少長，知=（知）非色，則入……【A 組，933-11I 區 65】

韓巍先生解釋說：

> 「知=（知）非色」，「知」下重文號當為誤衍（「知知」也有可能讀為「智知」，義為「其智足以知」。引者案：此意見為小注）。「非色」，《大戴禮記》《漢書》皆作「妃色」；《新書》作「好色」，「好」當為「妃」之訛。《漢書・賈誼傳》顏師古注曰「妃色，妃匹之色」，似為望文生義的強解。疑海昏簡作「非」當為本字，「妃」則是同音假借字。然而「非色」究竟應作何解？一時尚無好的想法，姑且存疑，以俟高明。（124 頁）

所說誤衍重文符號及讀「知知」為「智知」，恐皆不可從，而疑海昏簡作「非」當為本字，「妃」則是同音假借字，則可能是對的。下面按照我們的理解試作解釋。

〔註29〕古音「述」「術」與「遹」相通，可參蔣禮鴻：《義府續貂》（增訂本），中華書局，2020 年，第 158 頁；又參王念孫：《讀書雜志・淮南子》「載之木」下，江蘇古籍出版社，2000 年，第 879 頁。凡此皆足證從「朮」從「矞」得聲之字音近而相通。

〔註30〕此文首發於復旦大學出土文獻與古文字研究網站，http://www.fdgwz.org.cn/Web/Show/4754，2021/1/21。

〔註31〕韓巍：《海昏竹書〈保傅〉初探》，收入朱鳳瀚、柯中華《海昏簡牘初論》，北京大學出版社，2020 年，第 123 頁。

我們認為「知=非色」這句，重文符號不是衍文。出土文獻中誤衍重文符號的現象並不少見，﹝註32﹞但這畢竟不是普遍現象，相對於眾多正常的重文符號來說，只能算作個例。韓巍先生認為重文符號誤衍，可能是受到傳世文獻的影響，因為《大戴禮記·保傅》作「及太子少長，知妃色，則入於小學」、《漢書·賈誼傳》作「及太子少長，知妃色，則入於學」、賈誼《新書·保傅》作「及太子少長，知好色，則入於學」，皆以三字為句。

但其實「知=非色」這句句式是可以同《論語·學而篇》「賢賢易色」聯繫起來的。關於「賢賢易色」，歷來頗多異解，各家解釋，可參高尚榘先生《論語歧解輯錄》﹝註33﹞。我們比較傾向於孫欽善先生《論語本解》的解釋：

> 賢賢：以賢為賢。第一個「賢」字為動詞，即崇尚之意，第二個「賢」字為名詞，即德行之意。……「賢賢」如同「貴賢」。易：輕，輕視。色：容色，指表面的態度，做作的表情。全句是說崇尚實際的好品行，輕視矯揉做作的表面容態。﹝註34﹞

海昏簡「知=」可讀為「智智」，第一個「智」字為動詞；第二個「智」字為名詞，智慧的意思。「智智」就是以智為智。「非」即「好丹非素」之「非」。「知=（知知—智智）非色」，是說崇尚智慧、鄙薄容色。也就是追求卓越，而不以表面容態為追求目的的意思。所以就要入學學習，這樣才可使內心豐盈。

不知如此解釋，是否合乎簡文文義，若此說成立，則可以據此校勘傳世古書（即傳世古書誤脫重文號等等）。拋磚於此，希望能引出精金美玉。

（三）漢簡《論語》「曾皙言志」簡札記 ﹝註35﹞

昨日於網上獲讀《文物》2020 年第 6 期刊登的一組介紹、討論海昏侯劉賀墓出土竹簡的論文，其中有陳侃理先生一篇題為《西漢海昏侯劉賀墓出土〈論語〉「曾皙言志」簡初釋》的文章（以下簡稱「陳文」），陳文討論了見於

﹝註32﹞ 可參拙著《誤字、衍文與用字習慣——出土簡帛古書與傳世古書校勘的幾個專題研究》，臺灣花木蘭文化事業有限公司，2019 年，第 60～63 頁。

﹝註33﹞ 高尚榘：《論語歧解輯錄》，中華書局，2011 年，第 15～17 頁。

﹝註34﹞ 孫欽善：《論語本解》，生活·讀書·新知三聯書店，2009 年，第 5 頁。

﹝註35﹞ 此文首發於「錦州抱小」公眾號，https://mp.weixin.qq.com/s?__biz=MzI4OTIxMjg2OA==&mid=2247483766&idx=1&sn=236a09bf2e68a320a202699452afce6d&chksm=ec33d1dddb4458cb2318a0a5163bd9dd1d68c553cbbd66b1a503f1939f00b3c4c1f5560f7a60&exportkey=AbFGqtrAsCaeCoSQj10o3mQ%3D&acctmode=1&pass_ticket=Lib9RvNnk7nZcAPa282q1r4ejL1c%2FBzbvOmtFvdTZdT6tqZCL842xr5833VfooK4&wx_header=0#rd，2020-08-04。

今本《論語・先進》「莫春者，春服既成，冠者五六人，童子六七人，浴乎沂，風乎舞雩，詠而歸」這段話，海昏侯《論語》作：

陳文給出的釋文是：

　　　童子六七人容乎近風乎巫翠沨而遝子喟然曰吾與箴也三

　　同時又加了句讀：

　　　……童子六七人，容（頌）乎近（沂），風（諷）乎巫翠（雩），沨（滂）而遝（饋）。」子喟然曰：「吾與箴也。」三……

然後解釋說：

　　「容乎近」，讀為「頌乎沂」，指在沂水岸邊朗誦。「風乎巫翠」，「風」通「諷」，「巫翠」即為今本的「舞雩」，是魯國舉行求雨祭祀的場所。「沨而遝」，「沨」讀為「滂」，是下大雨的樣子，「遝」讀為

「饋」，指饋饗神靈的祭祀。……「風乎巫羿」的「風」，古人已經提出當讀為諷誦的「諷」。王充解釋「風乎舞雩」說「風，歌也」，同為東漢人的仲長統也說「諷於舞雩之下，詠歸高堂之上」，都是讀「風」為「諷」。……「洒而遈」的「洒」字從紅外掃描影像可見左邊是「水」旁，但右半部分被汙物遮擋，經江西省文物考古研究院重新清洗拍照，可以認定從「丙」。「洒」字不見於字書，很難解釋。如從今本讀為「詠」，在文字學上可以講通（陳文有小注云：從「丙」得聲的字有通假為「永」聲字的例證。如《詩·衛風·考盤》「永矢弗諼」「永矢弗告」、《木瓜》「永以為好」，阜陽漢本「永」皆作「柄」。參見胡平生、韓自強《阜陽漢簡詩經研究》，第 9、10 頁，上海古籍出版社，1988 年），但聯繫上下文並考慮意符「水」旁，我更傾向於讀為「滂」。滂，指雨水豐沛的樣子。前文既然講行祈雨之禮，此處以大雨落下為結果，文意順暢。……從在水邊壇上諷誦求雨之辭，大雨應禱而至，於是祭祀饋饗，構成了完整的雩禮過程。這是曾皙自述如果得到知用想要做的事。孔子問諸生之志，子路等三人都高談治國之術，而曾皙的回答過去被認為只是沐浴、風涼、歌詠等行遊之事，顯得答非所問，十分特殊。……

我們同意陳文「容」讀為「頌」指朗誦和「風」通「諷」的觀點，而不同意將「洒」讀為「滂」和「遈」讀為「饋」的意見。

因為從出土文獻的用字習慣上看，「遈」無疑就是用為「歸」。而「洒」字除了陳文所舉「從『丙』得聲的字有通假為『永』」外，《文物》2020 年第 6 期朱鳳瀚《西漢海昏侯劉賀墓出土竹簡〈詩〉初探》一文中「附表七」之「海昏《詩》與《熹平石經·詩》用字（舉例）對照表」，有「漢之廣矣，不可㑥思」，其中的「㑥」，傳世本作「泳」，這也是從丙從永相通的例證。又陳文所引東漢的仲長統「諷於舞雩之下，詠歸高堂之上」，也可為其證。

簡文「容（頌／誦）」、「風（諷）」、「洒（詠／詠）」三字文義相承，一氣貫注。其所表達的意思相同或相近，此即王念孫所說「《詩》之用詞，不嫌於複」〔註 36〕、聞一多謂之「字變而義不變之例」〔註 37〕，是古人為文習

〔註 36〕王念孫：《廣雅疏證》，中華書局，1983 年，第 19 頁。
〔註 37〕聞一多：《詩經通義》，收入《聞一多全集》（第四卷），湖北人民出版社，1993 年，第 266 頁。

見的一種修辭方式。這種修辭方式也不僅限於《詩》，出土文獻中亦不乏其例。〔註38〕

宋代蔡節說：「詳味其言，則見其心怡氣和，無所繫累，期與同志相從以樂聖人之道。此夫子所以加歎，而獨許之與？」〔註39〕大體得其文義。

最後，依照楊逢彬先生的譯文，〔註40〕我們稍加改易，將這段話譯為：

暮春三月，春天的衣服也都置辦妥當了，我陪同五六個大人，

六七個小孩，在沂水岸邊、舞雩臺上恣意諷誦，其間意猶未慊，於

是又一路歌詠而歸返。

如此志向，當然與孔子其他弟子迥乎不同。這大概也是孔子所嚮往的、心許的，故能得到孔子的贊與。

（四）釋海昏木楬之「袾」字〔註41〕

據《海昏木楬初論》（收入朱鳳瀚、柯中華《海昏簡牘初論》，北京大學出版社，2020 年 12 月）一文，海昏墓出土木楬有下引文字作：

涓繫復屬一領白丸緣繪絮袾一斤

縹綺復屬一領白丸緣繪絮袾一斤（344 頁）

整理者認為：

「袾」讀作「襦」，《類篇》「襦，袖端也」，《廣韻》「襦，袖端」，

《玉篇》「衣袂也」，則「繪絮袾」或指用紗絮做成的袖端。（348 頁）

因為並沒有附上原簡，我們只能根據所隸定的字形及文意判斷。其實「袾」就是「裝」字。漢簡「裝」字或作：

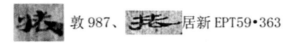 敦 987、 居新 EPT59•363

〔註42〕

可以為證。

〔註38〕可參拙文《尚書·顧命》「今天降疾殆弗興弗悟」的斷句問題——兼釋上博五《三德》之「天乃降㲉」，載《簡帛》（第十四輯），上海古籍出版社，2017 年。

〔註39〕高尚榘：《論語歧解輯錄》，中華書局，2011 年，第 646～651 頁。

〔註40〕楊逢彬：《論語新注新譯》，北京大學出版社，2018 年，第 206 頁。

〔註41〕此文首發於復旦大學出土文獻與古文字研究網站，http://www.fdgwz.org.cn/Web/Show/4757，2021/1/26。

〔註42〕李洪財：《漢簡草字整理與研究·漢代簡牘草字彙編》，吉林大學博士學位論文，指導教師：林澐教授，2014 年，第 385 頁。

　　所以「袠」並不從「表」得聲，不應讀為「標」，也不能與「綸絮」連讀成一個詞。漢簡「裝」字的這種寫法一直延續到後來的碑刻和寫本文獻當中，下面就來簡單談一談。

　　《說文》曰：

> 縛，薉貉中女子無綺，以帛為脛空，用絮補核，名曰縛衣。狀如襜褕。

段玉裁注：

> 無綺者，無左右各一之綺也。帛，依《急就篇》當作布，「空」、「腔」古今字，「核」當作「覈」，果覈之引申也。帛為脛腔，褚以絮而裹之。〔註43〕

其實「補核」之義難通，檢《原本玉篇殘卷》引《說文》作：

縛 子是文坑文
歲貉氏女子
无綺以帛為旺空同補絮褋名曰縛衣
狀如襜稀也箬顗篇冊縛布右也 〔註44〕

〔註43〕段玉裁：《說文解字注》，上海古籍出版社，1991年，第655頁。
〔註44〕（梁）顧野王：《玉篇》（殘卷），《續修四庫全書》（第228冊），上海古籍出版社，2002年，第618頁。

案「捀」即「裝」的俗字,《龍龕手鑒・手部》曰:

> 捀:俗,莊、壯二音,正作裝字。

又梁春勝先生指出:

> 俗書「爿」或作「扌」,如魏王禎墓誌「嚴裝述職」之「裝」作「捀」(《北圖》4╱24),魏敬顯儁碑「宿裝輕肥」作「捀」,隋雍長墓誌「壯氣不申」之「壯」作「扗」(《隋彙》2╱410),敦煌俗字「將」或作「捋」(《敦典》190)、「寐」或作「𡨄」(《敦典》270),《龍龕・手部》「牆」俗作「擋」、「裝」俗作「捀」(207)…… 〔註45〕

皆可以為證。

綜上,《說文》「用絮補核」之「核」應該是「裝」的誤字,因為「裝」的俗字作「捀」,與「核」形近,以致訛誤。

檢睡虎地秦簡《封診式》簡81-82有下列一段話:

> 乙以迺二月為此衣,五十尺,帛裏,絲絮五斤𦈏(裝),繆繒五尺緣及殿(純)。不智(知)盜者可(何)人及蚤(早)莫(暮),毋(無)意殹(也)。(160頁)

整理小組指出:

> 裝,把絲綿絮入衣中,見《說文》段注。

案《說文》:

> 裝,裹也。

段玉裁注曰:

> 束其外曰裝,故著絮於衣亦曰裝。〔註46〕

根據秦簡的文義,《說文》之「用絮補核〈捀─裝〉」,就是用綿絮填充之義,也就是把綿絮放進、裝入「脛空(腔)」內,如唐・陳陶《水調詞》:「征衣一倍裝綿厚,猶慮交河雪凍深。」「裝」的這種意思後來逐漸擴大,不僅僅局限於「綿絮」了,如《現代漢語詞典》將「裝」字解釋為:「把東西放進器物內;把物品放在運輸工具上:如裝箱、裝車。」

又里耶秦簡牘編號8-1143有「二人裝瓦」之語,其中的「裝」字,簡文作𧙫形。方勇先生指出:

〔註45〕梁春勝:《楷書部件演變研究》,線裝書局,2012年,第219頁。
〔註46〕段玉裁:《說文解字注》,上海古籍出版社,1991年,第396頁。

此字當如《校釋》所言，隸定為「裝」。其實此字形又見於馬王
堆帛書《五行篇》，其作裝形，辭例為「袁（遠）而裝（莊）之」，
即通假為「莊」字。我們認為以上二「裝」字，可能為「裝」字異
體。《吳越春秋・闔閭內傳第四》云：「於是干將妻乃斷髮剪爪，投
於爐中，使童男、童女三百人，鼓橐裝炭，金鐵乃濡，遂以成劍。」
其中「裝」字即表裝填義。里耶秦簡牘文「二人裝（裝）瓦」，可能
是指把瓦胚裝入窖中之義。……

　　陶工在把瓦坯做好後，需要將其裝填窖內進行燒製。簡牘文「二
人裝（裝）瓦」可能做的就是這樣的工作，並且這樣的工作與簡牘
文中的「甄、佐甄、負土」等內容吻合。〔註47〕

比較可信。其中「裝」字亦為裝填之義。

　　胡吉宣先生不察，作《玉篇校釋》，所引《原本玉篇殘卷》，乃逕作「核」
矣。〔註48〕顏師古注《急就篇》亦作「用絮補核」，不知是後人所改，還是師
古所見之《說文》，已有誤作「補核」的了。

此字又見《篆隸名義》「齎」字下，　　（1311；261上）〔註49〕，
呂浩硬性隸定為「裝」〔註50〕，而未作任何之說明。案「裝」即「裝」之俗
字，「齎」訓為裝，為經典之常訓。〔註51〕

〔註47〕方勇：《讀里耶秦簡札記一則》，武漢大學簡帛網，http://www.bsm.org.cn/
show_article.php?id=1998，2014 年 3 月 14 日。

〔註48〕胡吉宣：《玉篇校釋》（六），上海古籍出版社，1989 年，第 5359 頁。

〔註49〕本文引用《篆隸萬象名義》，先列臺灣台聯國風出版社影印本頁碼，後標中華
書局版頁碼。

〔註50〕呂浩：《篆隸萬象名義校釋》，學林出版社，2007 年，第 416 頁。

〔註51〕參宗福邦、陳世鐃、蕭海波：《故訓匯纂》，商務印書館，2003 年，第 2645 頁。

九、讀北大漢簡《妄稽》《反淫》札記[註1]

最近出版的《北京大學藏西漢竹書・肆》[註2]，其中收錄了《妄稽》《反淫》兩篇珍貴的文獻。原整理者作了很多必不可少的基礎性工作，在網上學者們也陸續發布了各類考釋文章，這都為我們進一步研究和整理這兩篇文獻打下了良好的基礎。筆者曾較早在網上發表一系列研究文章，現在稍加整理匯集在一起，以供讀者參考。

（一）《妄稽》

1. 孝弟（悌）茲（慈）悔[註3]

北大漢簡《妄稽》簡1有下引一段話：

> 旹[註4]（滎）陽幼進，名族周春。孝弟（悌）茲（慈）悔，恭敬仁孫（遜）。鄉黨莫及，於國無論（倫）。

整理者注釋說：

> 「茲悔」即「慈誨」，慈愛教誨。或「悔」通「宥」，「慈宥」謂仁慈寬宥。[註5]

[註1] 此文發表於《中國簡帛學刊》（第二輯），齊魯書社，2018 年。

[註2] 北京大學出土文獻研究所編：《北京大學藏西漢竹書・肆》，上海古籍出版社，2015 年。

[註3] 此文首發於復旦大學出土文獻與古文字研究網站，http://www.fdgwz.org.cn/Web/Show/2860，2016/7/15。

[註4] 此字整理者釋為「營」，此據楊元途說改釋。見楊元途：《北大漢簡〈妄稽〉、〈反淫〉校讀筆記》，復旦大學出土文獻與古文字研究中心網站（http://www.gwz.fudan.edu.cn/Srcshow.asp?Src_ID=2812），2016 年 6 月 3 日。

[註5] 北京大學出土文獻研究所編：《北京大學藏西漢竹書・肆》，上海古籍出版社，2015 年，第 59 頁。

網上已見多人對整理者的這一說法提出異議，但他們大都認為「悔」字當讀為「惠」。〔註6〕只有王寧先生注意到：

> 「悔」曉紐之部，陰聲；「惠」匣紐質部，入聲，二者讀音差距較大，故言「悔」讀為「惠」可疑。

但他疑整理者讀「茲悔」為「慈誨」之說正確，並說：「慈」謂慈惠，誨謂教誨，是兩個義項，又引《說苑·建本》「賢父之於子也，慈惠以生之，教誨以成之」為證，〔註7〕則與我們的看法不同。

我們知道，「悔」、「惠」二字的古音並不相近（「悔」為曉母之部，「惠」為匣母質部，古韻學家或以「惠」字為脂部去聲字），並不具備通假的條件。而且在傳世及出土文獻中也未見「悔」、「惠」相通之例，所以將「悔」讀為「惠」，從語音方面來講，是不能成立的。

我們認為，「悔」可讀為「敏」。「悔」、「敏」二字並從「每」得聲（上博簡二《子羔》簡4有「每以𦣻寺」語，何琳儀先生讀「每」為「敏」，後來郭永秉先生釋出了「𦣻」字，並指出簡文應讀為「敏以好詩」，與古書中的「敏而好學」辭例相近。〔註8〕），從《詩經》一直到漢魏時期的韻文，「敏」字皆與之部字押韻，〔註9〕無一例外。〔註10〕因此將「悔」讀為「敏」，就語音方面來說，毫無問題。

〔註6〕可參王曉明：《北大簡〈妄稽〉校讀簡記（一）》，復旦大學出土文獻與古文字研究中心網站（http://www.gwz.fudan.edu.cn/forum/forum.php?mod=viewthread&tid=7845），2016年6月7日；《北大漢簡〈妄稽〉初讀》，武漢大學簡帛網——簡帛論壇—簡帛研讀（http://www.bsm.org.cn/bbs/read.php?tid=3371&page=5），網友「海天遊蹤」說，48樓；蕭旭：《北大漢簡（四）〈妄稽〉校補》，復旦大學出土文獻與古文字研究中心網站（http://www.gwz.fudan.edu.cn/SrcShow.asp?Src_ID=2853），2016年7月4日。

〔註7〕王寧：《讀北大簡四〈妄稽〉零識》，武漢大學簡帛網（http://www.bsm.org.cn/show_article.php?id=2594#_ednref2），2016年7月14日。

〔註8〕參郭永秉：《說〈子羔〉簡4的「敏以好詩」》，收入郭永秉：《古文字與古文獻論集》，上海古籍出版社，2011年，第181～186頁。

〔註9〕參顧炎武：《音學五書》，中華書局，1982年，第334～335頁。

〔註10〕只有劉熙《釋名·釋言語》云：「敏，閔也。進敏無否滯之言也，故汝潁言敏如閔也。」（見王先謙：《釋名疏證補》，上海古籍出版社，1984年，第172頁）。羅常培、周祖謨（《漢魏晉南北朝韻部演變研究》（第一分冊），中華書局，2007年，第74頁）解釋說：「敏從每聲，在之部，汝潁言敏如閔，閔真部字（引者案：閔為文部字），此為《切韻》「敏」歸入軫韻的最早的方音。

「敏」有勤勉的意思。《禮記・中庸》「人道敏政，地道敏樹」，鄭玄注曰：「敏，猶勉也。」《漢書・東方朔傳》「敏行而不敢怠也」，顏師古注：「敏，勉也。」《大戴禮記・五帝德》「長而敦敏」，王聘珍注：「敏，猶勉也。」〔註11〕上引《論語・公冶長》「敏而好學」，錢穆先生注：「敏，疾速義。孔子好古敏以求之是也。」對於「敏而好學，不恥下問，是以謂之文也」這句話，錢穆先生譯為：「他做事勤敏，又好學，不以問及下於他的人為恥，這就得諡為文了。」〔註12〕又《論語・陽貨》：子張問仁於孔子，孔子曰：「能行五者於天下為仁矣。」請問之。曰：「恭、寬、信、敏、惠。恭則不侮，寬則得眾，信則人任焉，敏則有功，惠則足以使人」。「敏則有功」，楊伯峻先生譯注為：「勤敏就會工作效率高、貢獻大。」〔註13〕

檢日本寫本《群書治要》引《尸子・勸學》云：

（《群書治要》（五），日本汲古書院，
1989 年，382 頁）

〔註11〕以上的書證，可參《故訓匯纂》，商務印書館，2003 年，第 964 頁。
〔註12〕錢穆：《論語新解》，收入《錢賓四先生全集》（3），臺灣聯經書局，1978 年，第 169～170 頁。
〔註13〕楊伯峻：《論語譯注》，中華書局，1988 年，第 183 頁。

「敏」字右側有校者所改之「敬」字，則為後來諸刻本所承用。案《說苑·臣術》有「君親而近之，致敏以愻；藐而疏之，則恭而無怨色」語句，即本於《尸子》，可證寫本「敏」字不誤。「至敏以遜」、「致敏以愻」，倒言之則作「遜敏」。《呂氏春秋·士容》云：

> 趨翔閒雅，辭令遜敏。

高誘注：

> 遜，順也；敏，材也。

《荀子·修身》云：

> 端愨順弟，則可謂善少者矣。加好學遜敏焉，則有鈞無上，可
> 以為君子者矣。

尤可注意者，（唐）顏真卿《顏魯公文集》卷九《朝請大夫行江陵少尹兼侍御史荊南行軍司馬上柱國顏君神道碑銘》有「孝悌惇敏，有才幹局力，所居以吏道稱」語，其中「孝悌惇敏」（「惇敏」即上引《大戴禮記·五帝德》「長而敦敏」之「敦敏」，謂敦厚勤勉），〔註14〕與簡文之「孝弟（悌）茲（慈）悔（敏）」文義至近，可資參證。

總之，《妄稽》云「孝弟（悌）茲（慈）悔（敏），恭敬仁孫（遜）」，其以「悔（敏）」、「孫（遜）」對文，與傳世文獻或以「敏」、「遜」連舉，或以「遜敏」連言，其義相同。

簡文是說周春具有「孝弟（悌）茲（慈）仁，恭敬孫（遜）悔（敏）」等各種優秀的品行。今簡文不云「孝弟（悌）茲（慈）仁，恭敬孫（遜）悔（敏）」，而作「孝弟（悌）茲（慈）悔（敏），恭敬仁孫（遜）」者，乃倒錯其文以就韻耳。

簡文描寫周春有如此之美行，然而所娶之妻妄稽，則為典型的「妒妻悍婦」。作者正是通過這一鮮明的對比手法，來塑造人物，以加強藝術表現力。

案「妒妻悍婦」作為一種社會現象自古而存在，北大漢簡《妄稽》是已知的最早一篇以「妒妻悍婦」為題材的文學作品。這一類題材直至明末清初

〔註14〕又案「惇」亦可如字讀。《方言》卷七：「惇，信也。」（《廣雅·釋詁一》同）。《呂氏春秋·責當》云：「其友皆孝悌純謹畏令。」「純謹」，《韓詩外傳》、《新序》並作「篤謹」，篤亦信也。見高誘注《呂覽·孝行》。《呂氏春秋·士容》曰：「淳淳乎慎謹畏化，而不肯自足；乾乾乎取捨不悅，而心甚素樸。」王念孫曰：「淳淳、乾乾當互易」（轉引自陳奇猷：《呂氏春秋新校釋》，上海古籍出版社，2011年，第1710頁），非是。

之際，仍具有頑強的生命力。〔註15〕蓋「妒妻悍婦」之結局多不得善終，具
有強烈之勸誡與醒世作用。

最後，我們附帶根據日本寫本《羣書治要》來校正刻本《羣書治要》及
諸輯本《尸子》中的幾個誤字。

（1）《尸子·勸學》云：

　　夫德義也者，視之弗見，聽之弗聞，天地以正，萬物以徧，無
爵而貴，不祿而尊也。〔註16〕

案寫本《治要》作：

（《群書治要》（五），日本汲古書院，
1989 年，386 頁）

其作「萬物以倫」，「倫」字左下側有校者所注之「等也、比也、道也、理也」
諸字。案《尸子》此文以「聞」、「倫」、「尊」為韻（古音文部），用韻自然而
和諧，刻本《治要》因形近而誤作「徧」，則失其韻矣。而孫星衍、洪頤煊及
汪繼培所輯之《尸子》，復據刻本《治要》，可謂踵訛沿謬，而《尸子》之文

〔註15〕參馮月娟：《明末清初筆記小說中的妒妻悍婦》，廈門大學碩士論文，指導教
　　　師：王日根教授，2007 年。

〔註16〕孫星衍、洪頤煊：《尸子集本》，收入孫星衍《平津館叢書》，鳳凰出版傳媒集
　　　團鳳凰出版社，2010 年，第 257 頁；汪繼培輯校《尸子》，收入嘉慶十六年
　　　刊《湖海樓叢書》中，又上海古籍出版社影印浙江書局《二十二子》，其所收
　　　汪繼培輯校《尸子》，亦據《湖海樓叢書》本，讀者可參閱。《二十二子》，上
　　　海古籍出版社，1987 年，第 368 頁。

義，遂莫有能得其確解者矣。「天地以正，萬物以倫」，「倫」道也、理也。與《禮記・中庸》「致中和，天地位焉，萬物育焉」（鄭玄注：「致，行之至也。位，猶正也。育，生也、長也。」〔註17〕）文義相近。

（2）《尸子・發蒙》云：

> 家人子侄和，臣妾力，則家富，丈人雖厚，衣食無傷也；子侄
> 不和，臣妾不力，則家貧。〔註18〕

案寫本《治要》作：

（《群書治要》（五），日本汲古書院，1989 年，408 頁、409 頁）

兩「姓」字右側皆有校者所改之「侄」字，則為後來諸刻本所承用。案「姓」、「侄」形近，故書傳中之「子姓」後人多誤改為「子侄／侄」，〔註19〕寫本《治要》「子姓」本不誤，校者不曉文義故以臆輒改，非是。北大簡《妄稽》簡58有「子生」一詞，其辭例為「人有妾也，比之子生」，整理者已將「生」括注為「姓」，並作了正確的解釋，〔註20〕讀者可以參看。

（3）《尸子・治天下》云：

> 父母之所畜子者，非賢強也，非聰明也，非俊智也，愛之憂之，
> 欲其賢己也，人利之與我利之無擇也，欲其賢己也，人利之與我利

〔註17〕《十三經注疏》（下冊），上海古籍出版社，1997 年，第 1625 頁。

〔註18〕孫星衍、洪頤煊：《尸子集本》，收入孫星衍《平津館叢書》，鳳凰出版傳媒集團鳳凰出版社，2010 年，第 270 頁；汪繼培輯校：《尸子》，收入《二十二子》，上海古籍出版社，1987 年，第 370 頁。

〔註19〕說見王念孫：《讀書雜志・志餘上・呂氏春秋》「子侄」下，江蘇古籍出版社，2000 年，第 1029～1030 頁。

〔註20〕北京大學出土文獻研究所編：《北京大學藏西漢竹書・肆》，上海古籍出版社，2015 年，第 71 頁。

之無擇也，此父母所以畜子也。〔註21〕

案寫本《治要》作：

（《群書治要》（五），日本汲古書院，
1989 年，415 頁）

其字明作「堅」字，刻本《治要》因形近而誤作「賢」。孫星衍、洪頤煊及汪繼培所輯之《尸子》，乃據刻本《治要》作「賢強」，非是。案《尸子》此文云「非堅強也，非聰明也，非俊智也」，「堅強」與「聰明」、「俊智」皆為同義複詞，作「賢強」則義不相屬矣。

（4）《尸子·明堂》云：

　　古者明王之求賢也，不避遠近，不論貴賤，卑爵以下賢，輕身以先士。〔註22〕

案「不避遠近」，寫本《羣書治要》作：

（《群書治要》鎌倉寫本第 33 軸／
18 頁；又《群書治要》（五），日
本汲古書院，1989 年，395 頁）

〔註21〕孫星衍、洪頤煊《尸子集本》，收入孫星衍《平津館叢書》，鳳凰出版傳媒集團鳳凰出版社，2010 年，第 275 頁；汪繼培輯校：《尸子》，收入《二十二子》，上海古籍出版社，1987 年，第 371 頁。
〔註22〕孫星衍、洪頤煊：《尸子集本》，收入孫星衍《平津館叢書》，鳳凰出版傳媒集團鳳凰出版社，2010 年，262 頁；汪繼培輯校《尸子》，《二十二子》，上海古籍出版社，1987 年，369 頁。

「遠」下一字明為「迡」字。《說文》:「邇,近也。迡,古文邇。」「不避遠迡(邇)」,刻本改為「不避遠近」,文義雖同,卻並非《尸子》之原文。因為從(唐)陸德明《經典釋文》引《尸子》作「不避遠昵(尼)」來看,〔註23〕寫本《治要》「不避遠迡(邇)」顯然即「不避遠昵(尼)」。

我們知道,凡「尼」、「爾」或從「尼」從「爾」得聲之字多相通,所以「迡(邇)」、「昵(尼)」以音近而致異。〔註24〕《釋名》:「爾,昵也。」又「泥,邇也。」

又《肩水金關漢簡(叁)》有「《行葦》則兄弟具(俱)尼矣。故曰:先之以博愛而民莫遺其親」語,劉嬌先生指出簡文所謂「行葦」應即《詩·大雅·行葦》篇,其首章及次章云:「敦彼行葦,牛羊勿踐履。方苞方體,維葉泥泥。戚戚兄弟,莫遠具爾。或肆之筵,或授之几。」並引拙說:「漢簡『兄弟具尼』即化用《詩經·行葦》之『戚戚兄弟,莫遠具爾』」。〔註25〕這也是「尼」與「爾」音近致異之例。

現在海昏竹書《孝經》引《傳》曰「恩及《行葦》,則兄弟具(俱)堲(邇)矣」,〔註26〕其字作「堲(邇)」,則拙說於是乎有驗。

2.《妄稽》簡27一些語詞的釋讀〔註27〕

《妄稽》簡27有一段話說:

齒若 ▨ 〔註28〕骨,口類變〔註29〕(臠)脩(修)。大(太)息

〔註23〕孫星衍、汪繼培皆已指出,《尚書·高宗肜日》,《釋文》引《尸子》作「不避遠昵」。

〔註24〕例證參見高亨、董治安:《古字通假會典》,齊魯書社,1997年,第549～550頁。

〔註25〕劉嬌:《漢簡所見〈孝經〉之傳注或解說初探》,復旦大學出土文獻與古文字研究中心網站,http://www.gwz.fudan.edu.cn/SrcShow.asp?Src_ID=2487,2015/4/8。

〔註26〕何晉:《海昏竹書〈孝經〉說解簡初論》,收入朱鳳瀚、柯中華:《海昏簡牘初論》,北京大學出版社,2020年,第201頁。

〔註27〕此文首發於復旦大學出土文獻與古文字研究網站,http://www.fdgwz.org.cn/Web/Show/2837,2016/6/22。

〔註28〕此字整理者釋為「腊」,括注為「豬」。網友「東潮」指出,此字右旁非「者」字,疑釋為「膡」,《玉篇》以為「嗜」之俗字。見武漢大學簡帛論壇—簡帛研讀:《北大漢簡〈妄稽〉初讀》,(http://www.bsm.org.cn/bbs/read.php?tid=3371&page=5),41樓。

〔註29〕此字整理者釋為「樊」,此據楊元途說改釋。楊元途謂:如嚴格隸定,諸「變」字下部當作「人」形。見楊元途:《北大漢簡〈妄稽〉、〈反淫〉校讀筆記》,

歌誄，謬＝（謬謬）爰恤。星（腥）腐臊蕭（鰡），芳＝（芳芳）蛇臭
〔註30〕。（63頁）

關於「謬＝（謬謬）爰恤」這句，整理者是這樣解釋的：

「謬謬」疑同「穆穆」，安靜，默默。「爰恤」，哀傷。「爰」讀
作「吚」，悲傷；恤，憂。

結合簡文之用韻及文義，我們認為簡文應作：

齒若𦙫骨，口類變（巒）條（修）。大（太）息歌誄，謬＝（嗷
嗷）爰（猨）蕭（嘯）。星（腥）腐臊恤（饐／餲），芳＝（芳芳—烈
烈）蛇臭。

如此，簡文以「條（修）」、「蕭（嘯）」、「臭」為韻（古音幽部），用韻自然而
和諧。

下面我們再來對簡文括注的字詞分別加以解釋：

「謬謬」應為擬聲詞，可讀為「嗷嗷」。《老子》「其上不皦」，馬王堆漢
墓帛書《老子》乙本作「其上不謬」，〔註31〕是其例證。《文選》卷22引謝
靈運《登石門最高頂》云「活活夕流駛，嗷嗷夜猨啼」，李善注：「《楚辭》
曰：『聲嗷嗷以寂寥。』《廣雅》曰：『嗷，鳴也。』」呂延濟曰：「嗷嗷，猨
聲。」〔註32〕

「恤」讀為「饐」（或「餲」）。「恤」、「饐」（或「餲」）聲近而相通，猶
《釋名》：「血，濊也。出於肉，流而濊濊也。」〔註33〕《廣雅・釋器》：「鯹、
鰎、……腐、……饐、……臭也。」王念孫《疏證》：鯹鰎通作腥臊。……饐
之言餲也，《說文》：「饐，飯傷熱也。」《爾雅》「食饐謂之餲」，郭注云：「飯
饐臭也。」《釋文》引《倉頡篇》云：「饐，食臭敗也。」饐、餲、饐，一聲之
轉。〔註34〕則「星（腥）腐臊恤（饐／餲）」四字同義，在簡文中都是指臭味。
檢（唐）虞世南《北堂書鈔》142《酒食部一》引《闞子》云：「義渠之人，合

復旦大學出土文獻與古文字研究中心網站，（http://www.gwz.fudan.edu.cn/
Srcshow.asp?Src_ID=2812），2016年6月3日。
〔註30〕臭，整理者釋為「變」，此據何有祖說改釋。見何有祖：《讀北大簡〈妄稽〉
條記（一）》，武漢大學簡帛網（http://www.bsm.org.cn/show_article.php?id=
2568），2016年6月5日。
〔註31〕參高亨：《古字通假會典》，齊魯書社，1997年，第750頁。
〔註32〕《六臣注文選》，中華書局，2012年，第410頁。
〔註33〕王先謙：《釋名疏證補》，上海古籍出版社，1984年，第104頁。
〔註34〕王念孫：《廣雅疏證》，中華書局，1983年，第251頁。

烹龜鼈不熟，臊穢腥臭。中國火食之民，雖饑餓三日不啟口，至死弗食也。」（宋）李昉《太平御覽》（四部叢刊三編子部景宋本）卷第849《飲食部七》有類似的記載作：「義渠之人，烹鼊鼈不熟，臊穢腥臭。中國之民，雖饑餓三日不啟口，至死弗食也。「《闕子》之言「臊穢腥臭」，與簡文言「星（腥）腐臊恤（饏／穢）」文義相同。

「蛇臭」之「臭」，即「臭味相投」之「臭」，氣味的意思。〔註35〕案《諸病源候總論》卷50「狐臭候」下云：「人有血氣不和，腋下有如野狐之氣，謂之狐臭。」〔註36〕「蛇臭」與「狐臭」構詞形式相似，取義亦類。陳寅恪先生曾撰《狐臭與胡臭》一文，其中有謂：

> 中古華夏民族曾雜有一部分之西胡血統，……疑吾國中古醫書中有所謂腋氣之病即狐臭者，其得名之由來或與此事有關。疑此腋氣本由西胡種人得名，迨西胡人種與華夏民族血統混淆既久之後，即在華人之中亦間有此臭者，倘仍以胡為名，自宜有人疑為不合，因其復似野狐之氣，遂改「胡」為「狐」矣。若所推測者不謬，則「胡臭」一名較之「狐臭」實為原始而且正確歟？〔註37〕

從漢簡《妄稽》篇之「蛇臭」一詞及其描述來看，我們認為「狐臭」之「狐」作如字讀，最為直接允當。

簡文言「芴芴」，整理者疑即「栗栗」，解釋為顫抖貌。顯然與文義不合。「芴」字又見於《妄稽》簡52及簡55，皆與月部字押韻。其辭例分別為：

> 不來不筮（逝），鄰里聞者，幼長皆芴（整理者注：疑「芴」通「栗」，害怕）

> 妄稽念=（念念），自身芴之。疏齗鉗錯，疾齲筮（噬）之（整理者注：疑「芴」通「扐」，捆綁。《集韻·職韻》：「扐，縛也。」亦或「芴」同「笏」，刺。）

〔註35〕 王寧說，「蛇臭」可能是指蛇本身所有的腥臊氣味，民間所謂「蛇腥味」，並非蛇腐臭。唐王建詩「大蛇過處一山腥」，蓋亦謂此（見武漢大學簡帛論壇—簡帛研讀《北大漢簡〈妄稽〉初讀》，http://www.bsm.org.cn/bbs/read.php?tid=3371&page=3，26樓），可從。

〔註36〕 （隋）巢元方：《諸病源候總論》，人民衛生出版社，1984年，第264頁。

〔註37〕 見《陳寅恪先生全集》（下冊），臺北里仁書局，1979年，第1207～1209頁；又參黃永年：《讀陳寅恪先生〈狐臭與胡臭〉兼論狐與胡之關係》，收入黃永年：《學苑零拾》，華東師範大學出版社，2001年，第169～176頁。

根據押韻，可知整理者的「芀」通「扐」之說最無道理，不可從。「芀芀」，疑可讀為「烈烈」，指氣味濃烈薰人。陳劍先生指出，「芀」當釋為「艾」（陳劍《〈妄稽〉〈反淫〉校字拾遺》，復旦大學出土文獻與古文字研究中心網站，http://www.gwz.fudan.edu.cn/Web/Show/2850，2016/7/4），則拙文讀為「烈烈」似不確，俟考。

綜上所述，簡文之描寫妄稽之語言動作——大（太）息、歌、誺（「誺」字整理者引《玉篇》訓為「善言」），其聲音如猨嘯之謬謬（嗷嗷）；而其體味腥臊惡臭，則若蛇臭之芀芀（烈烈？）也。

最後，我們再根據押韻，來擬補簡文中的一個脫字。《妄稽》簡 57-59 有下引一段話：

> 虞士胃（謂）妄稽曰：濡（孺）子，人之有妾也，以為榮華。濡（孺）子之有妾，適亂室家；人有妾也，比之子生（姓）。濡（孺）子有妾也，比之禍。吾顒（俛）卬（仰）自念，吾竊蜀（獨）何命。

案「比之禍」語意未完，疑應作「比之禍【星】」。「星」與「生（姓）」、「命」押耕部韻。「禍星」，可參（唐）瞿曇悉達《唐開元占經》卷 78「客星占二‧客星犯角一」下及（唐）李淳風《觀象玩占》卷 8 中的有關記載。將人比之「禍星」或「災星」，今世俗之詈語尚猶如此。

（二）《反淫》

1.「洛纂」補證〔註38〕

《反淫》簡 18-21 有下引一段話：

> 魂曰：「登京（景）夷之臺，以望汝海。左江右胡（湖），其樂無有。茲（滋）味雜陳，殽柔（羞）措侅（該）。練色淫目，流聲虞（娛）耳。眺望直侄，目極千里，嫽（嬲）艾男女，相引為友。乃使陽文、洛纂，西它（施）、毛莜（嬙），含芳被澤，燕服從容，陽（揚）鄭衛之浩樂，結敕（激）楚之遺風。此天下至靡樂也，夫子弗欲登邪？」

〔註38〕此文首發於復旦大學出土文獻與古文字研究網站，http://www.fdgwz.org.cn/Web/Show/2820，2016/6/6。

關於「洛纂」，整理者認為「即《七發》之閭娵」，又引李善注引《荀子》「閭娵、子奢莫之媒也」為證。

案整理者的意見是可以信從的。「洛纂」、「閭娵」，初看起來似乎聲不甚相近，比如說「洛」、「閭」之通尚還可以，而「纂」、「娵」二字聲母雖然相同，然韻則一為元部字，一為侯部字，似乎遠了一點。但其實元部合口字有部分與侯東部是有著密切關係的，有些研究者早已有過相關的論述。〔註39〕我們知道，有些人名和地名，在傳世古書及出土文獻中往往會有一些比較難以索解的異文，比如「管夷吾」之「夷」，郭店簡《窮達以時》簡6作「寺」（如按其時代，之部與脂部是截然分開的，但作為人名則可以例外），所以「洛纂」、「閭娵」為同一人名之異寫，是不足為怪的。

我們在這裏想補充的是，其實在傳世之類書中尚保存有關「洛纂」的一些蹤跡，只是其字傳寫或刊刻多有訛誤，遂不為常人所知耳。

日本汲古書院影印鎌倉時代（1192～1330）日本僧人手寫本《羣書治要》卷41引《淮南子·齊俗》有下列語句：

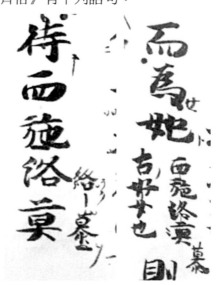

《群書治要》（6），日本汲古書院，1989年，261頁。

〔註39〕參程少軒：《試說戰國楚地出土文獻中歌月元部的一些音韻現象》，武漢大學簡帛研究中心主辦《簡帛》（第五輯），上海古籍出版社，2010年，第159頁；董珊：《新蔡出土楚封泥釋文校訂》，「戰國秦漢封泥文字國際學術研討會」論文，2010年11月12～13日，杭州，西泠印社；又參陳劍：《漢簡帛〈老子〉異文零札（四則）》，收入「簡帛《老子》與道家思想」國際學術研討會論文集，北京大學中國古代史研究中心，2013年10月25日～26日。

校書者改為「絡慕」，而為後來之刻本所承。影宋本《太平御覽》卷 896 作：

《四部叢刊三編子部》（第 54 冊），
1985 年上海書店影印。

　　嘉慶十二年（1807 年）鮑崇城校刻本尚作「落篡」，《御覽》之後來刻本
亦改為「落慕」。

　　今北大簡《反淫》篇出現了美女之名「洛篡」者，結合影宋本《御覽》之
作「落篡」，我們可以確知寫本、刻本《羣書治要》「洛／絡莫」、「絡慕」之
「莫」、「慕」為誤字，〔註40〕誠一快事也。

　　今本《淮南子》作「待西施、毛嬙而為配」，王念孫指出：

　　　　《廣韻》及《元和姓纂》「絡」、「落」皆姓也，「慕」蓋其名，
　　　　《治要》《御覽》所引者原文也，今本作「毛嬙」者，後人不知「絡
　　　　慕」所出，又見古書多言「毛嬙、西施」，故改之耳，不知他書自作
　　　　「毛嬙」，此自作「絡慕」，不必同也。〔註41〕

　　其卓識實在令人欽佩，只是其所引用之《治要》《御覽》皆為誤本，則稍
稍有些遺憾耳。

　　案《劉子·殊好》有下引語句：

　　　　賴顏玉理，眄視巧笑，眾目之所悅也。軒皇愛嫫母之醜貌，不
　　　　易落英之麗容；陳侯悅敦洽之醜狀，弗貿陽文之婉姿。

〔註40〕從「算」從「莫」之字形近而古書多訛混，可參裘錫圭：《考古發現的秦漢文
　　　　字資料對於校讀古籍的重要性》，收入《裘錫圭學術文集·4》，復旦大學出版
　　　　社，2012 年，第 373～374 頁。
〔註41〕王念孫：《讀書雜志》，江蘇古籍出版社，2000 年，第 862～863 頁。

孫楷第先生據王念孫校《淮南子》說，謂「落英」當作「落慕」。傅亞庶《劉子校釋》（中華書局，1998 年，377 頁）與楊明照、陳應鸞《增訂劉子校注》（巴蜀書社，2008 年，579）及林其錟《劉子集校合編》（華東師範大學出版社，2012 年，1042 頁）並從之。現在據北大簡《反淫》及宋本《太平御覽》所引，則《劉子》「不易落英之麗容」，亦當訂正為「不易落英〈算—篹〉之麗容」。

2. 素■簷棳〔註42〕

《反淫》簡 22 有下引一段話：

> 魂曰：今有廣夏（廈）宮加（架），連垗接梁（梁）；素■簷棳，
> 連檻通房；列樹橘柚，雜以眾芳。

■字整理者以為從竹從天，而括注為「題」。

結合簡文文義及字形，我們認為■應即「笄」字，「笄」所從之「开」與「開」字所從同，在秦簡中通常「開」字作如下形（詳方勇《秦簡牘文字彙編》，第 272 頁，吉林大學博士學位，2010 年）：

在其他秦漢文字材料中常作如下形（《漢語大字典》字形組編：《秦漢魏晉篆隸字形表》，第 846 頁，四川辭書出版社，1985 年）：

〔註43〕

「笄」在簡文中讀為「枅」。《說文》：「枅，屋櫨也。」《蒼頡篇》：「柱上方木也。」〔註44〕北大漢簡《蒼頡篇》簡 54「桴楣檽梲，柱枅橋樑」，其中「枅」字作「」。

案《淮南子·主術》云：

> 是故賢主之用人也，猶巧工之制木也，大者以為舟航柱梁，小
> 者以為楫楔，修者以為櫚榱，短者以為朱儒枅櫨。無小大修短，各

〔註42〕 此文首發於復旦大學出土文獻與古文字研究網站，http://www.fdgwz.org.cn/Web/Show/2817，2016/6/5。

〔註43〕 以上字形皆轉引自方勇：《漢簡零拾兩則》，武漢大學簡帛網，（http://www.bsm.org.cn/show_article.php?id=1607），2011 年 12 月 23 日。

〔註44〕 詳參段玉裁：《說文解字注》，上海古籍出版社，1988 年，第 254 頁；又參王念孫：《廣雅疏證》，中華書局，1983 年，第 209 頁。

得其所宜；規矩方圓，各有所施。〔註45〕

或以「㮨」「枅」連言，或以「㮨」「枅」對舉。

綜上所述，簡文言「素 （笄—枅）簷㮨」，是謂不帶彩飾的柱上方木及屋簷的椽子。

3. 紆（間）奇直〔註46〕

《反淫》簡 29-30 有下引語句：

> 張溪子之弩，發宛路之矰；紆（觀）奇直，別雌雄；合蒲苴之數，察逆順之風。〔註47〕

關於「紆（觀）奇直」語，整理者注釋說：

> 紆：與「觀」皆見母元部，古音可通。奇直：即「奇正」；此指地勢、獵者與狩獵對象等因素的常規與變化。……

「紆」字圖版作 ，字從糸從干，隸定沒有問題。但整理者讀「紆」為「觀」，雖然其古音相近可通，卻並非簡文之文義。

我們認為，「紆」可讀為「間」，從干從間之字，聲近而通。如《儀禮·聘禮》「皮馬相間」，鄭玄注：「古文間作干」，〔註48〕是其例證。

間，亦別也。《莊子·天運》「苟簡」，《釋文》：「司馬本簡作間。間，分別也。」《莊子·天地》云：「百年〈韋—圍〉之木，破為犧尊，青黃而文之，其一斷在溝中。比犧尊於溝中之斷，則美惡有間矣，其於失性一也；桀蹠與曾史，行義有間矣，然其失性均也。」又《莊子·庚桑楚》「而物或間之邪」，成玄英注並曰：「間，別也。」案《淮南子·俶真》云：「百圍之木，斬而為犧尊，鏤之以剞劂，雜之以青黃，華藻鎛鮮，龍蛇虎豹，曲成文章。然其斷在溝中，

〔註45〕何寧：《淮南子集釋》（中冊），中華書局，2010 年，第 653 頁。
〔註46〕此文首發於復旦大學出土文獻與古文字研究網站，http://www.fdgwz.org.cn/Web/Show/2828，2016/6/13。
〔註47〕北京大學出土文獻研究所編：《北京大學藏西漢竹書·肆》，上海古籍出版社，2016 年，第 129 頁。案《淮南子·原道》：「夫峭法刻誅者，非霸王之業也；箠策繁用者，非致遠之術也。離朱之明，察箴末於百步之外，不能見淵中之魚；師曠之聰，合八風之調，而不能聽十里之外。故任一人之能，不足以治三畝之宅也。修〈循〉道理之數，因天地之自然，則六合不足均也。」「合」與「察」相對，其文義與簡文合。「合八風之調」之「合」，鄭良樹《淮南子斠理》疑當作「分」，非是。蕭旭《淮南子校補》（臺北花木蘭出版社，2014 年，第 15 頁）力辯鄭說之非，甚是。
〔註48〕《十三經注疏》，上海古籍出版社，1997 年，第 1074 頁；又參王引之《經義述聞》卷 19「以閒先王」下，江蘇古籍出版社，2000 年，第 468 頁。

壹比犧尊溝中之斷，則醜美有間矣，然而失木性鈞也。」〔註49〕即本於《莊子》，「有間」，皆謂有別也。高誘注云：「間，遠也。方其好醜，相去遠也。」非是。《淮南子·原道》「夫天下者亦吾有也，吾亦天下之有也，天下之與我，豈有間哉！」

重言之則曰「間間」，如《莊子·齊物論》「小知間間」，《釋文》：「間間，有所間別也。」又《孟子·盡心上》云：「雞鳴而起，孳孳為善者，舜之徒也；雞鳴而起，孳孳為利者，蹠之徒也。欲知舜與蹠之分，無他，利與善之間也。」「利與善之間也」謂「利與善之分也」、「利與善之別也」。作分別之義講的「間」字亦作「簡」。〔註50〕

案《莊子·齊物論》有下引文字：

狙公賦芧，曰：朝三而莫四，眾狙皆怒；曰：然則朝四而莫三，眾狙皆悅。名實未虧，而喜怒為用，亦因是也。

「喜怒為用」之「用」疑應作「間」，間，別也。《淮南子·說山》曰：「春貸秋賦民皆欣，春賦秋貸眾皆怨；得失同，喜怒為別，其時異也。」二文文義相近，可以互相比照。「名實未虧，而喜怒為用〈間〉」，謂喜怒有別。

綜上所述，簡文言「紵（間）奇直，別雌雄」，其實即謂「分別奇正及雌雄」耳。

最後，附帶糾正整理者的一處斷句錯誤。《反淫》簡43-47有下引一段話：

魂曰：「於是處閒靜之宮，冠弁以聽朝，族天下博徹開夏（雅）之士，若張義（儀）、薜〈蘇〉秦，孟柯（軻）、敦（淳）于髡、陽（楊）朱、墨翟、子贛（貢）、孔穿、屈原、唐革（勒）、宋玉、景瑣（差）之偷〈倫〉。觀五帝之遺道，明（明）三王之法，藉以下巧（考）諸衰世之成敗，論天下至精微，理萬物是非，別同異，離堅白，孔老監（覽）聽，弟子倫屬而爭。天下至神眇，夫子弗欲□邪？」

案簡文當斷讀為：

觀五帝之遺道，明（明）三王之法藉（籍）。

「法籍」為道家習語，屢見於《文子》、《淮南子》等書，如：

執一世之法籍，以非傳代之俗，譬猶膠柱調瑟。（《文子·道德》）

〔註49〕何寧：《淮南子集釋》（上冊），中華書局，2010年，第125～127頁。
〔註50〕宗福邦等主編：《故訓匯纂》，商務印書館，2003年，第1691頁。

今欲學其道，不得其清明玄聖，守其法籍，行其憲令，必不能以為治矣。(《文子・道德》)

故三皇五帝，法籍殊方，其得民心一也。(《文子・自然》)

棄捐五帝之恩刑，推蹴三王之法籍。(《淮南子・覽冥》)

法籍禮儀者，所以禁君，使無擅斷也。(《淮南子・主術》)

故先王之法籍，非所作也，其所因也。(《淮南子・齊俗》)

今握一君之法籍，以非傳代之俗，譬由膠柱而調瑟也。(《淮南子・齊俗》)

所謂禮義者，五帝三王之法籍風俗，一世之跡也。(《淮南子・齊俗》)

今欲學其道，不得其清明玄聖，而守其法籍憲令，不能為治，亦明矣。(《淮南子・齊俗》)

故三皇五帝，法籍殊方，其得民心均也。(《淮南子・齊俗》)

不知法治之源，雖循古，終亂。今世之法籍與時變，禮義與俗易。(《淮南子・氾論》)

西施、毛嬙，狀貌不可同，世稱其好美鈞也。堯、舜、禹、湯，法籍殊類，得民心一也。(《淮南子・說林》)

皆可以為證。

檢傅剛、邵永海《北大藏漢簡〈反淫〉簡說》(《文物》2011 年 6 期，79 頁) 已於「籍」下斷句，這本來是正確的，但不知為何後來又改從「法」下斷句？拙說就算是對《北大藏漢簡〈反淫〉簡說》小小的補充吧。

4.《反淫》篇校字一則 [註51]

《反淫》簡 35-36 有下引一段話：

且也吾聞之：大灌（觀）者弗小□，湛於道者弗無閒。夫子何不遊於垗（逍）垗（遙），處於大廓，以萬物為一，鯑（修）死生同宅？ [註52]

〔註51〕此文首發於復旦大學出土文獻與古文字研究網站，http://www.fdgwz.org.cn/Web/Show/2813，2016/6/3。

〔註52〕轉引自楊元途：《北大漢簡〈妄稽〉、〈反淫〉校讀筆記》，復旦大學出土文獻與古文字研究中心網站（http://www.gwz.fudan.edu.cn/Srcshow.asp?Src_ID=2812），2016 年 6 月 3 日。

案「鰌（修）」字，因未見原圖版，不知整理者的隸定是否準確，亦不知整理者如何解釋。然其括注為「修」，則文義不可通。頗疑此字是「隨」之誤釋，「隨」字，如北大漢簡《老子》作：

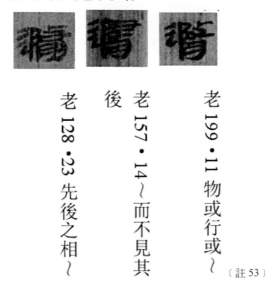

老 199・11 物或行或～

後 老 157・14～而不見其

老 128・23 先後之相～ 〔註53〕

退一步講，此字若非誤釋果如整理者之隸定，則應視為「隨」字的誤寫。隨、隋與脩（修）隸書形近，古書中往往訛混，例證見於王念孫《讀書雜志》「而被甲兵不隨南畝」及「既捄以牆」下。〔註54〕除了王氏所舉之例證外，古書中如《淮南子・地形篇》「南方陽氣之所積，暑濕居之，其人修形兌上，大口決眥」，《御覽》卷363引「修」作「墮」；《淮南子・齊俗》「窺面於盆水則員，於杯則隋」，《御覽》卷758引作「於杯水則修」，何寧指出，作「修」非，隋誤為脩，書作修耳。〔註55〕又《尉繚子・攻權》說：

> 異口虛言，將無修容，卒無常試，發攻必衄，是謂疾陵之兵，
> 無足與鬭。

《淮南子・兵略》有相似的語句作：

> 將無疑謀，卒無二心，動無墮容，口無虛言，事無嘗試，應敵
> 必敏，發動必亙。〔註56〕

〔註53〕轉引自李紅薇：《北京大學藏西漢竹書集釋及字表》，吉林大學碩士學位論文，指導教師：吳振武教授，2015年4月。
〔註54〕王念孫：《讀書雜志》，江蘇古籍出版社，2000年，第838頁、第911頁。
〔註55〕何寧：《淮南子集釋》，中華書局，2010年，第807頁。
〔註56〕何寧：《淮南子集釋》，第1071頁。

銀雀山漢簡《尉繚子》簡 497 相應的文句作：

> ……無嘗試，發童（動）必蚤（早），畞（敏）〔註57〕淩而兵，
> 毋與戰矣。（P81）

案「修容」當作「隋容」，讀為「墮容」。今本《尉繚子》可校訂為：

> 異口虛言，將無修〈隋—墮〉容，卒無常（嘗）試，發攻〈動〉
> 必鈕（早），是謂疾陵之兵，無足與鬭。

又《孫子‧火攻》有下引一段話：

> 夫戰勝攻取而不修其功者凶，命曰費留。故曰：明主慮之，良
> 將修之。

《群書治要》、《太平御覽》並作「修」。銀雀山漢簡本《孫子‧火攻》簡 139 作：

> 得，不隋其功者，凶，命之曰費留。故曰：明主慮之，良將隨
> 之。〔註58〕

李零先生指出：

> 可能字本作「隋」而訛為「脩」，又通作「修」。簡本「隋」應
> 讀為「隨」，是順隨之義。〔註59〕

凡此皆隨、隋與脩（修）形近而訛混之例。上引銀雀山漢簡本《孫子》「良將隨之」之「隨」，即「夫唱婦隨」之「隨」，「隨」，從也。「明主慮之，良將隨之」與馬王堆帛書《衷》36 行上「武夫昌（倡）慮，文人緣序（緒）」語意類似。〔註60〕

簡文「以萬物為一」與「鰡〈隨〉死生同宅」相對為文，其句式與《莊子‧德充符》「胡不直使彼以死生為一條，以可不可為一貫者，解其桎梏，其可乎」相類，又傳世文獻每以「萬物」與「死生」對文，如《淮南子‧精神》「以死生為一化，以萬物為一方」、「細萬物，則心不惑矣；齊死生，則志不懾矣」皆是。又簡文「遊於㨉（逍）㧓（遙），處於大廓，以萬物為一，鰡〈隨〉死生同宅」，其用辭命意多與道家相契合，如《莊子‧天運》「古之至人，假道於仁，托宿於義，以遊逍遙之墟，食於苟簡之田，立於不貸之圃。逍遙，無為

〔註57〕參蕭旭：《銀雀山漢簡〈尉繚子〉校補》，簡帛研究，（http://www.jianbo.org/admin3/2010/xuedeng014/xiaoxu.htm）。

〔註58〕《銀雀山漢墓竹簡（壹）》，文物出版社，1985 年，第 25 頁。

〔註59〕李零：《〈孫子〉十三篇綜合研究》，中華書局，2006 年，第 86 頁。

〔註60〕裘錫圭主編：《長沙馬王堆漢墓簡帛集成》（三），中華書局，2014 年，第 103 頁。

也；苟簡，易養也」、《淮南子‧精神》「夫天地運（混）〔註61〕而相通，萬物總而為一」、《淮南子‧精神》：「<u>處大廓之宇</u>，遊無極之野。」（高誘注：「廓，虛也。」）是其證。

檢《管子‧正》有下引語句：

> 無德無怨，無好無惡，萬物崇一，陰陽同度，曰道。（黎翔鳳《管子校注》（中冊），中華書局，2012 年，893 頁）

黎翔鳳引俞樾《諸子平議》：

> 崇讀為宗。《尚書‧牧誓》：是崇是長，《漢書‧谷永傳》崇作宗，是古字通也。《廣雅‧釋詁》：宗，本也。萬物宗一，言萬物本乎一也。《老子》曰：一生二，二生三，三生萬物。

案「萬物崇（宗）一，陰陽同度」，可以與簡文「以萬物為一，隨死生同宅」對讀。又嵇康《嵇中散集》卷一《兄秀才公穆入軍贈詩十九首》曰：

> 至人遠鑒，歸之自然，萬物為一，四海同宅。

其文例亦近。

總之，簡文言「以萬物為一，鮪〈隨〉死生同宅」，是謂「混一萬物，等其生死」耳。

小文在復旦大學出土文獻與古文字研究中心網站發表後，網友「老學生」先生在跟帖中指出：

> 《反淫》簡 39「鮪（修）鐔曲校」之「鮪」字作▨，亦當據黔之菜先生說改釋為「隨」。「隨」字似當讀為「橢」。「橢鐔」與「曲校」正相對。

網友「紫竹道人」先生也指出：

> 本篇「隨」字，所從「隋」旁寫得與「脩」極似，故整理者皆誤釋。如簡 38「隨死生同宅」的「隨」，「黔之菜」先生已正確改釋；簡 39「隨鐔曲校」的「隨」，原亦誤釋為從「脩」，已有人改釋為「隨」、讀為「橢」。（以上皆看復旦網：http://www.gwz.fudan.edu.cn/SrcShow.asp?Src_ID=2813，以及第 2 樓「老學生」評論）北大簡整理者在注釋「隨鐔曲校」句時，已引出《淮南子‧本經》之「脩掞曲抜」。現在看來，《淮南子‧本經》此句之「脩」，應該也是「隋」的形近誤

〔註61〕此「運」似可讀為「混」，「運」、「混」古音相近，如《老子》「故混而為一」，北大漢簡《老子》簡 156 作「故運而為一」，可以為證。

字，當據《反淫》校正（「談」、「鐔」音近可通）。此外，本篇簡 4
「葉菀脩（原釋作從『艸』從『辵』從『脩』），輹車（枯）槁」，整
理者釋讀為「脩」之字，實亦從「隨」，這個字應該就是「薩」的異
體。「葉菀薩」的「菀薩」，蓋即「委隨」一聲之轉。「委隨」有萎弱
義，《七發》云：「四支委隨，筋骨挺解。」簡文因為說的是葉子，
所以「宛隨（委隨）」二字都加了「艸」頭。〔註62〕

讀者亦可以參考。

5. 據北大漢簡《反淫》校正張衡《七辯》一則〔註63〕

東漢張衡有《七辯》一文（惜文有殘損，其傳諸後世者，以（唐）歐陽詢
《藝文類聚》卷五十七《雜文部三》所收錄者相對較為完備，今據以引用），
其中有下引一段話：

> 空桐子曰：交阯綖絺，筒中之紵，京城阿縞，譬之蟬羽。制
> 為時服，以適寒暑。馳秀騏之駮駿，載軨獵之輶車。建采虹之長
> 旆，系雌霓而為旗，逸駭飆於青丘，超廣漢而永逝，此輿服之麗
> 也，子盍歸而乘之？〔註64〕

案「馳秀騏之駮駿，載軨獵之輶車」與北大漢簡《反淫》簡8之「乘靈（軨）
獵【之】〔註65〕車，駕誘騁之馬」文句相類，可以對讀。北大簡整理者注釋說：

> 靈，通「軨」。軨獵車，一種輕便小車。《漢書·宣帝紀》：「太
> 僕以軨獵車奉迎曾孫，就齊宗正府。」顏師古注：「文穎曰：『軨獵，
> 小車，前有曲輿不衣也，近世謂之軨獵車也。』孟康曰：『今之載獵
> 車也。前有曲軨，特高大，獵時立其中格射禽獸。』李奇曰：『軨輿
> 輕車也。』師古曰：『文、李二說皆是。時未備天子車駕，故且取其
> 輕便耳，非藉高大也。孟說失之。』」

〔註62〕 武漢大學簡帛網—簡帛論壇—簡帛研讀：《北大漢簡〈反淫〉初讀》（http://
www.bsm.org.cn/bbs/read.php?tid=3372&page=3），第 25 樓。

〔註63〕 此文首發於復旦大學出土文獻與古文字研究中心網站，http://www.fdgwz.
org.cn/Web/Show/2846，2016/6/30。

〔註64〕 （唐）歐陽詢《藝文類聚》（中冊），上海古籍出版社影印宋紹興刻本，2015
年，第 1553 頁。

〔註65〕 蕭旭據文例補「之」字，可從。見蕭旭《北大漢簡（四）〈反淫〉校補》，復
旦大學出土文獻與古文字研究中心網站，http://www.gwz.fudan.edu.cn/
SrcShow.asp?Src_ID=2841，2016/6/27。

> 誘騁，謂爭先馳騁。《楚辭》宋玉《招魂》:「步及驟處兮，誘
> 騁先，抑鶩若通兮，引車右還。」王逸注:「誘，導也。騁，馳也。
> 言……己獨馳騁，為君先導也。」〔註66〕

根據北大漢簡《反淫》，我們認為,「駟秀騏之駮駿」，當作「駟秀（誘）騏〈騁〉之駮駿」。

自來注者，對於「秀騏」皆如字讀，如謂「騏，青黑色馬」、「秀騏即青黑色駿馬」〔註67〕；或不解文義，竟逕改「駮駿」為「駮駿」，謂「駮駿」當讀為「蹻蹻」；又謂「軒獵」即「轔轔」〔註68〕，皆失之。

我們認為「駮駿」之「駮」，《廣韻》北角切，而《說文》則謂「駮」從「交」得聲，疑可讀為「狡」，《廣雅·釋詁二》:「壯、……狡、……健也。」字又作「佼」〔註69〕。案枚乘《七發》云「將為太子馴騏驥之馬，駕飛軨之輿，乘牡〈壯〉〔註70〕駿之乘」，則「駮（狡/佼）駿」猶言「牡〈壯〉駿」。當然，有注釋者引張衡《西京賦》「天子乃駕彫軫，六駿駮」，李善注引薛綜云:「駮，白馬而黑畫為文如虎者。」謂「兩處意近同」〔註71〕，也是可以的。

「駟秀（誘）騏〈騁〉之駮（狡/佼）駿，載軒獵之轔車」，屬對極其精工。今由北大簡《反淫》來看，則知平子之文，自非自鑄偉詞，實亦有所本也。

最後，附帶指出:《七辯》此文有「弱顏回植」語,「回」疑當為「固」之誤字,「弱顏固植」，本為《楚辭·招魂》語，平子乃攟取之以入文耳。

6. 北大漢簡《周馴》校字一則〔註72〕

《北京大學藏西漢竹書（叁）》所收錄《周馴》簡44-46有閎夭對周文王語:

〔註66〕《北京大學藏西漢竹書（肆）》，上海古籍出版社，2015年，第123頁。
〔註67〕張震澤:《張衡詩文集校注》，上海古籍出版社，1986年，注釋第308頁；龔克昌等評註:《全漢賦評註·後漢下》，花山文藝出版社，2003年，第617頁。
〔註68〕張震澤:《張衡詩文集校注》，上海古籍出版社，1986年，第300頁、注釋第308頁。
〔註69〕王念孫:《廣雅疏證》，中華書局，1983年，第57頁。
〔註70〕王念孫謂「牡」當為「壯」。見王念孫《讀書雜志·餘編下》，江蘇古籍出版社，2000年，第1061頁。
〔註71〕龔克昌等評註:《全漢賦評註·後漢下》，花山文藝出版社，2003年，第617頁。
〔註72〕此文首發於復旦大學出土文獻與古文字研究中心網站，http://www.fdgwz.org.cn/Web/Show/2664，2015/11/29。

置貴而不賢，是猷（猶）獨令岐山之二女為府史（吏）〔註73〕

也，剴（豈）能自守？置愛而不賢，是猶獨令三月之嬰兒處中野，

而美之以夏后之璜也，剴（豈）能勿亡？〔註74〕

案所謂的「美」字，簡文作：

字從玉從大，與「美」字實有異，北大簡《老子》「美」字作：

老·068·19　老·119·19　老·127·05　老·171·13　〔註75〕

是「美」字從羊從大。

　　我們認為此字當視為「弄」之誤字。「弄」字本從玉從収（廾），書手在抄寫過程中，潛意識裏受収（廾）、大形近之影響，遂誤書耳。北大簡《蒼頡篇》簡18有「弄數券契，筆研筭籌」語，「弄」字作：

〔註76〕

可資比較。

　　「弄之以夏后之璜」，與《詩經·小雅·斯干》「載弄之璋」句法文義並相類似。

〔註73〕「府史」原未括注，「府吏」為漢代習語。

〔註74〕北京大學出土文獻研究所編：《北京大學藏西漢竹書（叁）》，上海古籍出版社，2015年，第126頁。

〔註75〕轉引自沈柏汗：《〈北京大學藏西漢竹書·貳〉文字編》，國立彰化師範大學國文學系國語文教學碩士班碩士論文，指導教師：蘇建洲教授，2015年，第148頁。

〔註76〕此字原整理者誤釋為「美」，從網友Jileijilei說改正，見《北大漢簡〈蒼頡篇〉釋文商榷》，http://www.gwz.fudan.edu.cn/forum/forum.php?mod=viewthread&tid=7733&extra=page%3D1。

十、讀北大漢簡《反淫》札記二則 [註1]

（一）尋虎狼

《反淫》簡 10-11 有下引語句：

> ……臺（臺）畾（壘）成，湯（蕩）萅（春）江。尋虎狼，摯蜚（飛）鳥，道極狗馬之材，窮射御之巧。此天下至浩樂也，夫子弗欲過邪？ [註2]

簡文「畾」字，整理者括注為「壘」，引《左傳・文公十二年》「深壘固軍以待之」孔穎達疏：「軍營所處，築土自衛謂之壘。」

案簡文之「畾（壘）」應為重累之義。《廣雅・釋詁四》：「增、壘、成，重也。」 [註3] 司馬相如《上林賦》有「夷嵕築堂，累臺增成」語，張揖曰：「平此山以作堂者也。重累而成之，故曰增成。」 [註4] 簡文「……臺（臺）畾（壘）成」與《上林賦》之「累臺增成」同義。

又簡文「尋虎狼，摯蜚（飛）鳥」，整理者注釋說：

> 尋，通「撏」，此即獵取義。摯，擊也。

蕭旭先生說：

> 「撏」是拔取、摘取義，無獵取義。尋，讀為侵，陵犯也。摯

[註1] 本文是提交 2017「出土文獻與傳世典籍的詮釋」國際學術研討會論文，在會議宣讀後，曾呈送陳劍先生審閱，蒙陳先生指正，謹致謝意！

[註2] 北京大學出土文獻研究所編：《北京大學藏西漢竹書・肆》，上海古籍出版社，2015 年，第 123 頁。

[註3] 參王念孫：《廣雅疏證》，中華書局，1983 年，第 112 頁。

[註4] 《六臣注文選》，中華書局，2012 年，第 159 頁。

訓擊者，讀為鷙。《說文》：「鷙，擊殺鳥也。」《文選・七發》：「恐
虎豹，慴鷙鳥。」此「鷙」是狀詞。〔註5〕

案「尋虎狼」與「摯蜚（飛）鳥」相對為文。檢司馬相如《上林賦》有下引語
句：

　　　生貔豹，搏豺狼。手熊羆，足壄羊。蒙鶡蘇，絝白虎。被班文，
跨壄馬。

　　　椎蜚廉，弄獬豸。格蝦蛤，鋋猛氏。羂騕褭，射封豕。

　　　轊白鹿，捷狡兔。

　　　射游梟，櫟蜚遽。

　　　蹴玄鶴，亂昆雞。遒孔鸞。促駿鸃。拂翳鳥，捎鳳凰。捷鴛鶵，
掩焦明。〔註6〕

又張衡《西京賦》云：

　　　鼻赤象，圈巨狿。攎猛㹈，批窳狻。（薛綜注云：攎、批，皆謂
戟撮之。）〔註7〕

　　　赴洞穴，探封狐。陵重巘，獵昆駼。（薛綜注云：探，取也。）
杪木末，攫獅猢。（薛綜注云：攫，謂掘取之也。）超殊榛，拂飛鼯。
（薛綜注云：拂，捎取之也。）

　　　蒲且發，弋高鴻。挂白鵠，聯飛龍。〔註8〕

　　　㩧鯤鮞，殄水族。（薛綜注云：㩧、殄，言盡取之。㩧，賣交反。）
〔註9〕

可以看出，這些句式都有一個共同的特點，即在動物名詞前加一個與手、足
相關的動詞。顯然，簡文的「尋」字也是與手有關的動作。原整理者注釋說
「尋」，通「撢」，即獵取之義。儘管釋義並不太準確，但認為「尋」通「撢」，
是可取的。我們現在在原整理者的基礎上，試作補充證明。

　　案作為「拔取」義的「撢」字，古或以「尋」為之。如《莊子・則陽》云：

　　　今人之治其形，理其心，多有似封人之所謂，遁其天，離其性，

〔註5〕蕭旭：《北大漢簡（四）〈反淫〉校補》，復旦大學出土文獻與古文字研究中心
　　　網站，http://www.gwz.fudan.edu.cn/SrcShow.asp?Src_ID=2841，2016/6/27。
〔註6〕《六臣注文選》，中華書局，2012年，第162頁。
〔註7〕《六臣注文選》，第56頁。
〔註8〕《六臣注文選》，第57頁。
〔註9〕《六臣注文選》，第58頁。

滅其情，亡其神，以眾為。故鹵莽其性者，欲惡之孽為性，萑葦蒹
葭始萌，以扶吾形，尋擢吾性。並潰漏發，不擇所出，漂疽疥癰，
內熱溲膏是也。〔註10〕

唐成玄英疏云：

> 尋，引也；擢，拔也。

俞樾說：

> 「始萌以扶吾形，尋擢吾性」，尋與始相對為義，尋之言寖尋
> 也。《漢書·郊祀志》「寖尋于泰山矣」，晋灼曰：「尋，遂往之意也。」
> 「始萌以扶吾形」，言其始若足以扶助吾形也；「尋擢吾性」，言浸尋
> 既久，則拔擢吾性也。郭解「扶吾形」曰「形扶疏則神氣傷」，亦為
> 失之。〔註11〕

檢《淮南子·俶真》有下引一段話：

> 今萬物之來，擢拔吾性，攓取吾情，有若泉原，雖欲勿稟，其
> 可得邪？

《文子·九守·守靜》作：

> 今萬物之來，擢拔吾生（性），攓取吾精，若泉原也，雖欲勿稟，
> 其可得乎？

其中的「擢拔吾性，攓取吾情」、「擢拔吾生（性），攓取吾精」顯然可以跟「以
扶吾形，尋擢吾性」對讀。可證《莊子》之「尋」應與「擢」同義。案《方言》
卷一云：「攓、攓、摲、挺，取也。南楚曰攓，陳宋之間曰摲，衛魯揚徐荊衡
之郊曰攓。自關而西秦晋之間凡取物而逆謂之籑，楚部或謂之挺。」故《莊
子》此句可校讀為：

> 以扶〈拔〉吾形，尋（擢）擢吾性。

由此可知俞氏之說不可從，當以成玄英之說為是。《莊子》「尋擢吾性」之「尋」
訓為引，為牽引、拉引之引。又《淮南子·俶真》有「撢掞挺〈挺〉㧏世之風
俗」句，高誘注：「撢，引。」〔註12〕「撢」、「尋」亦聲近而義同。〔註13〕

〔註10〕此文斷句參錢穆：《莊子纂箋》，九州出版社，2016年，第214頁。

〔註11〕俞樾：《諸子評議》，臺北世界書局，1958年，218頁；又參王叔岷：《莊子校
詮》（下冊），中華書局，2007年，第1019頁。

〔註12〕何寧：《淮南子集釋》（上冊），中華書局，2010年，第108頁。

〔註13〕從「覃」從「尋」聲近，古多通借。參高亨：《古字通假會典》，齊魯書社，
1997年，第239頁。

據上所證，則簡文之言「尋（撏）虎狼」者，乃謂牽引／拉引／曳引虎狼也（拔取、曳引義本相因）。案王嘉《拾遺記》卷七云：

> 任城王彰，武帝之子也。少而剛毅，學陰陽緯候之術，誦《六經》、《洪範》之書數千言。武帝謀伐吳、蜀，問彰取便利行師之決。王善左右射，學擊劍，百步中髭髮。時樂浪獻虎，文如錦斑，以鐵為檻，梟殷之徒，莫敢輕視。彰曳虎尾以繞臂，虎弭耳無聲。莫不服其神勇；時南越獻白象子在帝前，彰手頓其鼻，象伏不動。〔註14〕

文中言曹彰其人可「曳虎尾」、「頓象鼻」（頓亦為掣引之義〔註15〕），與簡文可相比較。牽引／拉引／曳引虎狼，其行為極其危險，今乃為之，則正以形容其勇猛耳。又《說苑》卷十一《善說》有「入深山，刺虎豹，抱熊羆而出者，此獵夫之勇悍也」語句，〔註16〕亦可以參證。

（二）人於淥天

《反淫》簡48-50有下引一段話：

> 魂曰：「不若處無為之事，行不言之教；虛靜恬愉，如景（影）之效；乘其閣天之車，駝（馳）騁八徹（轍）之道，處大廓之究，以靈浮游化府，蟬說（蛻）濁薉（穢），游於至清，因……中人於**淥天**。」〔註17〕

網上已有幾位學者對其中的字詞作了新的考證，我們先分別加以引用，再出以己見。

「八徹」之徹，整理者括注為「轍」，王挺斌先生說：

> 此處的「徹」似乎作本字解即可。「徹」在古書古注中往往訓為通達之義，與「達」字在音義上關係都十分密切。第43號簡「徹」字也是這個意思。簡文「八徹之道」實際上就類似我們現在所說的四通八達之道，是寫道路便利，並不一定非得寫道路寬廣。〔註18〕

〔註14〕 齊治平：《拾遺記校注》，中華書局，1988年，第165頁。

〔註15〕 字或作「拕」，《廣雅·釋詁一》：「拕，引也。」參王念孫：《廣雅疏證》，中華書局，1983年，第42頁。

〔註16〕 向宗魯：《說苑校證》，中華書局，2000年，第275頁。

〔註17〕 北京大學出土文獻研究所編：《北京大學藏西漢竹書·肆》，上海古籍出版社，2015年，第135頁。

〔註18〕 參王挺斌：《北大簡〈妄稽〉與〈反淫〉研讀札記》，武漢大學簡帛網，http://www.bsm.org.cn/show_article.php?id=2587，2016-06-29。

其說可從。案「八徹」讀為「八達」，從語感上來講，更為順適。

淾字，簡文放大及紅外圖版分別作 、，網友「落葉掃秋風」說：

> 此字右上為「召」，可以隸定為渜或栥，從「召」得聲。疑此字
>
> 可能是「澡」字異體。澡天，或可讀為皓天。〔註19〕

將字形分析為從「召」及讀為「皓天」可備一說。「皓天」其異文又作「暤
天」、「顥天」、「昊天」等。〔註20〕從「召」聲之字讀為「皓」、「暤」，猶「招
搖」或作「皋搖」。〔註21〕「昊天」，舊注云：「混元之氣，昊然廣大，故謂之
昊天。」

在網友「落葉掃秋風」研究的基礎上，再結合傳世文獻及相關的語音文
義，現在我們提出另一種觀點。

頗疑簡文栥字可讀為「寥」。從「召」得聲之栥字為舌音，其與來母字的
「寥」音近。如瘳字從翏（來母）而讀舌音，〔註22〕就是例證。《文選・魏都
賦》有「牽膠言而逾侈」語，劉逵注引《李克書》曰：「言語辯聰之說，而不
度於義者，謂之膠言。」「膠」字，《韓非子・難二》作「宛」，蔣禮鴻先生謂
「膠言」與「宛言」同。「膠」、「宛」皆有虛誕不實之義。〔註23〕「膠」、「宛」
音近可通，那末從「召」得聲之栥字（與「宛」古音極近）與「寥」應當也能
相通，這從語音方面來講應該是沒問題的。又從「召」與從「敫」之字古音相
近，可以通用。〔註24〕而《老子》「其上不皦」，馬王堆漢墓帛書《老子》乙
本作「其上不謬」，〔註25〕所以，栥與「寥」的古音一定比較近，故我們提出
簡文栥字可讀為「寥」之說。

《莊子・大宗師》有「造適不及笑，獻笑不及排，安排而去化，乃入於寥
天一」語句，陸德明《經典釋文》：「寥，本亦作廖。力彫反。李良救反。」崔

〔註19〕武漢大學簡帛網—簡帛論壇—簡帛研讀：《北大漢簡〈反淫〉初讀》，http://
www.bsm.org.cn/bbs/read.php?tid=3372&page=2，12 樓。

〔註20〕朱起鳳：《辭通》（上冊），長春古籍書店，1982 年，第 597 頁。

〔註21〕參陳劍：《〈容成氏〉補釋三則》，收入《出土文獻與古文字研究》（第六輯），
上海古籍出版社，2015 年，第 373 頁。

〔註22〕其他例證可參李方桂：《上古音研究》，商務印書館，1980 年，第 102～103
頁。

〔註23〕蔣禮鴻：《義府續貂》（增訂本），中華書局，1987 年，第 21 頁。

〔註24〕參陳劍：《〈容成氏〉補釋三則》，收入《出土文獻與古文字研究》（第六輯），
2015 年，第 372～375 頁。

〔註25〕參高亨：《古字通假會典》，齊魯書社，1997 年，第 750 頁。

讓本作「乃入於漻天一」。寥、廖、漻，為空虛之意，〔註26〕用以形容「天」。「乃入於寥天一」與簡文「人於槩天」語句相近，可以對讀。我們又知道，秦漢文字中「人」與「入」字形相近每多訛混（例多不煩舉證），故《反淫》「人於槩天」之「人」字可視為「入」字之訛寫。又整理者已引《淮南子·精神》「若此人者，抱素守精，蟬蛻蛇解，游於太清，輕舉獨住〈往〉，忽然入冥」為證，〔註27〕所云「入冥」者，亦謂進入幽邃深冥之處（《莊子·在宥》云：「我為女遂於大明之上矣，至彼至陽之原也；為女入於窈冥之門矣，至彼至陰之原也。」），與簡文言「人〈入〉於槩（寥）天」同意。然則簡文言「人〈入〉於槩（寥）天」者，即「進入曠虛幽邃的上天」之義。當然，如果據網友「落葉掃秋風」的意見，簡文也可讀為「人〈入〉於槩（昊）天」，即進入廣大無垠的上天。

關於簡文之「處大廓之究，以靈（靈）浮游化府，蟬說（蛻）濁薉（穢），游於至清」，整理者已引《淮南子·精神》「處大廓之宇」、《史記·屈原列傳》「自疏濯淖污泥之中，蟬蛻於濁穢，以浮游塵埃之外」等書為證。

案簡文「靈（靈）」本文的初稿認為似可讀為「令」，為使令之令。後蒙陳劍先生指出（2017年10月21日《回覆蔡偉》）：

> 此「靈浮游」跟我們今天所說的「神游」很類似。「靈」之訓為「神」，雖多係用於指「神靈」「威靈」，但亦可指人之「精神」「神魂」。《漢語大字典》「靈」字之「靈魂」義項下所舉例，《楚辭·九章·抽思》：「愁歎苦神，靈遙思兮。」王夫之通釋：「靈，魂也。」（王逸注：「靈遙思者，神遠思也。」《莊子·德充符》：「故不足以滑和，不可入於靈府。」郭象注：「靈府者，精神之宅也。」可見此點應無問題。另《漢語大詞典》「靈」字之「精神；感情」義項下所舉例如三國魏曹植《七啟》：「玄微子隱居大荒之庭，肥遯離俗，澄神定靈。」用於說此文亦很合適。賦文先說「處大廓之究」，此言其「身」，續言其「靈」即「神」，也覺很合適。劉向《九歎·離世》「情慌忽以忘歸兮，神浮游以高厲。」漢武帝《李夫人賦》（《漢書·

〔註26〕《廣雅·釋詁三》：「寥，深也。」王念孫《疏證》云：《說文》：「廫，空虛也。」「嫪，空谷也。」「漻，清深也。」義並相近。參王念孫：《廣雅疏證》，中華書局，1983年，84頁；又參王叔岷：《莊子校詮》（上冊），中華書局，2007年，第261頁。

〔註27〕何寧：《淮南子集釋》（中冊），中華書局，2010年，第537頁。

外戚傳上》)「神熒熒以遙思兮，精浮游而出畺（疆）。」皆可與「靈浮游」相印證。「靈浮游化府，蟬蛻濁穢」兩句句式一律，即「靈浮游於化府，蟬蛻於濁穢」，「靈浮游」本身是主謂結構，但因其與「蟬蛻」處於對文位置，讀起來又好像有「靈」字係名詞作狀語的色彩了——「蟬蛻」亦本是主謂結構，但於此則係「名詞作狀語+動詞」結構（如「鯨吞蠶食」之類），即「如蟬之蛻、如蟬那樣蛻皮」。今天所說的「神游」，也有頗為相類之處。「神游」本即是主謂結構，但用於諸如「某人在神游」一類語境時，因又另有主語，「神游」就很像是一個「名詞作狀語+動詞」的結構了。

陳先生所說甚是，可以信從。

又整理者所引《史記》「自疏濯淖污泥中」語，歷來學者多有解釋。〔註28〕蔡偉認為，「自疏濯淖污泥之中」的「濯淖」二字，「濯」字應為衍文。「疏」字當與「淖」連讀，為一固定詞語，就像下文的「蟬蛻」、「浮游」一樣。對於「疏淖」的意思，蔡偉認為：

> 「疏」、「流」形近易訛，「疏」疑為「流」之誤字。而「流」、「沈」形音皆近，可以通用。那末，「疏〈流〉淖」即《楚辭·七諫》「世沈淖而難論兮」之「沈淖」（王逸注：「淖，溺也。」），亦即《漢書·司馬遷傳》「何至自湛溺累絏之辱哉」之「湛溺」（《文選》作：「何至自沈溺縲絏之辱哉？」）則「自疏〈流—沈〉{濯}淖（溺）

污泥之中，蟬蛻于濁穢，以浮游塵埃之外」這句話，可以解釋為：雖身陷污泥之中，卻能脫離濁穢，而在塵埃之外也。

這是史公以文學的語言來讚美屈原之高潔，言其不同流合污，高出於塵世。

同時蔡偉在論文中又提出另一種意見：

> 此文「疏」字並非誤字，「疏」可讀為「沮淖」、「沮溺」之「沮」，「疏」從「疋」聲，「沮」從「且」聲，音近而通用，猶《戰國策·燕策一》「楚不出疏章」，馬王堆漢墓帛書作「睢」，可為其證。則「自疏（沮）{濯}淖（溺）污泥之中」，可聯繫《論語·微子》「長沮，桀溺耦而耕」之「長沮，桀溺」這兩個人的命名。「長沮，桀溺」是

〔註28〕可參看吳吉煌《「不容自疏」疑讀綜論》一文，載《勵耘學刊（語言卷）》（總第七輯），學苑出版社，2008 年第 1 輯。

指兩個在水洼裏勞動的高大魁梧的人。長、桀（傑），是形容人的高大，而沮為低濕的洼地；溺，則指浸在水洼中。如此則不必以誤字為說，「自疏（沮）｛濯｝淖（溺）污泥之中」也更可見其被動不得已之情境了。〔註29〕

現在看來，誤字說恐不可信。而「濯」為衍文的看法似乎也難信從。現在我們是傾向於王念孫「濯淖汙泥四字同義」這一意見的。〔註30〕但其中「自疏」之「疏」字，頗難訓釋。以往的學者如楊樹達先生說：

> 「自疏」猶言「自遠」，下省「於」字耳。「自疏濯淖污泥之中」，與「蟬蛻於濁穢」意同。〔註31〕

陸宗達先生說：

> 「疏」訓「遠離」，是主要動詞。「自疏濯淖汙泥之中」，是主動離開骯髒污穢的環境的意思，這正是「其志絜」、「其行廉」的表現。〔註32〕

他們對於「自疏」的解釋，不能不令人無疑。已有學者指出：

> 「自疏濯淖污泥之中」，中學語文課本注：「自動地遠離污泥濁水。自疏，自己疏遠」，其實，這句話是說不通的。「自己疏遠污泥濁水之中？」這是什麼話！「自疏」同「濯淖污泥」搭配尚可說得過去，而同「濯淖污泥之中」搭配，既不合乎漢語的語言習慣，又不合乎現代漢語的語法規則。課本注釋的譯文有意回避了「之中」二字，明顯地曲解了原文。〔註33〕

這是很有道理的。

今北大簡《反淫》有與《史記》類似文句作「處大廓之究，以靈（靈）浮游化府，蟬說（蛻）濁蕆（穢）」，兩相比較，則《史記·屈原列傳》之「自疏濯淖污泥之中，蟬蛻於濁穢，以浮游塵埃之外」，其「自疏」之「疏」，似即可讀為「處」，「疏」、「處」古音並為魚部字，聲母則一為山母，一為穿母，古

〔註29〕 蔡偉：《誤字、衍文與用字習慣——出土簡帛古書與傳世古書校勘的幾個專題研究》，復旦大學博士學位論文，指導教師：陳劍教授，2015 年 6 月，第 86～89 頁。

〔註30〕 王念孫：《讀書雜志》，江蘇古籍出版社，2000 年，第 135 頁。

〔註31〕 楊樹達：《古書句讀釋例》，中華書局，1983 年，第 75 頁。

〔註32〕 陸宗達：《訓詁簡論》，北京出版社，2002 年，第 39 頁。

〔註33〕 轉引自吳吉煌：《「不容自疏」疑讀綜論》，載《勵耘學刊（語言卷）》（總第七輯），學苑出版社，2008 年，第 122 頁。

音相近（當然「疏」亦可讀為「居」。「疏」之通為「居」，猶「疏疏」或作「倨倨」、「裾裾」。〔註34〕）則「自疏（處／居）濯淖污泥之中，蟬蛻于濁穢，以浮游塵埃之外」這句話，可以解釋為：

雖身居處於污泥之中，卻能脫離濁穢，而在塵埃之外也。〔註35〕

最後，根據以上的這些意見和我們的理解，現將《反淫》簡48-50這段話重新寫在下面：

魂曰：「不若處無為之事，行不言之教；虛靜恬愉，如景（影）之效；乘其闔天之車，駞（馳）騁八徹（達）之道，處大廓之究，以靈（靈）浮游化府，蟬說（蛻）濁薉（穢），游於至清，因【□□□】中，人〈入〉於梁（寥）天。」

則此文以教、效為韻（宵部去聲）；道、府為韻（道路之道為幽部上聲，府為侯部上聲，幽侯合韻〔註36〕）；清、天為韻（清為耕部平聲，天為真部平聲，耕真合韻〔註37〕）。而整理者罔顧韻例，〔註38〕以道、究押幽部韻，非是。同時整理者亦未能注意到簡文以清、天為韻，故本文也附帶指出。

又《反淫》簡37-38有「若吾比夫子，猶庐（斥）蠭〈蠮〉之與騰蛇」句，檢《淮南子·道應》云「吾比夫子，猶黃鵠與壤蟲也」，〔註39〕兩文之句法用意皆相類，整理者亦未能引以為證，本文亦附帶加以指出。

〔註34〕王先謙：《荀子集解》，中華書局，1988年，第532頁。又參蔡偉《誤字、衍文與用字習慣——出土簡帛古書與傳世古書校勘的幾個專題研究》，復旦大學博士學位論文，指導教師：陳劍教授，2015年6月，第149頁。

〔註35〕此處譯文參考蔡偉：《誤字、衍文與用字習慣——出土簡帛古書與傳世古書校勘的幾個專題研究》，復旦大學博士學位論文，指導教師：陳劍教授，2015年6月，第89頁。

〔註36〕幽侯合韻之例可參羅常培、周祖謨：《漢魏晉南北朝韻部演變研究》（第一分冊），中華書局，2007年，第136～137頁。

〔註37〕耕真合韻，在先秦及秦漢韻文中皆極為常見。參王念孫：《讀書雜志》，江蘇古籍出版社，2000年，第833頁、第946頁。

〔註38〕韻例，是指用韻的規則和用韻的格式。具體的討論可詳參王顯《詩經韻譜》中的《韻例說明》一章，商務印書館，2011年，第7～140頁。

〔註39〕何寧：《淮南子集釋》（中冊），中華書局，2010年，第889頁。

十一、讀馬王堆帛書札記四則

（一）身調而神過

馬王堆帛書《德聖》2／453-3／454 行有下引一段話：

> 清濁者，惠（德）之人（仁）；惠（德）者，清濁之潚〈淵〉。身
> 調而神過，胃（謂）之玄同。〔註1〕

關於「神過」之「過」，馬王堆帛書整理小組及《長沙馬王堆漢墓簡帛集成》皆無說。研究者大致有以下一些意見：

> 1. 魏啟鵬對「過」字是這樣解釋的：調，和也。《廣雅·釋詁三》：「調，和也。」過，越也。《易·大過》疏：「過，謂過越之過。」身調，謂其身調和得養，即《樂記》所云「血氣和平」。神過，謂精神超越，即《樂記》所云「氣盛而化神，和順積中，而英華發外」之意。《莊子·刻意》：「精神四達並流，無所不極，上際於天，下蟠於地。」亦可發明斯旨。〔註2〕

> 2. 齊木哲郎《德聖譯注》說：「過，超越。《呂氏春秋》：『天（高誘注：天，身也。）全則神和矣、目明矣、耳聰矣、鼻臭矣、口敏矣，三百六十節皆通利矣。若此人者……精通於〔註3〕天地，神覆乎宇宙。』與此義近。」〔註4〕

〔註1〕裘錫圭主編：《長沙馬王堆漢墓簡帛集成·肆》，中華書局，2014 年，第 119 頁。

〔註2〕魏啟鵬：《簡帛文獻〈五行〉箋證》，中華書局，2005 年，第 125 頁。

〔註3〕引者案：此文見於《呂氏春秋·本生》，其原文作「精通乎天地」。

〔註4〕轉引自韓宇嬌：《馬王堆帛書〈德聖〉校讀》，清華大學出土文獻研究與保護中心編：《出土文獻》（第四輯），中西書局，2013 年；又收入《出土文獻與中國古代文明——李學勤先生八十壽誕紀念論文集》，中西書局，2016 年，第 451 頁。

3. 韓宇嬌則認為「過」或通「化」,「身調神過」或即「身和神化」,指以音樂調和身心,精神得到感化。〔註5〕

又蕭旭先生提出這樣一種意見:

過,當作「適」,字形相近而致誤也。《玄應音義》卷 6「適其」條引《三蒼》:「適,悅也。」《廣韻》:「適,樂也。」〔註6〕

檢帛書「過」字作▨,其為標準的「過」字,與馬王堆帛書中「適」字之作▨(《春秋事語》80 行)者,有著明顯的區別。所以從文義尤其是字形上看,誤字說似無成立之可能。另外魏啟鵬先生如字說於文義亦不甚合,現在就來談談我們的看法。

結合帛書文義,我們認為齊木哲郎雖然還是將「過」解釋為「超越」,但他引了《呂氏春秋》「天全則神和矣、目明矣、耳聰矣、鼻臭矣、口敏矣,三百六十節皆通利矣。若此人者……精通乎天地,神覆乎宇宙」這段話,認為與帛書此處的文義相近,則甚具啟發性。

我們認為帛書的「過」即可讀為「和」。「過」、「和」二字古音並屬歌部,聲母則一為見母,一為匣母,古音極近。從文獻的異文來看,如《淮南子·說山》:「咼氏之璧,夏后之璜,揖讓而進之以合歡,夜以投人則為怨,時與不時。」高誘注:「咼,古和字。」〔註7〕又云「得咼氏之璧,不若得事之所適」。又《文選》盧諶《覽古詩》云「趙氏有和璧,天下無不傳,秦人來求市,厥價徒空言」,李善注:「蔡邕《琴操》曰:『楚明光者,楚王大夫也,昭王得瑞氏璧,欲以貢於趙王,於是遣明光奉璧之趙。』瑞,古和字。」〔註8〕又《六韜·文韜·守國》「天下和之」,敦煌寫本作「天下禍之」。〔註9〕凡此皆可證「過」、「和」二字古音相近而可以通借。

案馬王堆漢墓竹簡《十問》有下引一段文字:

〔註 5〕轉引自韓宇嬌:《馬王堆帛書〈德聖〉校讀》,清華大學出土文獻研究與保護中心編:《出土文獻》(第四輯),中西書局,2013 年;又收入《出土文獻與中國古代文明——李學勤先生八十壽誕紀念論文集》,中西書局,2016 年,第 451 頁。

〔註 6〕蕭旭:《馬王堆帛書(一)〈九主〉〈明君〉〈德聖〉校補》,收入蕭旭:《群書校補(續)》(第一冊),臺灣花木蘭文化出版社,2014 年,第 73 頁。

〔註 7〕何寧:《淮南子集釋》(下冊),中華書局,2010 年,第 1139 頁。

〔註 8〕參高亨:《古字通假會典》,齊魯書社,1997 年,第 668～669 頁。

〔註 9〕法 Pel.chin.3454《六韜》,收入《法藏敦煌西域文獻》(第 24 冊),上海古籍出版社,2002 年,第 267 頁。

棱（接）陰之道，以靜為強，平心如水，……精氣凌健（健）
久長。神和內得，云（魂）柏（魄）皇□，五臧（藏）黏白，玉色
重光，壽參日月，為天地英。〔註10〕

即「神和」二字連文之證。

檢傳世文獻中，「神和」一詞習見，尤其是多見於道家文獻，如《文子‧
自然》云：

若夫規矩句繩，巧之具也，而非所以為巧也。故無絃，雖師文
不能成其曲，徒絃則不能獨悲，故絃悲之具也，非所以為悲也。至
於神和，遊於心手之間，放意寫神，論變而形於絃者，父不能以教
子，子亦不能受之於父，此不傳之道也。

《淮南子‧齊俗》有類似的文句作：

若夫工匠之為連鐵、運開、陰閉、眩錯，入於冥冥之眇，神調
之極，游乎心手{眾虛}之閒，而莫與物為際者，父不能以教子。瞽
師之放意相物，寫神愈舞，而形乎絃者，兄不能以喻弟。今夫為平
者準也，為直者繩也。若夫不在於繩準之中，可以平直者，此不共
之術也。〔註11〕

根據劉殿爵先生的研究意見，《淮南子‧齊俗》「神調」本亦作「神和」，今本
《淮南子》作「調」者，蓋許慎注本避吳太子諱改。〔註12〕

又漢‧荀悅《申鑒‧雜言下》云：

故君子本神為貴，神和德平而道通，是為保真。

又《雲笈七籤》卷十四《三洞經教部》：

吸玄宮之黑氣入口九吞之，以補吹之損，以符呦鹿之詞，以致
玉童之饌。益腎氣，神和體安，則群祅莫害，可致長生之道矣。（《雲
笈七籤》，中華書局，2015年，369頁）

《雲笈七籤》卷六十九《金丹部》：

每日清晨東向，叩告三清上聖仙官，然可服此英丹後，自然嗜
欲無嬰，葷血不入，端居淨室，而神和體輕，與真人為儔矣。（1536
頁）

〔註10〕 裘錫圭主編：《長沙馬王堆漢墓簡帛集成‧陸》，中華書局，2014年，第150頁。
〔註11〕 何寧：《淮南子集釋》（中冊），中華書局，2010年，第802～803頁。
〔註12〕 參劉殿爵：《淮南子韻讀及校勘》，香港中文大學出版社，2013年，第410頁。

《雲笈七籤》卷八十八《仙籍旨訣部》：

> 聖人知外用之無益，所以還元返本，握固胎息，洞明於內，調理於中，取合元和之大朴，不死之福庭。夫神和則可以照徹於五藏，氣和則可以使用於四肢。（1965 頁）

《雲笈七籤》卷一百一十五《紀傳部·王氏》：

> 王氏感道力救護，乃詣天師，受籙精修，焚香寂念，獨處靜室，志希晨飛。因絕粒嚥氣，神和體輕。時有奇香異雲，臨映居第，髣髴真降，密接靈仙，而人不知也。（2549 頁）

尤其是《呂氏春秋·本生》下引這一段話：

> 故聖人之製萬物也，以全其天也，天全則神和矣、目明矣、耳聰矣、鼻臭矣、口敏矣，三百六十節皆通利矣。若此人者，不言而信，不謀而當，不慮而得。

高誘注：「天，身也」，則《呂覽》之「天全則神和」與帛書之言「身調而神過（和）」，語意尤為近似，亦可證我們的意見也是較為可信的。

（二）拜禍

馬王堆帛書《戰國縱橫家書》185-186 行有下引一段話：

> 今事來矣，此齊之以母質之時也，而武安君之棄禍存身之夬（訣）也。

案所謂的「棄」字，郭永秉先生改釋為「捧（拜）」，可信。但他認為「捧（拜）」字似應讀為「滅」，[註13] 則與我們的理解頗有不同。

我們認為「捧（拜）」可讀為「拔」，《詩·召南·甘棠》「勿剪勿拜」，鄭玄箋：「拜之言拔也。」顯然用的是聲訓。「勿剪勿拜」，阜陽漢簡《詩經》簡 S007 相對應的文字作「箋勿捧」，[註14] 安徽大學藏《詩經》相對應的文字作「勿戔勿掇」，黃德寬先生認為「掇」在此詩中當讀「剟」。並引《漢書·王嘉傳》「掇去宋弘」，顏師古注「掇讀曰剟。剟，削也，削去其名也」為證，文義允恰，可從。但黃先生據安大簡《詩經》異文「掇」，進而推測《毛詩》和

〔註13〕郭永秉：《馬王堆帛書〈戰國縱橫家書〉整理瑣記（三題）》，收入郭永秉：《古文字與古文獻論集續編》，上海古籍出版社，2015 年，第 281～282 頁。

〔註14〕胡平生：《阜陽漢簡〈詩經〉異文初探》，《中華文史論叢》1986 年第 1 輯，第 4 頁。

阜陽漢簡《詩經》「拜」可能是傳抄訛誤字。黃先生又解釋說：在古文字中「掇」與「拜」形音俱近，因而可能發生訛誤。〔註15〕

我們認為，《毛詩》作「拜」、阜陽簡《詩經》作「撶」，安大簡《詩經》作「掇」，這本是因音近以致異文，不當據安大簡《詩經》之作「掇（剟）」以改《毛詩》及阜陽簡《詩經》之「拜」以求一律，而應當各依本文以釋。就好比郭店簡《老子》「明道女（如）孛（費），遟（夷）道女（如）繢，【進】道若退」，我們不能據傳世本作「夷道如類／纇」，就認為郭店簡的「繢」字是「類／纇」的誤字一樣，而是應該認為「繢」與「類／纇」聲近而義同，「繢」，可認為是「隤」的假借字。〔註16〕

檢《廣雅‧釋詁三》：「揣、拂、糞、埽、寫、雪、擊、摒、篨、捒、耘、撥、祓，除也。」王念孫《疏證》云：

揣者，《說文》：「揣，剟也；剟，刊也。」刊與除同義。

拂者，《曲禮》「進几杖者拂之」，鄭注云：「拂，去塵。」《大雅‧生民篇》「茀厥豐草」，《韓詩》作「拂」，云「拂，弗也」，茀、弗並與拂通。

撥者，《史記‧太史公自序》云：「秦撥去古文，焚滅詩書。」《說文》：「癹，以足蹋夷草也。」又云：「鏺，兩刃有木柄可以刈草，讀若撥。」義並相近也。

祓者，《說文》：「祓，除惡祭也。」《周官》：「女巫掌歲時祓除釁浴。」《大雅‧生民篇》「以弗無子」，鄭箋云：「弗之言祓也，祓除其無子之疾而得福也。」《檀弓》云：「巫先拂柩」，祓與拂、弗亦通。〔註17〕

其中的「拂」、「撥」、「祓」與「勿剪勿拜」之「拜（拔）」並音近而義同。《國語‧周語上》「民之所急在大事，先王知大事之必以眾濟也，是故祓除其心，以和惠民」，韋昭注：「祓，猶拂也。」也是用的聲訓。又《新唐書‧循吏傳序》：「唐興，承隋亂離，戔祓荒荼，始擇用州刺史、縣令。」其中的「戔祓」猶云「剪除」，即用《詩經》「勿剪勿拜」之「剪」、「拜（拔）」造詞。

〔註15〕黃德寬：《略論新出戰國楚簡〈詩經〉異文及其價值》，《安徽大學學報（哲學社會科學版）》2018 年第 3 期，第 74 頁。

〔註16〕蔡偉：《讀書叢札》，收入《出土文獻與古文字研究》（第三輯），復旦大學出版社，2010 年，第 510 頁。

〔註17〕王念孫：《廣雅疏證》，中華書局，1983 年，第 98 頁。

已有學者指出漢代鄭玄學者對《詩・召南・甘棠》「勿剪勿拜」的文義理解是正確的，應該讀為「勿剪勿拜（拔）」，[註18] 案「拜（拔）」就是拔除之「拔」。

綜上所述，馬王堆帛書「捧（拔／拂／撥／祓）禍存身」，即「除禍存身」，就是攘除凶禍以存身的意思。

（三）擅制更爽

《馬王堆漢墓帛書・國次》：

> 變故亂常，擅制更爽，心欲是行，身危有【殃，是】胃（謂）過極失當。[註19]

又《十六經・正亂》：

> 過極失當，擅制更爽，心欲是行。[註20]

整理小組注：

> 更，改也；爽，明也。一說：更，續也；爽，差也。[註21]

魏啟鵬說：

> 更：副詞，更加。爽：損傷，敗壞。《廣雅・釋詁四》；「爽，傷也。」又《釋詁三》：「爽，敗也。」參看《管子・四稱》「不修先故，變易國常，擅創為令，迷惑其君，生奪之政。」[註22]

檢《太平御覽》卷八十四引《周書》有一段話作：

> 文王昌曰：「吾聞之：無變古、無易常、無陰謀、無擅制、無更創。為此則不祥。」[註23]

[註18] 如季旭昇先生引述諸家對「拜」字構形之說，指出《甘棠》「勿翦勿拜」，「用的是『捧（拜）』字的本形本義，鄭《箋》釋為『拔』，非常精確適當」。詳細的論述可參見季旭昇：《〈召南・甘棠〉「勿翦勿拜」古義新證》一文，收入氏著《詩經古義新證》（增訂本），臺北文史哲出版社，1995 年，第 37～43 頁。

[註19] 《馬王堆漢墓帛書（壹）》，文物出版社，1980 年，第 45 頁。

[註20] 《馬王堆漢墓帛書（壹）》，第 67 頁。

[註21] 《馬王堆漢墓帛書（壹）》，第 46 頁，注〔三二〕。

[註22] 魏啟鵬：《馬王堆漢墓帛書〈黃帝書〉箋證》，中華書局，2004 年，第 19 頁、第 138 頁。

[註23] 黃懷信、張懋鎔、田旭東：《逸周書彙校集注》，上海古籍出版社，2007 年，第 1145 頁。

案：爽、創古音極近，皆齒音陽部字。又《廣雅・釋詁四》：「爽、壯、創，傷也。」王念孫《疏證》指出：「爽、創、壯，聲並相近。」〔註24〕創亦制也。上引整理小組和魏啟鵬的解釋，只有「更，改也」是正確的，其餘皆不可從。（魏氏引《管子・四稱》「變易國常，擅創為令。」還是很好的。）

（四）何患於國

《十大經・五正》：

> 后中實而外正，何【患】不定。左執規，右執柜（矩），何患天下？男女畢迵，何患於國？五正既布，以司五明。左右執規，以寺（待）逆兵。〔註25〕

案：此文上下皆用韻，正、定為韻；柜（矩）、下為韻；明、兵為韻。則「何患於國」，本作「何患於邦」，與《馬王堆漢墓帛書・老子乙本》「脩之國，其德乃夆（豐）」〔註26〕皆避漢高祖諱，改為國耳。「迵」與「邦」為韻。

傳世文獻中也有本是「國」而後人誤改為「邦」的例子，如《越絕書・越絕內經九術第十四》：

> 昔者越王句踐問大夫種曰：吾欲伐吳，奈何能有功乎？大夫種對曰：伐吳有九術。王曰：何謂九術？對曰：一曰尊天地，事鬼神。二曰：重財幣，以遺其君。三曰：貴糴粟稾，以空其邦。四曰：遺之好美，以〔為〕勞〈榮／熒／營〉〔註27〕其志。五曰：遺之巧匠，使起宮室高臺，盡其財，疲其力。六曰：遺其諛臣，使之易伐。七曰：彊其諫臣，使之自殺。八曰：邦家富而備器。九曰：堅厲甲兵以承其弊。故曰：九者勿患，戒口勿傳，以取天下不難，況於吳乎？
> 〔註28〕

今按：「以空其邦」當作「以空其國」，此文先以神、君為韻；又以國、志、力為韻，最後以伐、殺、器、弊為韻，如作「以空其邦」，就失韻了。《吳越春秋・勾踐陰謀外傳》作「以虛其國」，也可為證。關於「九術」，《吳越春秋》與《越絕書》文句多有不同，用韻亦異，今附帶引用，並作考證：

〔註24〕王念孫：《廣雅疏證》，中華書局，1983年，第110頁。
〔註25〕《馬王堆漢墓帛書（壹）》，文物出版社，1980年，第65頁。
〔註26〕《馬王堆漢墓帛書（壹）》，90頁。又參94頁，注〔一七〕。
〔註27〕此據錢培名說校改。
〔註28〕李步嘉：《越絕書校釋》，武漢大學出版社，1992年，第292頁。

一曰：尊天事鬼，以求其福。二曰：重財幣，以遺其君；多貨賄，以喜其臣。三曰：貴糴粟槀。以虛其國；利所欲，以疲其民。四曰：遺美女，以惑其心而亂其謀。五曰：遺之巧工良材，使之起宮室，以盡其財。六曰：遺之諛臣，使之易伐。七曰：強其諫臣，使之自殺。八曰：君王國富而備利器。九曰：利甲兵以承其弊。

徐天祜說：

鬼下當有神字，下文亦兼鬼神言之。

今按：「三曰：貴糴粟槀。以虛其國；利所欲，以疲其民」疑應在「一曰：尊天事鬼，以求其福」之下，果如此，則此文以福、國為韻；民、君、臣為韻；又以謀、財為韻，最後以伐、殺、器、弊為韻。

十二、新見漢牘札記十則〔註1〕

筆者於 2019 年 12 月 31 日有幸購得劉桓先生編著《新見漢牘〈蒼頡篇〉〈史篇〉校釋》（中華書局，2019 年 6 月）一書，披讀之後，作札記數則，現寫出以就教於讀者。

1. 請狠

漢牘《史篇（二）》第九云：

> 孝子執操，請狠溫柔，昏定晨星（省），盡夜不休。（173 頁）

劉桓先生云：

> 請狠，請可讀清，《論語·微子》：「身中清。」集解引馬注：「清，純潔也。」狠，誠懇。

案「狠」即「貌」字的異體。如北大漢簡《蒼頡篇》簡 2：

> 系孫襃俗，貌犢吉忌。

「貌」字簡文即作![貌]，北大簡整理者釋為「狠」，亦認為通「懇」，訓為「誠懇」。後來魏宜輝、張新俊、蘇建洲三位先生分別提出應改釋為「貌」，〔註2〕正確可從。又漢牘《史篇（二）》第十有「容狠（貌）不飭」語，亦以「狠」為「貌」。

〔註1〕 此文正式發表於《中國簡帛學刊（第四輯）》，社會科學文獻出版社，2021 年 12 月。

〔註2〕 魏宜輝：《讀北大漢簡〈蒼頡篇〉、〈妄稽〉篇札記》，收入《古典文獻研究》，2016 年第 2 期，第 275～276 頁；張新俊：《鑒印山房藏古璽印文字考釋二則》，收入《紀念于省吾先生誕辰 120 周年、姚孝遂先生誕辰 90 周年學術研討會論文集》，2016 年 7 月 10～11 日；蘇建洲：《北大簡〈蒼頡篇〉釋文及注釋補正》，收入《「出土文獻與傳世典籍的詮釋」國際學術研討會會議論文集》，2017 年 10 月 14～15 日，第 312～316 頁。

我們又知道,出土文獻中「請」用為「情」者習見,其例多而不可備舉。所以漢牘「請狠」即「情貌」。「情貌」指神情與面貌。傳世文獻中「情貌」一詞習見,如《荀子·禮論》:「故情貌之變,足以別吉凶,明貴賤親疏之節。」晉陸機《文賦》:「信情貌之不差,故每變而在顏。」

2. 發舒

漢牘《史篇(二)》第一七云:

> 器臧各異,勿相敠舒,慎毋聽視,察人妻夫。(180 頁;圖版 30頁)

劉桓先生云:

> 敠舒,似應讀為投舒,漢牘《蒼頡篇》第五三板用殳為投,可為證。投義為贈送,《詩·大雅·抑》:「投我以桃,報之以李。」舒,展開。本文所述內容,可參看《禮記·曲禮上》:「男女不雜坐,不同椸,不同巾櫛,不親授。」

案所謂的「敠」,簡文作  ,應是「發」字。漢簡「發」字或從「艸」頭作:

〔註3〕

其筆劃字形皆與漢牘相同。又漢牘《史篇(一)》第一三有「軍役發急」語,其字則作 ,然其變化之跡,尚宛然可尋。

此云「勿相發舒」,「發舒」為同義複詞,「舒」亦發也。〔註4〕字又作「抒」、「紓」。

3. 語衿(矜)、幾議

漢牘《史篇(二)》第二八云:

> 角執(執—勢)語衿

〔註 3〕轉引自李洪財:《漢簡草字整理與研究·漢代簡牘草字彙編》,吉林大學博士學位論文,指導教師:林澐教授,2014 年,第 540 頁。

〔註 4〕參宗福邦等:《故訓匯纂》,商務印書館,2013 年,第 1897 頁。

劉桓先生云：

> 角埶，即角勢，較量勢力的強弱。《論衡・齊世》：「及至秦漢，
> 兵革雲擾，戰力角勢，秦以得天下。」……語矜，矜同矝，自誇。

案「語矜（矝）」之「矜（矝）」與「角埶（埶—勢）」之「埶（埶—勢）」義近。如《淮南子・人間》云：「遊俠相與言曰：虞氏富樂之日久矣，而常有輕易人之志，吾不敢侵犯，而乃辱我以腐鼠，如此不報，無以立務於天下。」高誘注曰：「務，勢也。」王引之曰：

> 務與勢義不相近，務當為矜，字之誤也（矜、務二字隸書往往訛溷。《管子・小稱篇》「務為不久」，《韓子・難篇》作「矜偽不長」；又《管子・法法篇》「矜物之人無大士焉」，《韓詩外傳》「矜而自功」，今本矜字並誤作務）。《列子・說符篇》立矜作立憴，憴與矜古同聲而通用。猶稦之為矜也。張湛注《列子》云：憴，勇也。此注云「矜，勢也。」勢與勇亦同義。《說山篇》云：立憴者非學鬬爭，憴立而生不讓。《氾論篇》云：立氣矜、奮勇力。《韓詩外傳》云：外立節矜，而敵不侵擾。是立矜即立憴也。《趙策》云：勇哉氣矜之隆，《史記・王翦傳》云：李將軍果勢壯勇，是矜與勢、勇並同義。〔註5〕

可以為證。

又此文有「聚眾女毀，幾議君〔註6〕子」語，劉桓先生無注。案「幾」可讀為「譏」，「譏」與「議」義近，《淮南子・說林》「繡以為裳則宜，以為冠則譏〈議〉〔註7〕」，高注：「譏〈議〉，人譏非之也。」《莊子・天道》「寡人讀書，輪人安得議乎？」《淮南子・道應》作「寡人讀書，工人焉得而譏之哉！」〔註8〕「幾（譏）議」為同義複詞，猶云責讓。

4. 拓選

漢牘《史篇（二）》第三〇云：

〔註5〕王念孫：《讀書雜志》，江蘇古籍出版社，2000 年，第 934～935 頁。

〔註6〕君，此字整理者隸定為「𥃱」，今據胡敕瑞先生說改。參胡敕瑞：《新見漢牘〈史篇一〉〈史篇二〉校讀札記》，清華大學出土文獻研究與保護中心（http://www.ctwx.tsinghua.edu.cn/publish/cetrp/6831/2020/20200214094818734241424/20200214094818734241424_.html），2020 年 2 月 13 日。

〔註7〕王念孫說：譏，應作議。參何寧：《淮南子集釋》（下冊），中華書局，2010 年，第 1216 頁。

〔註8〕何寧：《淮南子集釋》（中冊），中華書局，2010 年，第 852 頁。

　　　　拓選其匯（？）（187 頁）

　　劉桓先生無說。案「拓」同「摭」，謂拾取。《說文・手部》：「拓，拾也。……拓或從庶。」可證。故「拓選」即「摭選」，為同義複詞。

5. 意隱

　　漢牘《史篇（二）》第三一云：

　　　　疑問大人，毋妄意隱（188 頁）

　　「意隱」，劉桓先生無說，案《韓子・解老篇》「前識者無緣而忘（妄）〔註9〕意度也」，「妄意隱」與「忘（妄）意度」同義。「意隱」為同義複詞，「意」，度也。〔註10〕又《廣雅・釋詁一》：「隱，度也。」王念孫云：

　　　　隱者，《文選・座右銘》「隱心而後動」，李善引劉熙《孟子注》
　　　　云：「隱，度也。」《爾雅》「隱，占也」，郭璞注亦云「隱，度」。隱
　　　　之言意也，《禮運》云「聖人耐以天下為一家，以中國為一人者，非
　　　　意之也」，意、隱古同聲，故《左氏春秋經》「季孫意如」，《公羊》
　　　　作「隱如」矣。

是「意隱」猶云測量、揣度。

6. 檢術

　　漢牘《史篇（二）》第四一甲云：

　　　　明君取士，必以檢術，考其舉措，是非得失（191 頁）

劉桓先生云：

　　　　檢術，考察之術。

案「檢術」與「檢式」同義。《荀子・儒效》「禮者，人主之所以為羣臣寸尺尋丈檢式也」，王念孫云：

　　　　案檢、式皆法也。《文選・演連珠》注引《蒼頡篇》云：「檢，
　　　　法度也。」是檢與式同義。言治人以禮如寸尺尋丈之有法度也。楊
　　　　云：檢，束也；式，法也、度也。分檢式為二義，失之。〔註11〕

可以為證。是「檢術」猶云規矩、法度。

〔註 9〕參王念孫：《讀書雜誌・荀子》「測意之」下，王引之說。江蘇古籍出版社，
　　　　2000 年，第 736 頁。
〔註10〕參王念孫：《讀書雜誌・荀子》「測意之」下，王引之說，第 736 頁。
〔註11〕參王念孫：《讀書雜誌・荀子》「檢式」下，王引之說。江蘇古籍出版社，2000
　　　　年，第 736 頁。

7. 舉豪乇善

漢牘《史篇（二）》第四五云：

> 舉豪乇善，貶幾小惡，士咸勸進，□□（上？）□□（194 頁）

劉桓先生云：

> 舉豪乇善，舉、乇義近，都是推舉之義，乇當讀托。豪，指傑
> 出的人物，《鶡冠子·博選》：「德千人者謂之豪。」善，善人。《漢
> 書·高帝紀》：「舉民年五十以上，有修行，能帥眾為善，置以為三
> 老，鄉一人。」

案所謂的「乇」字，圖版作：

此字應釋為「毛」，漢簡「毛」字作：

〔註 12〕　　　　　　　　　　　　　　　　　　　〔註 13〕

可以為證。

牘文之「豪（毫）毛」、「幾」者，皆微小之義。「舉豪（毫）毛善，貶幾
小惡」，應即習見於古書中的「采毫毛之善，貶纖介之惡」〔註 14〕。

8. 悲毐凄悬（惻）

漢牘《史篇（二）》第一〇云：

> 哭泣辟踊，悲毐（讀「哀」）凄惻（174 頁；圖版 28 頁）

〔註 12〕 轉引自劉婉玲：《出土〈蒼頡篇〉文本整理及字表》，吉林大學碩士學位論文，
　　　　指導教師：馮勝君教授，2018 年，第 142 頁。

〔註 13〕 轉引自李洪財：《漢簡草字整理與研究·漢代簡牘草字彙編》，吉林大學博士
　　　　學位論文，指導教師：林澐教授，2014 年，第 387 頁。

〔註 14〕 見於《說苑·至公》及《論衡》等書。

原釋文及圖版釋文皆作「踴」、「淒惻」，今據圖版改釋為「踊」、「淒悬」。其中所謂的「悲毒（哀）」之「毒（哀）」，簡文作：

劉桓先生括注為「哀」，其實並不可信，因為「毒」、「哀」二字古音不同部，「毒」為影母之部上聲字，「哀」為影母微部平聲字，二部古音頗有距離，故難以通假。

案所謂的「毒」，其實應釋為「毒」。漢簡「毒」字作：

〔註15〕

可以為證。

《廣雅·釋詁二》：「毒、愍、悲，痛也。」〔註16〕而「淒」亦悲痛、悲傷之義。如《楚辭·遠遊》云「意荒忽而流蕩兮，心愁淒而增悲」。是簡文云「悲毒淒愍（惻）」，乃四字義近而連文，即悲痛之義。

檢《楚辭·九歌·湘君》「女嬋媛兮為余太息」，王逸注云：

> 言己遠揚精誠，雖欲自竭盡，終無從達，故女嬰牽引而責數之，
> 為己太息悲毒，欲使屈原改性易行，隨風俗也。〔註17〕

又《楚辭·七諫·哀命》「然悒悵而自悲」，王逸注云：

> 言己終撫我情，寂寞不言，然悒悵自恨，心悲毒也。〔註18〕

是「悲毒」為漢人語彙。又《東漢元延鉛券》有「宗疾〈族〉悲痛傷側（惻）」語，〔註19〕亦與牘文構詞、文義皆相近，可以互相比照。

綜上，根據本文的意見，我們重新寫出釋文：

> 哭泣辟踊，悲毒淒愍（惻）。

9. 但告毋悔

漢牘《史篇（二）》第一九云：

> 男子八歲，學書文字，十五受經，問知奇異，廿（二十）而冠，
> 行成人事，感系女時，在役五載，媒妁窺觀，方乃納采，問名卜兆，
> 但告毋悔，三十親迎，執綏降志，教以婦道，順從人意。（182頁；
> 圖版30頁）

〔註15〕轉引自李洪財：《漢簡草字整理與研究·漢代簡牘草字彙編》，吉林大學博士學位論文，指導教師：林澐教授，2014年，第11頁。

〔註16〕參王念孫：《廣雅疏證》，中華書局，1983年，第49頁。

〔註17〕洪興祖《楚辭補注》，黃靈庚點校，上海古籍出版社，2015年，第93頁。

〔註18〕洪興祖《楚辭補注》，黃靈庚點校，第416頁。

〔註19〕韓自強編：《阜陽亳州出土文物文字篇》，阜陽博物館，2004年，第246號，圖版48頁、釋文第217頁。

劉桓先生云：

> 愅，《玉篇》：「愅，愱愅，儉急。又儉意也。」是說此禮不可省去。

檢所謂的「愅」字，圖版作：

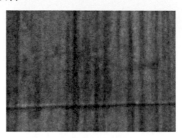

此字右邊所從疑為「每」字，故此字似應釋為「悔」。「悔」字漢簡作：

〔註20〕

又漢牘《史篇（二）》第一二有「罪過自悔」語，其中「悔」字作：

〔註21〕

與上引所謂的「愅」字，極為相近，故應釋為「悔」。如此，此文以字、異、事、載、采、悔、志、意為韻，皆屬古韻之部，唯字、異、事、志、意為去聲字，載、采、悔為上聲字，稍有異耳。則從用韻上亦可證釋「悔」為確。

10. 釋「混洄」

漢牘《史篇（二）》有下引文句：

〔註20〕 轉引自李洪財：《漢簡草字整理與研究・漢代簡牘草字彙編》，吉林大學博士學位論文，指導教師：林澐教授，2014 年，第 469 頁。

〔註21〕 劉桓編著：《新見漢牘〈蒼頡篇〉〈史篇〉校釋》，中華書局，2019 年，釋文第 176 頁、圖版第 29 頁。

　　上古之時，未有天地，元氣窈寞（冥），欝（鬱）泱流離，項（頊）頌（溶）混洄，曠冶（野）無崖（涯），䰞（混）沌沈蹛（滯），騑（徘）駉（徊）於波，潭潭允允（沈沈），輾轉執移，狀似難卵，而不相麗，若斯久矣，乃有上帝，清濁分別，萬物乃諦。（169～170頁）

（圖版 27 頁）

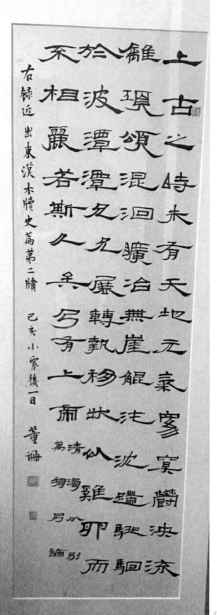

〔註22〕

其中「混洄」一詞，劉桓先生未作任何解釋和說明，蓋以為常見之義而忽之。
案「混洄」可讀為「涃洄」、「圂回」。《說文》：「涃，轉流也。讀若混。」是
「混」、「涃」可相通之證。又《說文》：「圂，回也。」段玉裁云：

〔註22〕此為北京大學董珊先生據漢牘而書寫的書法作品，蒙董先生慨允引用，謹此
致謝！

囩，回也。二字迭韻。「雲」字下曰：象雲回轉形；「沄」字下

曰：轉流也。凡從雲之字皆有回轉之義。〔註23〕

所以「混洄（沄洄、囩回）」為同義複詞，是形容水迴旋的樣子，與上「項（潝）
頌（溶）」一詞形容水深廣的樣子正好可以連文。

案《說苑・雜言》云：

泉源潰潰，不釋晝夜，其似力者。

向宗魯先生云：

《孟子・離婁下篇》：「原泉混混，不舍晝夜。」《春秋繁露》則

云：「混混沄沄。」此「潰」字疑當作「潰」。〔註24〕

蕭旭先生又提出一種說法：

《春秋繁露》見《山川頌篇》。潰當作潰，形之誤也。「潰潰」

同「混混」，亦作「渾渾」、「滾滾」。《伍子胥變文》：「行至江邊遠

盼……似虎狼盤旋，潰潰如鼓角之聲。」是其例。元稹《有酒十章》：

「河潰潰兮愈濁，濟翻翻兮不寧。」柳宗元《晉問》：「其響之所應，

則潰潰漰漰，洶洶薨薨。」「潰潰」亦「潰潰」之誤。〔註25〕

《春秋繁露・山川頌》之「混混沄沄」，檢《古文苑》卷12引董仲舒《山川
頌》作「水則源泉混混汯汯」，頗疑《古文苑》所引為是。因為「混混」、「沄
沄」音近，只是同一詞的不同書寫形式，所以「混混」、「沄沄」似不可能連
文。案《後漢書・張衡傳》（中華書局，第七冊，1921～1922頁）有「揚芒熛
而絳天兮，水汯沄而湧濤」語，李賢注：「汯音胡犬反，沄音戶昆反，並水流
兒也。」此「汯沄」即「混混汯汯」之單言的構詞方式（只是詞序不同，文義
無別），可證《古文苑》作「混混汯汯」為是。又東漢《桐柏淮源廟碑》云：

汯汯淮源，聖禹所導。湯湯其逝，惟海是造。疏穢濟遠，柔順

其道。弱而能強，仁而能武。□□晝夜，明哲所取。

《桐柏淮源廟碑》之「汯汯淮源……□□晝夜」就是承襲《春秋繁露》
「水則源泉混混汯汯，晝夜不竭」之文意及詞彙。亦可證《古文苑》作「混混
汯汯」為是。乃清人黃生云：

汯汯疑借混混（音滾），用《孟子》「原泉混混」意。後又有「□

〔註23〕段玉裁：《說文解字注》，上海古籍出版社，1991年，第277頁。
〔註24〕向宗魯：《說苑校證》，中華書局，2009年，第435頁。
〔註25〕蕭旭：《群書校補》，廣陵書社，2011年，第550頁。

□晝夜」句，必是「不舍晝夜」，益可證泫泫之為混混也。〔註26〕

其說不可從。「泫泫」、「混混」義近而音卻有別，不能等同。「泫泫」為水流之貌，義自可通。

蘇輿《春秋繁露義證》已經引《說苑‧雜言》「泉源潰潰」及《淮南子‧原道》「混混滑滑」為證〔註27〕。又向宗魯《淮南鴻烈簡端記》云：

「滑滑」，宋本、藏本皆作「汩汩」，《雲笈七籤》引同。〔註28〕

將這些材料聯繫在一起，然後我們得出的結論是：漢牘「混洞（沄洞、圁回）」與傳世文獻的「混混泫泫」相近；而「混洞（沄洞、圁回）」之「洞（回）」重言之則與「泫泫」、「潰潰」、「滑滑」、「汩汩」並以音近而相通，乃一聲之轉。

向宗魯、蕭旭兩先生以「潰」為誤字之說，恐不可從。後來蕭旭先生又改變了他先前的看法，他認為：

混混泫泫，宋九卷本、廿一卷本同。《董子》作「沄沄」，注：「『沄沄』二字，《黃氏日鈔》所引同，他本誤作『沇沇』。」漢魏叢書本、崇文書局叢書本、乾隆刻本作「沇沇」。「沇沇」是「沄沄」形訛。《說文》：「沄，轉流也。從水雲聲，讀若混。」「沄沄」即「混混」、「渾渾」轉語，董子又合言之。《說苑‧雜言》作「泉源潰潰」，「潰潰」即「混混」音轉，則不作重言。此作「泫泫」，亦「混混」、「渾渾」轉語。（蕭旭《董仲舒〈山川頌〉校補》，未刊稿，此蒙蕭先生慨允，得以引用，謹此致謝！）

則優於誤字之說，但與拙說有異，請讀者注意。

又《孟子‧離婁下篇》「原泉混混，不舍晝夜」，及漢揚雄《法言‧問道》仿其辭作：

或問「道」。曰：「道若塗若川，車航混混，不舍晝夜。」

其「混混」即《白虎通‧性情》曰「魂，猶伝伝，行不休也」之「伝伝」〔註29〕；又「混」、「運」古音極近，如《老子》「故混而為一」，北大漢簡《老子》簡156作「故運而為一」，可以為證，故「混混」為水／車／船旋轉運動之貌。

〔註26〕黃生撰、黃承吉合按：《字詁義府合按》，中華書局，1984年，第250頁。
〔註27〕蘇輿：《春秋繁露義證》，中華書局，2012年，第424頁。
〔註28〕向宗魯：《淮南鴻烈簡端記》，收入《向宗魯先生紀念文集》，巴蜀書社，2015年，第403頁。
〔註29〕陳立：《白虎通疏證》，中華書局，1994年，第389頁。

十三、讀銀雀山漢簡札記三則

1. 或毄（擊）其迂

《銀雀山漢墓竹簡（貳）·十陣》有下引語句：

> 或毄（擊）其迂，或辱其閲（銳），笄之而無閒（間），軷山而退。〔註1〕

整理小組注：

> 「或擊其迂」與「或辱其銳」對舉。「迂」疑當讀為「窳」，弱也。「辱」當讀為「衄」。《釋名·釋言語》:「辱，衄也。」《文選·曹植求自試表》「師徒小衄」，李善註:「猶挫折也。」《文選·左思吳都賦》「莫不衄銳挫鋩。」

整理者說「迂」疑當讀為「窳」，弱也。此說恐不可信。因為「瓜」和與之得聲的「窳」都是侯部字，〔註2〕「瓜」戰國楚簡或借為「遇」字。如上博《平王與王子木》：

> 競平王命王子木蹠城父，過申，睹（曙—舍）食於龏竈（宿）。

> 城公乾𢇖〈瓜—遇〉，尨（跪）於疇中。〔註3〕

〔註1〕《銀雀山漢墓竹簡（貳）》，中華書局，2010 年，第 189 頁。

〔註2〕參李家浩:《信陽楚簡中的「柿枳」》註釋（25），《簡帛研究》第 2 輯，第 6～7 頁，法律出版社，1996 年 9 月。

〔註3〕釋文轉引自陳劍:《釋上博竹書和春秋金文的「羹」字異體》，復旦大學出土文獻與古文字研究網站，http://www.guwenzi.com/SrcShow.asp?Src_ID=295#_edn43。

又銀雀山漢簡《王兵》「器戒（械）苦佽」，「苦佽」即「苦窳」，〔註4〕凡此皆可證「瓜」「窳」是侯部字。而「迂」字古音為魚部字，聲母為雲紐或影紐，與「瓜」「窳」的聲母為以紐也有一定的距離，所以整理者說「迂」疑當讀為「窳」，並沒有堅強的證據。

又內蒙古大學中文系《孫臏兵法研究》認為「迂」借為「懦」，戰鬥力薄弱的敵人。同樣也是於古音不合。又張震澤先生說：影本註釋迂讀為窳，非。他認為迂謂敵迂迴而來者，銳謂敵之直來者。〔註5〕

我們認為，「迂」可讀為「虛」，「迂」從「于」聲而讀為「虛」，猶北大漢簡《周馴》簡68-69「越之城且發墓於干（邗），吳既為盂（虛），其孰〈衛〉闔廬」，〔註6〕其以「盂」為「虛」，正可以為證。

案《孫子·虛實》：「夫兵形象水。水之形避高而趨下，兵之形避實而擊虛。」

又《史記》有「批亢導虛」之語，〔註7〕凡此皆「擊虛」之謂。

然則簡文云「或毄（擊）其迂（虛），或辱其閉（銳）」，謂擊其虛、挫其銳耳。

2. 雷霆不埶

《銀雀山漢墓竹簡（貳）》《曹氏陰陽》簡1685有下引一段話：

……聖王行於天下，風雨不暴，雷霆不埶，寒暑不代（忒），民不文飾，白凡發，朱草生……〔註8〕

整理小組注：

埶，當讀為「爇」。《眾經音義》引《廣雅》：「爇，燒也，然（燃）也。」

依整理小組的說法，「雷霆不埶（爇）」，就是雷霆不燒，但「雷霆不爇」、「雷霆不燒」等說法，從未見於古書。因此讀「埶」為「爇」，很值得懷疑。

〔註4〕《銀雀山漢墓竹簡（壹）》，中華書局，1985年，第139頁。

〔註5〕各家的說法，參楊安：《〈銀雀山漢墓竹簡·佚書叢殘〉集釋》，吉林大學碩士學位論文，指導教師：何景成副教授，2013年，第190頁。

〔註6〕《北京大學藏西漢竹書·叁》「釋文·注釋」，上海古籍出版社，2015年，第129頁。

〔註7〕參蔡偉：《讀〈莊子〉札記》，文載《諸子學刊》（第二十輯），上海古籍出版社，2020年5月。

〔註8〕《銀雀山漢簡（貳）》，中華書局，2010年，第206頁，圖版82頁。

檢「埶」字，圖版作：

字形不是很清楚，而《書於竹帛：中國簡帛文化》〔註9〕一書所引作：

249

〔註 9〕《書於竹帛：中國簡帛文化》，上海書畫出版社，2017 年，第 173 頁。

則筆畫清晰，可確定無疑是「埶」字。

簡文的「埶」字，鄔可晶先生讀為「震」〔註10〕。案讀「埶」為「震」，首先於秦漢時代的用字習慣不合，很難想象，在漢代，「埶」字可以用為「震」。雖然鄔先生解釋了用「埶」為「震」，「可能就是戰國時代齊系文字用字習慣的孑遺」，但這畢竟不是常例，頗值得懷疑。

檢蕭旭先生有這樣的說法：

> 按：《淮南子·覽冥篇》：「鳳凰之翔至德也，雷霆不作，風雨不興，川谷不澹，草木不搖。」《道德指歸論》卷1：「雷霆不暴作，風雨不卒起，草木不枯瘁，人民不夭死。」埶，疑當讀為肆。《禮記·表記》：「安肆日偷。」鄭注：「肆，或為褻。」此其相通之證。《小爾雅》：「肆，疾也。」亦即暴、卒之義。〔註11〕

蕭先生之說有傳世文獻相近的語句作為支撐，契合簡文文義。所引嚴遵《道德指歸論·上德不德》「雷霆不暴作，風雨不卒起，草木不枯瘁，人民不夭死」這段文字，是很重要的材料，可以直接與簡文對讀。

我們認為簡文「埶」（疑母月部）極有可能即讀為「卒／猝」（清母物部），如「褻」（心母月部）字從「埶」聲，其異文作「紲」〔註12〕；而「殺」（審母月部；或讀心母月部）與從「卒」聲的「瘁」、「悴」（從母物部）互為異文。〔註13〕又《禮記·內則》：「三牲用藙。」鄭玄注：「藙，《爾雅》謂之樧。」《周禮》鄭玄注引鄭司農云：「茱，樧也。蜀人言樧曰茱。」故「埶」可讀為「卒／猝」，從音韻學的角度來講，完全具有相通的可能。「風雨不暴，雷霆不埶（卒／猝）」，謂風雨雷霆皆不暴猝也。〔註14〕

不過後來我們又有了另外的想法，下面就寫出以就正於讀者。

〔註10〕鄔可晶：《銀雀山漢簡「陰陽時令、占候之類」叢札》，《出土文獻》（第七輯），中西書局，2015年，第218～219頁。

〔註11〕蕭旭：《〈銀雀山漢墓竹簡〔貳〕〉校補》，《學燈》第二十六期；又儒學簡帛網，http://www.jianbo.sdu.edu.cn/info/1013/1167.htm，2011年12月19日。

〔註12〕高亨：《古字通假會典》，齊魯書社，1997年，第630頁。

〔註13〕高亨：《古字通假會典》，第649頁。案古音祭月部之字與術物部之字相近而通假，可參蔣禮鴻：《義府續貂》（增訂本），中華書局，2020年，第49～50頁。

〔註14〕《史記·司馬相如傳》「卒然」，司馬貞《索隱》引《廣雅》：「卒，暴也。」《漢書·五行志中之下》集注：「猝，暴也。」

我們認為簡文的「埶」，是「大」的意思。「埶」與「大」古音相近故古義亦相同。「埶」「大」之相通猶「埶」聲與「世」聲之字相通，《君子偕老》「是紲袢也」，「紲」字，安大簡作「埶」，三家《詩》作「褻」，可為其證，而「世」與「大」音義亦相近。〔註15〕

又《鶡冠子‧世兵》「細故袃蒯，奚足以疑」，陸佃曰：「一本『袃』作『裂』。」黃懷信說：「『袃』作『裂』者字之誤，道藏本作『褻』、聚珍本作『梁』，亦皆非。」〔註16〕我們也曾有過討論，認為：

> 當以道藏本最為近真，道藏本的「褻」當是「褻」的誤字。「裂」則是「褻」的誤字（亦即「褻」的俗訛字）。賈誼《服賦》作「細故蒂芥」，「褻」「蒂」音近而致異。這也是由於「褻」「裂」形音皆近而致誤的例子。又從「埶」從「刼」相混之例，可參梁春勝《楷書部件演變研究》，北京：線裝書局，2012年，288頁。〔註17〕

「袃（褻／褻）」從「埶」聲，其異文作「蒂」，這也可證明「埶」與「大」音近。

「埶」訓為「大」，其字在傳世文獻中通作「設」（詳下文）。而「埶」「設」古音極近，出土文獻中，以「埶」為「設」的現象習見，詳細的討論可參裘錫圭先生《古文獻中讀為「設」的「埶」及其與「執」互訛之例》〔註18〕、《再談古文獻中以「埶」表「設」》〔註19〕這兩篇文章。

我們知道，「設」字古義有「大」的意思，如《周禮‧考工記‧桃氏》：「中其莖，設其後。」鄭玄注：「從中以卻稍大之也，後大則於把易制。」賈公彥疏：「後鄭意，『設』訓為大。故《易‧繫辭》云：『《益》長裕而不設。』鄭注

〔註15〕參王引之：《經義述聞‧春秋名字解詁》，江蘇古籍出版社，2000年，第524頁。馬王堆帛書《十六經‧前道》「身載於前，主上用之，長利國家社稷，世利萬夫百生（姓）」，整理小組（1976：81）注：「世，大（見《讀書雜志》卷八之一）。」

〔註16〕黃懷信：《鶡冠子彙校集注》，中華書局，2004年，第300頁；又黃懷信：《鶡冠子校注》，湖北人民出版社，2018年，第231～232頁。

〔註17〕參蔡偉：《誤字、衍文與用字習慣——出土簡帛古書與傳世古書校勘的幾個專題研究》，臺灣花木蘭文化事業有限公司，2019年，第86～87頁。

〔註18〕此文原載香港大學亞洲研究中心《東方文化》1998年36卷1、2號合刊；又收入《裘錫圭學術文集‧語言文字與古文獻卷》，復旦大學出版社，2012年。

〔註19〕原載《先秦兩漢古籍國際學術研討會論文集》，社會科學文獻出版社，2010年；又收入《裘錫圭學術文集‧語言文字與古文獻卷》，復旦大學出版社，2012年。

云：『設，大也。』」〔註20〕

簡文「風雨不暴」與「雷霆不埶（設）」相對為文，「暴」「埶（設）」互文相足。也就是說如果簡文作「風雨不埶（設），雷霆不暴」也是完全可以的。「雷霆不埶（設）」與《周易·繫辭》「《益》長裕而不設」，其中「不埶（設）」「不設」，都是「不大」的意思。

綜上所述，「風雨不暴」者，謂風雨不急促，即和風細雨；「雷霆不埶（設）」者，謂雷霆不大、雷霆不猛烈，則其於生物無菑無害。如此，則風調雨順，一派祥和之景象已躍然紙上。

又簡文「埶」字似可讀為「烈」，「埶」與「烈」古韻同部，聲母則一為疑紐，一為來紐，音近可通。如「樂」字有疑母及來母兩讀，又「魯」（來母）從「魚」聲（疑母），可證。又段玉裁謂「樧即梛也」〔註21〕；又從「埶」聲的「藝」字，其異文作「緤」〔註22〕，而「泄」與「迾」通〔註23〕；《漢書·鮑宣傳》：「男女遮迣。」顏師古注：「迣，古列字也。」《漢書·禮樂志》：「迣萬里。」顏師古注引晉灼曰：「迣，迾也。」〔註24〕有此數證，所以將「埶」讀為「烈」，從古音的角度來看，應無問題。簡文云「風雨不暴，雷霆不埶（烈）」，謂風雨不暴猝，雷霆不猛烈也。

檢《卷施閣文乙集》曰：

> 是以珠玉沒水，日月不能垂其照；魑魅遁虛，雷霆不能施其烈。

又《黃氏日抄》卷五十曰：

> 雷霆久蟄，一旦迅烈，天地為之震動，起視草木皆甲拆矣。……
> 先生權書衡論等作，若施之用，亦必有雷霆迅烈之勢。

〔註20〕《周禮注疏》，清·阮元校刻《十三經注疏》（二），中華書局，2009 年，第 1980 頁；關於「設」有大義，更詳細的例證，可參王凱博：《郭店簡〈語叢二〉札記一則》，第四屆古文字與出土文獻語言研究學術研討會暨出土文獻語言文字研究青年學者論壇會議論文集，吉林·長春，2021 年 7 月 23 日至 25 日，第 175 頁。王凱博先生的文章裡說：「簡帛與古文獻中『設』為大、顯的更多例子，參《簡帛文獻語詞例釋》【設·5】條」，因其文章未正式發表，也不知是否有涉及到銀雀山漢簡「雷霆不埶」這句話。

〔註21〕段玉裁《說文解字注》，中華書局，2020 年，第 254 頁。

〔註22〕高亨：《古字通假會典》，齊魯書社，1997 年，第 630 頁。

〔註23〕高亨：《古字通假會典》，第 630 頁。

〔註24〕以上例證可參雷燮仁：《誤「埶」為「執」及相關問題考辨》，復旦大學出土文獻與古文字研究網站，http://www.gwz.fudan.edu.cn/Web/Show/3146，2017/10/31。

可堪比照。

又簡文「風雨不暴，雷霆不塾」下有「白丹發，朱草生，馮（鳳）鳥下，游龍見」等語，整理者注引《鶡冠子‧度萬》「膏露降，白丹發，醴泉出，朱草生」為證。我們檢索文獻，還有很多類似的語句，如《禮記‧禮運》云：

> 故聖王所以順，山者不使居川，不使渚者居中原，而弗敝也。用水火金木，飲食必時。合男女，頒爵位，必當年德。用民必順。故無水旱昆蟲之災，民無凶饑妖孽之疾。故天不愛其道，地不愛其寶，人不愛其情。故天降膏露，地出醴泉，山出器車，河出馬圖，鳳皇麒麟皆在郊棷，龜龍在宮沼，其餘鳥獸之卵胎，皆可俯而闚也。〔註25〕

孔穎達《正義》引《援神契》有下列文句：

> 德及於天，斗極明，日月光，甘露降。德及於地，嘉禾生，蓂莢起，秬鬯出。德至八極，則景星見。德至草木，則朱草生，木連理。德至鳥獸，則鳳皇來，鸞鳥舞，麒麟臻，白虎動，狐九尾，雉白首。德至山陵，則景雲出。德至深泉，則黃龍見，醴泉涌，河出龍圖，洛出龜書。

又《白虎通‧論符瑞之應》：

> 天下太平符瑞所以來至者，以為王者承統理，調和陰陽，陰陽和，萬物序，休氣充塞，故符瑞並臻，皆應德而至。德至天則斗極明，日月光，甘露降；德至地則嘉禾生，蓂莢起，秬鬯出，太平感；德至文表則景星見，五緯順軌；德至草木朱草生，木連理；德至鳥獸，則鳳皇翔，鸞鳥舞，麒麟臻，白虎到，狐九尾，白雉降，白鹿見，白鳥下；德至山陵則景雲出，芝實茂，陵出異丹，阜出蓮莆，山出器車，澤出神鼎；德至淵泉則黃龍見，醴泉通，河出龍圖，洛出龜書，江出大貝，海出明珠。

《春秋繁露‧王道》：

> 王者，人之始也。王正，則元氣和順，風雨時，景星見，黃龍下。王不正，則上變天，賊氣並見。五帝三王之治天下，不敢有君民之心，什一而稅。教以愛，使以忠，敬長老，親親而尊尊，不奪

〔註25〕《禮記正義》，清‧阮元校刻《十三經注疏》（三），中華書局，2009 年，第3090 頁。

民時，使民不過歲三日，民家給人足，無怨望忿怒之患，彊弱之難，無讒賊妒疾之人，民修德而美好，被髮銜哺而游，不慕富貴，恥惡不犯，父不哭子，兄不哭弟，毒蟲不螫，猛獸不搏，抵蟲不觸，故天為之下甘露，朱草生，醴泉出，風雨時，嘉禾興，鳳凰麒麟遊於郊。

《漢書·公孫弘傳》：

蓋聞上古至治，畫衣冠，異章服，而民不犯；陰陽和，五穀登，六畜蕃，甘露降，風雨時，嘉禾興，朱草生，山不童，澤不涸；麟鳳在郊藪，龜龍遊於沼，河洛出圖書。

今人主和德於上，百姓和合於下，故心和則氣和，氣和則形和，形和則聲和，聲和則天地之和應矣。故曰陰陽和，風雨時，甘露降，五穀登，山不童，澤不涸，嘉禾興，朱草生，此和之至也。

《淮南子·本經》：

當此之時，玄元至碭而運照（注：玄，天也。元，氣也。碭，大也。言盛德之君，恩仁廣大，徧照四海也），鳳麟至，著龜兆，甘露下，竹實滿，流黃出，而朱草生，機械詐偽莫藏於心。

《金樓子·興王篇》：

是後景星曜於天，甘露降於地，朱草生於囿，鳳凰止於庭。以鼂莆蓂莢之瑞，都於平陽。〔註26〕

《藝文類聚》卷十一·帝王部一引《帝王世紀》曰：

帝堯陶唐氏，祁姓也，母慶都，孕十四月而生堯於丹陵，名曰放勳，鳥庭河勝，或從母姓伊氏，年十五而佐帝摯，受封於唐，為諸侯，身長十尺，嘗夢天而上之，故二十而登帝位，都平陽，置敢諫之鼓，命羲和四子，羲仲羲叔和仲和叔，分掌四時方嶽之職，故名曰四嶽也，諸侯有苗氏，處南蠻而不服，堯征而克之於丹水之浦，乃以尹壽許由為師，變放山川谿穀之音，作樂大章，天下大和，百姓無事，有五十老人，擊壤於道，觀者歎曰：大哉，帝之德也，老人曰：吾日出而作，日入而息，鑿井而飲，耕田而食，帝何力於我哉，於是景星曜於天，甘露降於地，朱草生於郊，鳳皇止於庭，嘉禾挈於畝，澧泉涌於山，焦僥民來貢沒羽，廚中自生肉脯，其薄如

〔註26〕許逸民：《金樓子校箋》，中華書局，2011年，第74頁。

　　翣形，搖鼓自生風，使食物寒而不餒，名曰翣脯。又有草夾階而生，隨月生死，王者以是占日月之數，惟盛德之君，應和而生，故堯有之，名曰蓂莢。

又引《雒書靈准聽》曰：

　　有人方面，日衡重華，握石推，懷神珠，舜受終，鳳皇儀，黃龍感，朱草生，蓂莢孳，西王母授益地圖，西王母得益地之圖來獻。

《太平御覽》卷81引《雒書靈准聽》作：

　　有人方面，日衡重華，握石椎，懷神珠。西王母受益地圖，舜受終，鳳凰儀，黃龍感，朱草生，蓂莢孳。

《尚書中候》曰：

　　帝堯即政七十載，景星出翼，鳳凰止庭，朱草生郊，嘉禾孳連，甘露潤液，醴泉出山。

《焦氏易林·損之坤》：

　　文山紫芝，雍梁朱草，生長和氣，王以為實。

又如唐瞿曇悉達撰《開元占經》卷一百十二「竹木草藥占·草木休徵」之「朱草」下列有：

　　孫氏《瑞應圖》曰：朱草者，草之精也，聖人之德無所不至則生。

　　《鶡冠子》曰：惟聖人能正其音，調其聲，故德上及泰清，下及泰寧，中及萬靈，朱草生。

　　《尚書大傳》曰：德光地序則朱草生。

　　《淮南子》曰：太清之世，流黃出，朱草生。

　　《春秋運斗樞》曰：璇星得則朱草生。

　　《尚書候》曰：文命得成，俊乂在官，朱草生郊。

　　《魏畧》曰：文帝欲禪，朱草生於文昌殿側。

　　《大戴禮》曰：朱草生，日生一葉，至十五日止，十六日落一葉。〔註27〕

由此可見，傳世文獻所闡述的種種瑞應，都跟堯、舜這些明主及「聖王」「王」與「聖人」有關，這與簡文言「聖王行於天下」，乃致陰陽調和，休徵並至，可以互相比照。

〔註27〕《開元占經》（下冊），九州出版社，2012年，第1055頁。

附：說「鳳凰來儀」

《藝文類聚》卷十一引《雒書靈准聽》曰：

> 有人方面，日衡重華，握石推，懷神珠，舜受終，鳳皇儀，黃龍感，朱草生，蓂莢孳，西王母授益地圖，西王母得益地之圖來獻。

《太平御覽》卷81引《雒書靈准聽》作：

> 有人方面，日衡重華，握石椎，懷神珠。西王母受益地圖，舜受終，鳳凰儀，黃龍感，朱草生，蓂莢孳。

「鳳凰儀」語本《書·益稷》：「簫韶九成，鳳皇來儀。」孔穎達疏：「簫韶之樂作之九成，以致鳳皇來而有容儀也。」

案「儀」，蓋為舍止之義。我們看孔穎達《正義》引《援神契》有下列文句：

> 德及於天，斗極明，日月光，甘露降。德及於地，嘉禾生，蓂莢起，秬鬯出。德至八極，則景星見。德至草木，則朱草生，木連理。德至鳥獸，則鳳皇來，鸞鳥舞，麒麟臻，白虎動，狐九尾，雉白首。

《白虎通·論符瑞之應》作：

> 天下太平符瑞所以來至者，以為王者承統理，調和陰陽，陰陽和，萬物序，休氣充塞，故符瑞並臻，皆應德而至。德至天則斗極明，日月光，甘露降；德至地則嘉禾生，蓂莢起，秬鬯出，太平感；德至文表則景星見，五緯順軌；德至草木朱草生，木連理；德至鳥獸，則鳳皇翔，鸞鳥舞，麒麟臻，白虎到，狐九尾，白雉降，白鹿見，白鳥下。

其中「德至鳥獸，則鳳皇來」與「德至鳥獸，則鳳皇翔」文義相近，而「翔」即舍止之義，《淮南子·覽冥》「鳳皇翔於庭」，高誘注：「翔，猶止也。」[註28]可證。又《金樓子·興王篇》云「是後景星曜於天，甘露降於地，朱草生於囿，鳳凰止於庭」，《藝文類聚》卷十一·帝王部一引《帝王世紀》有「朱草生於郊，鳳皇止於庭」。案《易林·乾之姤》：

> 仁政不暴，鳳凰來舍。四時順節，民安其處。

又《賁之賁》：

> 仁政不暴，鳳凰來舍。四時順節，民安其居。

其文義相近，可以比照。

〔註28〕《故訓匯纂》，商務印書館，2003年，第1815頁。

3. 知（智）牟愚

銀雀山漢簡貳《國法之荒》簡 1507 有下引文句：

□靡相尚，強乘弱，眾暴寡，知（智）牟愚，吏污資之所生也。

（185 頁）

案《墨子‧兼愛下》云：「強之劫弱，眾之暴寡，詐之謀愚，貴之敖賤。」又《天志中》云：「強之暴寡，詐之謀愚，貴之傲賤。」其文義相近。

「牟」「謀」音近。《爾雅》：「悈，愛也。」又《方言》：「牟，愛也。宋魯之閒曰牟。」王念孫《廣雅疏證》、錢繹《方言箋疏》、朱駿聲《說文通訓定聲》都指出「牟」「悈」聲近義同。〔註29〕而《說文》「悈讀若侮」，「務成昭」的「務」，《銀雀山漢墓竹簡（貳）》寫作「牟」（第 171 頁），「務」〔註30〕「侮」古音又極近，出土和傳世文獻中多通借之例。〔註31〕所以「牟」「謀」「侮」可以通假。

簡文的「智牟愚」，即「智侮愚」；《墨子》的「詐之謀愚」，即「詐之侮愚」。侮，輕侮的意思。又《墨子‧兼愛中》云：「強必執弱，富必侮貧，貴必敖賤，詐必欺愚。」又云：「強不執弱，眾不暴寡，富不侮貧，貴不敖賤，詐不欺愚。」漢摩崖《西狹頌》有「強不暴寡，知不詐愚」，其文義皆相近。

〔註29〕宗福邦、陳世鐃、蕭海波：《故訓匯纂》，商務印書館，第 1399 頁。

〔註30〕王念孫：《〈六書音均表〉書後》，《高郵王氏遺書》，江蘇古籍出版社，2000 年，第 150 頁。

〔註31〕參周波：《「侮」字歸部及其相關問題考論》，復旦大學出土文獻與古文字研究中心網站，http://www.fdgwz.org.cn/Web/Show/572，2008/12/23。

十四、說「怠」字

《銀雀山漢墓竹簡・王兵》說：

計未定而兵起者，兵自怠者也。〔註1〕

整理小組說：

《管子・參患》：「計未定而兵出於竟，則戰之自敗，攻之自毀
者也。」《管子・七法・選陣》有相似文字作：「計未定於內，而兵
出乎境，是則戰之自勝，攻之自毀者也。」

本文想討論一下「兵自怠」的「怠」字。

因為看到《說苑・敬慎》「官怠於宦成」，《文子・符言》作「宦敗於官茂
〈成〉」。使我們聯想到《王兵》的「兵自怠」與《管子》的「戰之自敗」。這
說明在古漢語中，「怠」有「敗」的意思。所以會有《王兵》及《說苑》的「怠」
在《管子》、《文子》中或作「敗」的現象。否則，「怠」「敗」形、音不類，異
文是不大可能產生的。

這個表示「敗」的「怠」字，字書及傳世文獻通作「殆」。《眾經音義》引
《廣雅》曰：「殆，敗也。」〔註2〕王念孫云：

殆者，卷一云：「殆，壞也。」壞與敗同義。《賈子・道術篇》
云：「志操精果謂之誠，反誠為殆。」

案王氏所引《賈子》之「殆」當讀為「詒」，詒，欺也。通作「紿」〔註3〕。
與「誠」義正相反。檢《賈子・道術》原文作：

〔註1〕《銀雀山漢墓竹簡・壹》，文物出版社，1985年，第136頁。
〔註2〕今本脫「怠」字。參王念孫：《廣雅疏證》，中華書局，1983年，第91頁。
〔註3〕參王念孫：《廣雅疏證》，第72頁。

伏義誠必謂之節，反節為罷；持節不恐謂之勇，反勇為怯；信理遂惔謂之敢，反敢為揜；志操精果謂之誠，反誠為殆；克行遂節謂之必，反必為怚。

其上下文皆為句中韻，如必、節質部；恐、勇東部；惔、敢談部；節、必質部。則「志操精果謂之誠」應該作「志操果精謂之誠」，精、誠為耕部，如此，句式一律而押韻自然諧婉。〔註4〕

下面所引傳世文獻中的「殆」，皆可用「敗」來解釋。

1. 知彼知己，百戰不殆；不知彼而知己，一勝一負；不知彼，不知己，每戰必殆〔註5〕。　　　　　　　　　　　《孫子‧謀攻》

2. 以半擊倍，百戰不殆。　　　　　　　　　　　《吳子‧料敵》

3. 然而兵殆於垂沙。　　　　　　　　　　　　　《荀子‧議兵》

4. 威彊未足以殆鄰敵。　　　　　　　　　　　　《荀子‧王制》

5. 威動天下，彊殆中國。　　　　　　　　　　　《荀子‧王霸》

6. 威動海內，彊殆中國。　　　　　　　　　　　《荀子‧彊國》

7. 殆竭家室。　　　　　　　　　　　　　　　　《墨子‧節葬》

字或作「紿」。鮑彪注《戰國策‧齊策》「破燕兵，紿騎劫」，云：「紿，敗也。」又作「治」。《荀子‧議兵》：「故兵大齊則制天下，小齊則治鄰敵。」楊注曰：「治鄰敵，言鄰敵受其治化耳。」王念孫說：

治讀為殆。殆，危也。謂危鄰敵也。《王制篇》曰：「威彊未足以殆鄰敵。」《王霸篇》曰：「威動天下，彊殆中國。」《彊國篇》曰：「威動海內，彊殆中國。」殆、治古字通。《彊國篇》「彊殆中國」楊注：「殆或為治。」《史記‧范雎傳》：「夫以秦卒之勇，車騎之眾，

〔註4〕關於句中韻，可參王引之《經義述聞》「古詩隨處有韻」下，江蘇古籍出版社，2000年，第177～181頁；又參蔡偉：《誤字、衍文與用字習慣：出土簡帛古書與傳世古書校勘的幾個專題研究》，臺灣花木蘭文化事業有限公司，2019年，第39頁。《靈樞‧九鍼十二原》：「徐而疾則實，疾而徐則虛。言實與虛，若有若無，察後與先，若存若亡，為虛與實，若得若失。虛實之要，九鍼最妙，補瀉之時，以鍼為之。」其中「徐而疾則實，疾而徐則虛」亦為句中韻，說見錢超塵：《清儒〈黃帝內經〉古韻研究簡史》，北京科學技術出版社，2017年，第240～241頁。

〔註5〕《十一家》、《北堂書鈔》、杜佑《通典》、新疆吐峪溝六朝抄本皆作「每戰必殆」，當從之。此文以己、殆為韻；己、負為韻；己、殆為韻。李零從李笠作「敗」，義雖是，但是失韻，非原本之舊。

以治諸侯，譬若馳韓盧而搏蹇兔也。」治諸侯即殆諸侯。楊謂受其治化，則非用兵之事矣。〔註6〕

案王氏讀「治鄰敵」之「治」為「殆」，甚是，而訓「殆」為「危」，則並非確詁。又謂《史記》「治諸侯」即「殆諸侯」則非是。《秦策三》有類似文字作「以秦卒之勇，車騎之眾，以當諸侯」。史遷改「當」為「治」，則「治」字必當時習見之義。案《釋名》：「治，值也。物皆值其所也。」《趙策四》有「無敢與趙治」語，注：「治猶校。」（案：校亦當也。）《漢書·韓安國傳》：「公等足與治乎？」師古曰：「治謂當敵也，今人猶云對治。」然則「治諸侯」即「當諸侯」。《新序·雜事五》有「噫將使我出正辭而當諸侯乎」語（又見《韓詩外傳》卷十，作：出正辭而當諸侯乎？），皆可以參照。

字又作「佁」。《呂氏春秋·本生》有下引文句：

出則以車，入則以輦。務以自佚。命之曰招蹷之機。肥肉厚酒，務以自強，命之曰爛腸之食。靡曼皓齒，鄭衛之音，務以自樂，命之曰伐性之斧。

高誘注曰：

招，至也。蹷機，門內之位也。乘輦於宮中，遊翔至於蹷機。故曰務以自佚也。詩云：不遠伊爾，薄送我畿。此不過蹷之謂。

王念孫指出：

佁之言待也、止也。故不前謂之佁，不動亦謂之佁。《呂氏春秋·本生篇》云：出則以車，入則以輦，務以自佚，命之曰佁蹷之機。高誘注云：佁，至也。蹷機門內之位也。乘輦於宮中，遊翔至於蹷機，故曰務以自佚也。案佁蹷謂痿蹷不能行也。凡人過佚則血脈凝滯，骨幹痿弱，故有佁蹷不能行之病。是出車入輦，即佁蹷之病所由來，故謂之佁蹷之機。枚乘《七發》云：「出輿入輦，命曰蹷痿之機」是也。高注訓佁為至、蹷機為門內之位，皆失之。今本《呂氏春秋》作「招蹷之機」，案：李善注《七發》引作佁蹷，又引《聲類》佁，嗣理切。《集韻》、《類篇》並云：佁，象齒切，至也。《呂氏春秋》「佁蹷之機」高誘讀，則舊本作「佁」明甚，今本作「招」者，後人不解「佁」字之義，而妄改之耳。〔註7〕

〔註6〕王念孫：《讀書雜志》「治鄰敵」下，江蘇古籍出版社，2000年，第697頁。
〔註7〕王念孫：《廣雅疏證》「眙，逗也」下。中華書局，1983年，第65頁。

案王說謂「招」為「佁」之誤甚是。根據高誘注「至也」，也可證明字從「台」，不從「召」，「招」可訓為致，而不能訓為至。又《淮南子·氾論》「出百死而紿一生」，高誘注：「紿，至也。」亦聲近而義同。

又案高誘訓「佁」為至，王念孫訓為止，皆於義未安。「佁」亦當讀為「殆」，《馬王堆漢墓帛書老子》乙本「沒身不佁」，甲本及傳世本皆作「沒身不殆」，即其證。「殆」，也是敗的意思。「招〈佁〉歷之機」、「爛腸之食」、「伐性之斧」句同一例，「歷」當為名詞，高誘注「歷機，門內之位也」，可從。

案《廣雅·釋宮》：

　　　　梁、機，柣也。〔註8〕

王念孫《疏證》曰：

　　　　《說文》：「梁，門梱也。」字亦作「橜」，通作「厥」。《爾雅》「橜謂之闑」，郭注云：「門闑也。」《荀子·大略篇》「和之璧，井里之厥也」，《晏子春秋·諫篇》作「井里之困」，困亦與梱同。梁者，直而短之名，說見卷二「孑孑，短也」下。……「機」字或作「畿」，《呂氏春秋·本生篇》注云：「機梁，門內之位也。」《邶風·谷風篇》「不遠伊邇，薄送我畿」，毛傳云：「畿，門內也。」《正義》云：畿者期限之名，故《周禮》有「九畿」。《說苑·政理篇》云：「正橜機之禮，壹妃匹之際。」蔡邕《司徒袁公夫人馬氏靈表》云：「不出其機，化導宣暢。」

可以為證。《御覽》卷472／8b引《淮南子》作「歷身之機」，蓋亦臆改。

最後，我們再來看《管子·七法·選陣》中的「戰之自勝」。丁士涵、張佩綸都謂「勝」當從《參患》作「敗」〔註9〕，認為是個誤字。

我們認為：「勝」當讀為「怠（殆）」。凡字之從「朕」從「台」者，古音相近，故多通借。如：

　　　　1.《爾雅》：「台、朕，我也。」楊樹達說：台、朕一聲之轉。

〔註10〕

〔註8〕 王念孫：《廣雅疏證》，中華書局，1983年，第212頁；又參王引之：《經義述聞》「樞機」下、又《經義述聞》「闑西闑外」下。

〔註9〕 參郭沫若：《管子集校》（一），收入《郭沫若全集·歷史編》（第五卷），人民出版社，1984年，第170頁。

〔註10〕 見楊樹達：《古音對轉疏證》，收入《積微居小學金石論叢》，中華書局，1983年，第146頁。

2.《銀雀山漢墓竹簡（貳）‧奇正》「同不足以相勝也」〔註11〕，《文子‧上禮》、《淮南子‧兵略》並作「同莫足以相治」。

3.《方言》：「媵，寄也。」《詩經‧鄭風‧子衿》「子寧不嗣音」，「嗣」，《釋文》引《韓詩》作「詒」。「詒，寄也。」「媵」、「詒」音近而義同。

皆可以為證。

在傳世文獻中，也有「怠」當讀為「朕」者。如《文子‧道原》曰：

行乎無路，遊乎無怠，出乎無門。

《符言》曰：

無為名尸，無為謀府，無為事任，無為智主，藏於無形，行於無怠，不為福先，不為禍始，始於無形，動於不得已。

俞樾說：

「無怠」與「無路」「無門」不一律，……以聲求之，或當為「垓」之叚字……〔註12〕

孫詒讓說：

「無怠」與上下文不協，《符言篇》亦云「行於無怠」。彼文出《淮南子‧詮言訓》，本作「行無迹」，此二篇「怠」字疑並當為「迹」，「迹」「怠」二字，艸書相近而誤。〔註13〕

其實俞氏讀「怠」為「垓」，並無確據。孫氏所云，尤不可從，「怠」「迹」形音皆不近，無緣致誤。且如孫說，則亦失其韻矣。此文「怠」與「始」、「已」為韻。《淮南子‧詮言》作「藏无形，{行无迹}〔註14〕，遊无朕」。「遊无朕」，對應於《文子》的「行於无怠」。案《莊子‧應帝王》云：「无為名尸，无為謀府，无為事任，无為知主，體{盡}〔註15〕无窮，而遊无朕。」此即《文子》《淮南》所本。

〔註11〕《銀雀山漢墓竹簡（貳）》，文物出版社，2010年，第155頁。

〔註12〕俞樾：《諸子平議補錄》，臺北世界書局，1958年，第10頁。

〔註13〕孫詒讓：《札迻》，中華書局，1989年，第128頁。

〔註14〕王叔岷說：行无迹三字，疑是遊无朕之注誤入正文者。此文郭注即釋朕為迹（《莊子校詮》，中華書局，2007年，第300頁）。可從。「遊无朕」即「行无迹」，多此一句，則句法參差而不協矣。

〔註15〕王叔岷說：盡字疑涉下文「盡其所受乎天」而衍。見王叔岷：《莊子校詮》，中華書局，2007年，第300頁。

《莊子・應帝王》「而遊无朕」，成玄英注：

> 朕，迹也。

根據以上所述，我們把《文子・道原》的這句話校讀為：

> 行乎無路，遊乎無怠（朕），出乎無門。

又《銀雀山漢墓竹簡・唐勒》有「進退諨（屈）信（伸），莫見其籏（塵）埃」，《淮南子・覽冥》作「進退屈伸，不見朕垠」、《兵略》作「不見朕墊」。拙稿舊有「埃與怠古音亦極近，故可讀為朕。」董珊先生看過後，復信（2008年7月22日）指出：

> 唐勒賦的那個詞，李零先生《簡帛古書與學術源流》349～350頁，據羅福頤釋文隸定作從填、從竹，讀為「塵埃」〔註16〕。據此，《覽冥》「朕垠」、《兵略》「朕墊」應讀為「埃塵」。

案董先生的說法可從。《論衡・書虛篇》曰：「傳曰：太山之高巍然，去之百里，不見蜳螺，遠也。」孫詒讓指出：

> 案：蜳螺當作埵塿。《淮南子・說山訓》云：「泰山之容，巍巍然高，去之千里，不見埵塿，遠之故也。」高注云：「埵塿猶塵（今本作席，譌。〔註17〕）翳也。」即仲任所本。後《說日篇》云：「太山之高，參天入雲，去之百里，不見埵塊。」塿、塊義亦同。孫奭《孟子音義》引丁公著云：「塿，《開元文字》音塊。」則塿、塊古通。〔註18〕

是「不見朕垠（埃塵）」與「不見埵塿」、「不見埵塊」同意。

〔註16〕案：《張家山漢墓竹簡・蓋廬》（文物出版社，2006年，第165頁）有「慎其填（塵）埃」語，以「填」為「塵」，與《唐勒》用字習慣相合。參王輝：《出土秦漢典籍詞語釋讀八則》，《中國典籍與文化》2013年第3期（總第86期），第155頁。

〔註17〕引者按：「席」字，朱東光中立四子本作「塵」。邵瑞彭、吳承仕皆認為應是「塕」之誤字。參吳承仕：《淮南舊注校理》，北京師範大學出版社，1985年，第98頁。

〔註18〕孫詒讓：《札迻》，中華書局，2006年，第277頁。

十五、讀《銀雀山漢墓竹簡》札記 [註1]

（一）《銀雀山漢墓竹簡》校讀

1. 盧

《銀雀山漢墓竹簡・孫臏兵法》：

……□盧毀肩（63 頁）

案此與《淮南子・脩務》「黭咋足以嚼肌碎骨，蹴蹹足以破盧陷匈」中的「盧」字用法相同，「盧」皆讀為「顱」。

2. 弭

《銀雀山漢墓竹簡・六韜》有下引文句：

執（鷙）鳥將執，庳（卑）鷰（飛）翕翼；虎狼將狹，弭耳固伏。（114 頁）

整理小組注：

宋本作「猛獸將搏（《治要》作撃），弭（《治要》作俛）耳俯伏」。簡文「狹」疑當讀為「駚」，即奔逸之「逸」。「弭」疑是「戢」之異體。《詩・小雅・鴛鴦》「戢其左翼」，鄭箋「戢，斂也」。宋本「弭」當是「弭」之譌字。（116 頁）

「狹」字，學者或讀為「挾」[註2]，劉洪濤先生認為「狹」可能是「夫

〔註1〕 此文首發於復旦大學出土文獻與古文字研究中心網站，http://www.fdgwz. org.cn/Web/Show/933，2009/10/10。本文曾蒙裘錫圭先生審閱、指正，謹致謝忱！

〔註2〕 徐勇主編《先秦兵書通解》認為「當讀為挾」。天津人民出版社，2002 年，第 344 頁。

（从犬）」之訛，讀為「搏」〔註3〕。陳劍先生也認為，「笞擊」於意甚不合，簡文作「」，更可能應釋為「狋」、或視作「狋」之略寫訛（「先」、「夫」、「失」、「无」數字秦漢簡帛文字常難強分），就讀為前舉今本「猛獸將搏」之「搏」。又銀雀山漢簡「陰陽時令、占候之類」之《五令》簡1908：「‧罰令者，扶（捕）盜賊，開（研）詞詐偽人而殺之，以助臧（藏）地氣，使民毋疾役（疫）。」〔註4〕「扶（捕）」字，銀雀山漢墓竹簡整理小組釋為「扶」，引《淮南子‧時則》「仲冬之月……急捕盜賊，誅淫泆詐偽之人」，謂與簡文相近。陳劍先生改釋為「扶（捕）」，指出與《淮南子‧時則》的「捕」字相當，正確可從。〔註5〕

而「弡」字，簡文作「」，吳九龍《銀雀山漢簡釋文》把「弡」括注為「弭」，〔註6〕認為簡本的「弡」為「弭」的誤字，正確可從。「弡」字顯然係抄手在寫「弭」字時，由於右旁「耳」字與「𦣞」字相近，潛意識裏受到「𦣞」字影響，於是就把「弭」字寫成與之相近的「弡」字了。「弭」、「俛」皆低下之義。字又作彌。〔註7〕

〔註3〕見蔡偉《讀〈銀雀山漢墓竹簡〉札記》文後跟帖，復旦大學出土文獻與古文字研究中心網站，http://www.gwz.fudan.edu.cn/SrcShow.asp?Src_ID=933，2009年10月10日。

〔註4〕銀雀山漢墓竹簡整理小組編《銀雀山漢墓竹簡〔貳〕》，北京：文物出版社，2010年1月，102頁（圖版）、226～227頁（釋文注釋）。按「扶（捕）」字原釋為「扶」，形、義皆不合。原注已謂：「《淮南子‧時則》『仲冬之月……急捕盜賊，誅淫泆詐偽之人』，與簡文相近。」此「扶（捕）」正與《淮南子‧時則》的「捕」字相當。蕭旭《〈銀雀山漢墓竹簡〔貳〕〉校補》（《學燈》第二十六期，「孔子2000」網站，2013年4月3日，http://www.confucius2000.com/admin/list.asp？id=5624）讀「扶」為「桎」，亦不確。原釋文「開」字未括注，注釋又謂：「簡文『詞』上一字也可能不是『開』字，待考。」關於此字之釋及讀為「研」，參看方勇《漢簡零拾兩則》，武漢大學「簡帛」網，2011年12月23日，http://www.bsm.org.cn/show_article.php?id=1607。

〔註5〕參裘錫圭、陳劍：《說「狗」、「護」》，收入《漢語歷史語言學的傳承與發展——張永言先生從教六十五週年紀念文集》，復旦大學出版社，2016年。

〔註6〕吳九龍：《銀雀山漢簡釋文》，北京：文物出版社，1985年，第99頁。

〔註7〕《淮南子‧人閒》：「夫狐之捕雉也，必先卑體彌耳，以待其來也。」王念孫說，捕當為搏，字之誤也。彌耳當為弭毛。毛字因弭字而誤為耳，後人又改弭為彌耳。《楚辭‧離騷》注曰：「弭，按也。」言卑其體，按其毛，以待雉之來也。《太平御覽》人事部一百三十五、獸部二十一並引此云：「夫狐之搏雉也，必卑體弭毛，以待其來也。」高注《呂氏春秋‧決勝篇》云：「若狐之搏雉，俯體弭毛。」即用《淮南》之文。《吳越春秋‧句踐歸國外傳》亦云：「猛獸將擊，必弭毛帖伏。」我們認為，「彌」、「弭」音近，古書通用，「彌（弭）

為便於對照，我們把宋本《六韜》和唐寫本《應機抄》及《治要》《長短經》所引《六韜》文，列在下面：

《六韜‧武韜‧發啟》：「鷙鳥將擊，卑飛斂翼；猛獸將搏，弭耳俯伏。」〔註8〕

《敦煌類書》中的《應機抄》：太公曰：鷙鳥將擊，必卑飛斂翼；虎狼將擊，必弭毛誅（？）伏。〔註9〕

《羣書治要》卷三十一引《六韜》作：「鷙鳥將擊，卑飛翕翼；猛獸將擊，俛耳俯伏。」

《長短經》卷七《懼誡》引《六韜》作：「鷙鳥將擊，卑身翕翼；猛獸將搏，俛耳俯伏。」〔註10〕

宋本《六韜》、唐寫本《應機抄》的「弭」字，《治要》《長短經》皆作「俛」，這與《呂氏春秋‧知分》「龍俛首低尾而逝」，《淮南子‧精神》「俛」作「弭」，〔註11〕所產生的異文相同，都是「俛」「弭」古音相近的緣故。

3. 撓

《守法守令等十三篇》之七有下引一段話：

弱而不事強，胃（謂）之撓央（殃）；小而不事大，胃（謂）之召（招）害。（143頁）

整理小組注：

撓，疑當讀為「饒」。《廣雅‧釋詁一》：「饒，益也。」《小爾雅‧廣詁》：「饒，多也。」

耳」的說法也是可以的。又《史記‧酷吏傳》「而縱以鷹擊毛摯為治」，《集解》：「徐廣曰：鷙鳥將擊，必張羽毛也。」（《史記》，北京：中華書局，1994年，第3147頁）案「張」，應該作「弭」。

〔註8〕《續古逸叢書‧子部‧宋本武經七書》，江蘇古籍出版社，2001年，第483頁。

〔註9〕王三慶：《敦煌類書》，麗文文化事業股份有限公司，1993年，第300頁。誅，圖版作誅，未詳。所引即《六韜》文，而《敦煌類書》校箋篇謂：「《風后握奇經》〈翔鳥〉云：『鷙鳥擊搏，必先翱翔。勢援霄漢，飛禽伏藏。審而下之，下必有傷。一夫突擊，三軍莫當。』又〈虎翼〉云：『天地前衝，變為虎翼。伏虎將搏，盛其威力。淮陰用之，變化無極。垓下之會，魯公莫測。』本則乃據此文義檃栝成文。」顯然是錯誤的。

〔註10〕「耳」，四庫全書本誤作「身」，依宋刻本改。

〔註11〕高亨纂著、董治安整理：《古字通假會典》，齊魯書社，1997年，第155頁。

案：撓當讀為招。阜陽漢簡《詩經》「右撓我繇房」，今本作「右招我由房」、銀雀山漢墓竹簡《唐勒賦》「不撓指」，《淮南子·覽冥》作「不招指」、《文子·上禮》「暴行越知，以譊名聲於世」，《淮南子·俶真》作「暴行越智於天下，以招號名聲於世」。皆從堯從召之字相通之證。「撓央（殃）」的「撓」、「召害」的「召」都讀為「招」。〔註12〕

《說苑·談叢》「政有招寇，行有招恥」，向宗魯先生說：

> 《荀子·勸學篇》：「言有召禍，行有招辱。」〔註13〕《文子·微明》「行有召寇，言有致禍。」〔註14〕

《敦煌類書》中的《勵忠節鈔》引桓君山曰：「言有速患，行有招恥。人能端揆〈拱〉無為，自致禍患者，未之有也。」〔註15〕又《論衡·累害》「言有招患，行有招恥」，其文義並相近。

附記：小文於網上首發後，網友海天先生提示說，「弱而不事強，胃（謂）之撓央（殃）」，撓讀為招，已見於陳偉武先生《簡帛兵學文獻探論》第164頁。檢陳先生書，作：

> 「撓」當讀為招。簡本《孫子·行軍》「勦」字從堯從召雙聲符，知堯聲、召聲相近，故撓可與招通假。毛氏《詩·王風·君子揚揚》：「右招我由房。」阜陽漢簡「招」作「撓」。《王法》「撓央」指招致禍殃，適與其下句「小而不事大，胃（謂）之召害」的「召害」互文見義。〔註16〕

發現雖然拙說結論與之相同，但尚可補充陳先生的說法，故此條未加刪削。

4. 國□日君

銀雀山漢簡《守法守令等十三篇》簡815-816有這樣一段話：

〔註12〕「古人之文不嫌於複，凡經傳中同一字，而上下異形者不可枚舉，即用韻之文亦有之。」說見王念孫《讀書雜志》「皆繼」條下，江蘇古籍出版社，2000年，第745頁。出土文獻中，這種例子也常見。參裘錫圭：《古文獻中讀為「設」的「執」及其與「執」互訛之例》，《東方文化》，香港大學亞洲學研究中心，1998年。
〔註13〕偉案：又見《大戴禮記·勸學》。
〔註14〕向宗魯：《說苑校證》，中華書局，2000年，第406頁。
〔註15〕王三慶：《敦煌類書》，麗文文化事業股份有限公司，1993年，第172頁、圖版1078頁。案「端揆無為」當作「端拱無為」。
〔註16〕轉引自劉玉玲：《〈銀雀山漢墓竹簡·守法守令等十三篇〉集釋》，吉林大學2012年碩士學位論文，指導教師：何景成副教授，第105頁。

　　……是胃（謂）偽詐。失民得法，國□日君。失民失法，罪死
不赦。（132 頁）
早稻田大學簡帛研究會指出：

　　「日君」一詞至少不見於漢代以前的史料。但如《詩·邶風·
柏舟》：「日居月諸，胡迭而微」，鄭玄箋：「日，君象也」。《詩·小
雅·十月之交》：「朔月辛卯，日有食之，又孔之醜」，毛傳：「月，
臣道也，日，君道也。」如此，「日」有象徵君主之意，但這裏的用
法未能確知。〔註 17〕

　　我們認為，君當為若。也是根據「若」可以與詐、赦為韻。因為此篇文字
多韻語，而「君」字，就失韻了。〔註 18〕

　　但仔細核對圖版，原簡作：

〔註 17〕早稻田大學簡帛研究會：《銀雀山漢簡〈守法守令等十三篇〉の研究（二）要
　　言篇·庫法篇》，《中國出土資料研究》第七號，2003 年 3 月。此轉引自劉玉
　　玲：《〈銀雀山漢墓竹簡·守法守令等十三篇〉集釋》，吉林大學 2012 年碩士
　　學位論文，指導教師：何景成副教授。
〔註 18〕蔡偉：《讀〈銀雀山漢墓竹簡〉札記》，復旦大學出土文獻與古文字研究中心網
　　站，http://www.gwz.fudan.edu.cn/SrcShow.asp?Src_ID=933，2009 年 10 月 10 日。

蒙陳劍先生告知：

「」字左半殘，原釋「君」其形並不密合，應釋為「路」，「路」，敗也。形義皆合，且亦正入韻。

可從。簡文以詐、路、赦為韻。案《上博五·三德》篇簡6有下引一段話：

凡宅（託）官於人，是謂邦固；宅（託）人於官，是謂邦薔。

原注釋疑「薔」字讀為「窳」。陳偉懷疑「『固』和『膚（从廿）』的意思可能與原考釋恰好相反」，主張「薔」字釋為「莒」，讀為「呂」或「膂」。〔註19〕

陳劍先生指出，「邦薔」之「薔」當讀為「露」，或「路」、「落」。古書中這幾個字都可以用來表示「敗」、「廢」一類意思，而且常用於國家城邑等，〔註20〕可信。

據以上所述，則簡文「失民得法，國□曰（？〔註21〕）路」，是說如果「失民得法」，那末，國家就會衰落／敗落的。

5. 陣而□之〔註22〕

銀雀山漢墓竹簡《十陣》有下引文句：

推攘因慎而飾之，移而革之，陣而□之，規而離之。〔註23〕

整理小組注說，□字有殘損，可能是「支」字，也可能是「支」字或「丈」字。〔註24〕

我們認為這個殘損字只能是「支」字。因為此文以飾、革為韻；支、離為韻；〔註25〕如作「支」、作「丈」，就失韻了。

〔註19〕陳偉：《上博五〈三德〉初讀》，武漢大學簡帛網，http://www.bsm.org.cn，2006年2月19日。

〔註20〕參陳劍：《〈上博（五）〉零札兩則》，武漢大學簡帛網，http://www.bsm.org.cn/show_article.php?id=216，2006年2月21日。

〔註21〕蒙周波先生告知：釋文的「曰」字與圖版不合，疑為「乃」字。「國家乃路」，見於《管子·四時》。又郭永秉先生認為釋文的「曰」字並非「乃」字，當存疑。

〔註22〕此文首發於武漢大學簡帛網站，http://www.bsm.org.cn/?hanjian/4708.html，2006-12-30。

〔註23〕《孫臏兵法》下編，文物出版社，1975年，第86頁。

〔註24〕《孫臏兵法》下編，第88頁。

〔註25〕這是支、歌合韻。「支、歌二部古音最相近，古或通用」，詳見王念孫：《書錢氏〈答問·說地字音〉後》，收入《高郵王氏遺書》，江蘇古籍出版社，2000年，第149頁。

　　根據「支、歌通用」這一現象，我們可以校正《文子》中的一個誤字。
《文子・自然》曰：

　　　　若欲狹之，乃是離之；若欲飾之，乃是賊之。〔註26〕

「狹」字，《淮南子》作「規」〔註27〕、《莊子》作「知」〔註28〕，皆於
韻合。所以我們認為，「狹」應該是「狄」的誤字。案《篆隸萬象名義》：

　　　　騙，力狄反。(1170；230 下）

其中的「狹」亦「狄」之誤。

　　「狄」與「規」、「知」古音極近，故可以通借，《文子》是以狄、離為韻；
飾、賊為韻。

　　又「規而離之」，整理小組注曰：「規疑讀為窺。」案：規，合也。《淮南
子・主術》「夫三關者，不可不慎守也。若欲規之，乃是離之。」高誘注曰：
「言嗜欲有所規合，乃是離散也。」是「規」為「合也」。《莊子・在宥》曰：
「若彼知之，乃是離之」，此即《淮南》所本。《韓子・揚榷》曰：「彼自離之，
吾因以知之」。「知」「規」以音近（古音同在支部）而致異。

<hr />

〔註26〕　《通玄真經》卷八第 6 頁，四部叢刊三編子部（五九），上海書店，1985 年；
　　　　又杜道堅《文子纘義》（《二十二子》上海古籍出版社，1986 年，857 頁）誤
　　　　作「挾」。
〔註27〕　《淮南子》，上海古籍出版社，1991 年，第 85 頁。
〔註28〕　《莊子・在宥》「若彼〈欲〉知之，乃是離之」。見《二十二子》，上海古籍出
　　　　版社，1986 年，第 39 頁。「彼」，當依《文子》《淮南子》作「欲」。

（二）利用《銀雀山漢墓竹簡》校讀傳世古書

1. 令賤而勇者將輕銳以嘗之

《孫臏兵法·威王問》：

> 以輕卒嘗之，賤而勇者將之，期於北，毋期於得。（50 頁）

整理小組注：

> 《吳子·論將》「令賤而勇者將輕銳以嘗之，務於北，無務於
> 得。」與此同意。

案簡文以嘗、將為韻；北、得為韻。根據竹簡，則《吳子》當斷句為：

> 令賤而勇者將【之】，輕銳以嘗之。

今本脫一「之」字。《先秦散文中的韻文》〔註 29〕、《吳子的作者和成書》
〔註 30〕、《新譯〈吳子〉讀本》〔註 31〕，皆於「者」下絕句，不可從。

2. 破碎亂行

《墨子·兼愛中》有下引文句：

> 士聞鼓音，破碎亂行，蹈火而死者，左右百人有餘。

孫詒讓說：

> 碎，疑萃之借字，萃亦行列之謂。《穆天子傳》「七萃之士」，郭
> 璞注云：萃，集也、聚也。蓋凡卒徒聚集部隊，謂之萃。破萃亂行，
> 皆謂凌躒其曹伍，爭先赴火也。〔註 32〕

王煥鑣《墨子集詁》說，萃為聚集之義，孫用作名詞，說似可商。尹以「破
碎」讀為「破卒」，亦覺牽強……竊疑「碎」為「陳」之形誤，「陳」俗作「陣」，
有似於「碎」耳。「破陳」正與「亂行」相對也。〔註 33〕

可惜沒有全引尹說。檢尹桐陽《墨子新釋》，作：「言不必順次而走，碎，
萃也。字一作卒，《周禮·夏官·序官》『百人為卒』，行，列也。」〔註 34〕

〔註 29〕龍宇純：《絲竹軒小學論集》，中華書局，2009 年，第 236 頁。

〔註 30〕李碩之、王世金：《吳子的作者和成書》，載於《吳子淺說》，解放軍出版社，
1988 年 4 月，第 3～12 頁。轉引自單育辰：《從戰國簡〈曹沫之陳〉再談今
本〈吳子〉、〈慎子〉的真偽》，http://www.bsm.org.cn/show_article.php?id=409。

〔註 31〕王雲路：《新譯〈吳子〉讀本》，三民書局，1996 年，第 69 頁。

〔註 32〕孫詒讓：《墨子閒詁》，中華書局，1986 年，第 98 頁。

〔註 33〕王煥鑣：《墨子集詁》，上海古籍出版社，2005 年，第 322 頁。

〔註 34〕尹桐陽：《墨子新釋》，收入任繼愈主編《墨子大全》（第 22 冊），北京圖書館，
2003 年，第 139 頁。

案：《孫臏兵法・威王問》：「毀卒亂行，以順其志，則必戰矣。」（50頁）又《六韜・龍韜・奇兵》「夫兩陣之閒，出甲陳兵，縱卒亂行者，所以為變也。」。「毀卒亂行」、「破碎亂行」、「縱卒亂行」義竝相近。碎即卒。卒、行皆士卒部曲之名。卒為百人，行為二十五人。〔註35〕可以證明，尹桐陽的說法是非常正確的。

3. 合乎生死

《文子・道原》有「無為為之而合乎生死」語，顧觀光說，此句不可解。《原道訓》作「合乎道」，與下句「通乎德」對文。〔註36〕

我們認為，「死」乃衍文。大概因為後人誤讀「生」為「生死」之「生」，遂於「生」字之下妄加一「死」字耳。〔註37〕同樣的例子如銀雀山漢簡《六韜》「武王之乘黃振而死」，「乘黃」本是「四馬皆黃」之義，由於後人誤讀「黃」為「惶」，遂於「乘」上妄加「驂」字，《通典》卷162及《太平御覽》卷328引作「王之驂乘惶振而死」。〔註38〕

「生」當讀為「性」，「性」與「道」義近。猶《孫臏兵法》的「天之道也」，《淮南子》作「天之性也」〔註39〕，可為其證。又《史記・衛將軍驃騎列傳》：「青笑曰：人奴之生，得毋笞罵即足矣，安得封侯事乎？」〔註40〕《論衡・骨相》作：「青曰：人奴之道，得不笞罵足矣，安敢望封侯？」「人奴之

〔註35〕 參杜預注《左傳・隱公十一年》「鄭伯使卒出，行出犬雞」下；又《左傳・昭公三年》「卒列無長」下。

〔註36〕 轉引自王利器：《文子疏義》，中華書局，2000年，第7頁。

〔註37〕 就是所謂的「聯想而衍」之例，「聯想而衍」之例，可參王叔岷：《斠讎學》，中華書局，2007年，第296頁。

〔註38〕 《銀雀山漢墓竹簡（壹）》「釋文・注釋」部分，文物出版社，1985年，第122頁。

〔註39〕 《孫臏兵法・勢備》「夫陷（含）齒戴角，前蚤（爪）後鋸（距），喜而合，怒而斮（鬬），天之道也，不可止也。」（63頁）整理小組注引《淮南子・兵略》「凡有血氣之蟲，含牙帶角，前爪後距，有角者觸，有齒者噬，有毒者螫，有蹄者趹，喜而相戲，怒而相害，天之性也。」「勢備」的「勢」，原整理者讀為「勢」，裘先生說，「勢備」實當讀為「設備」。參裘錫圭：《再談古文獻以「埶」表「設」》（香港中文大學中國語言及文學系、香港中文大學中國文化研究所中國古籍研究中心主辦「古道照顏色——先秦兩漢古籍國際學術研討會」論文，2009年1月16日～18日。）又《淮南子》「含牙帶角」，于省吾（《雙劍誃諸子新證》，上海書店，1999年，第424頁）、王叔岷（《諸子斠證》，中華書局，2007年，第415頁）都據唐鈔本改為「戴」，與銀雀山漢簡合。

〔註40〕 司馬遷：《史記》，中華書局，1982年，第2922頁；班固《漢書・衛青傳》同，中華書局，1962年，第2471頁。

生」，當讀為「人奴之性」，即「人奴之道」。南宋費袞《梁溪漫志》、明鄭明選《鄭侯升集》卷 23《讀衛青傳》、清朱駿聲《經史答問》及今人馬宗霍《論衡校讀箋識》（中華書局，2010 年，第 42 頁），皆謂當以「人奴之」三字為句，非是。石光瑛《新序校釋》（中華書局，2001 年，第 1358 頁）雖認為當斷句為「人奴之生」，但他認為「人奴之生」，句法從《蓼莪詩》「鮮民之生」出，則非。又《淮南子・本經》「隨自然之性」，《文子・下德》作「循自然之道」。

以上這些都是「性」「道」互為異文而同義之證。《淮南子・原道》正作「無為為之而合乎道」。

字又作「精」。《文子・道原》「至德，天地之道」，《淮南子・原道》作「至德，天地之精也」。「精」、「性」古音極近，《文子・九守・守靜》「靜不動和」，《淮南子・俶真》作「性不動和」。即從「青」從「生」之字聲近以致異文之例。

4. 孔某乃志

《墨子・非儒下》：「敬見而不問其道，孔某乃志。」[註41] 銀雀山漢墓竹簡《晏子》作：「敬見之而不問其道，中（仲）泥（尼）□去。」（103 頁）

整理小組注：

中泥□去，明本作「仲尼逃行」。

案「志」，當從簡本作「去」，「去」與「行」義近。[註42]

5. 然後可成

銀雀山漢墓竹簡《六韜》：「扶而入之，□□……后可試。」（118 頁）

整理小組注：

宋本作「扶而納之，莫覺其意，然後可成」。「入」、「納」二字古通。

[註41] 孫詒讓說，舊本作「孔乃志」，道藏本「孔」下又空一字，季本、吳鈔本並作孔子諱，今據增「某」字。《晏子》作「仲尼逃行」。畢本「志」改「悫」，云：「悫」舊作「志」，盧改。（孫詒讓：《墨子閒詁》，中華書局，1986 年，第 273 頁）是《墨子》本作「志」。尹桐陽云：「志，記也。志怒猶含怒。」（《墨子新釋》，任繼愈主編《墨子大全》（第 22 冊），北京圖書館，2003 年，第 365 頁）、張純一云：「志同誌，記也。志怒於景公與晏子，言怒景公與晏子而不志也。」（《墨子集解》，成都古籍書店據世界書局 1936 年 9 月初版本影印，1988 年，第 258 頁）、吳毓江云：「志讀如《論語》『默而識之』之『識』。」（《墨子校注》，中華書局，1993 年，第 441 頁）皆不從盧（文弨）校。雖然這些說法並不正確，但不輕改字，還是很值得肯定的。

[註42] 宗福邦等主編：《故訓匯纂》，商務印書館，2003 年 7 月，第 2043 頁。

案「然後可成」當作「然後可式」。宋本的「成〈式〉」與簡本的「試」通，都訓為「用」。上文以親、民為韻，此以意、式為韻。

6. 據《奇正》校《文子》一則

《孫臏兵法·奇正》曰：

> ……同不足以相勝也，故以異為奇。是以靜為動奇，佚為勞奇，飽為飢奇，治為亂奇，眾為寡奇……〔註43〕

《淮南子·兵略》作：

> 同莫足以相治也，故以異為奇……故靜為躁奇，治為亂奇，飽為飢奇，佚為勞奇，奇正之相應，若水火金木之代為雌雄也。〔註44〕

《文子·上禮》有一段文字作：

> 同莫足以相治，故以異為奇奇靜為躁奇治為亂奇飽為飢奇逸為勞奇正之相應，若水火金木之相伐也，何往而不勝。〔註45〕

根據《奇正》及《淮南子》，《文子》這一段文字，顯然應該是這樣的：

> 故以異為奇，{奇}靜為躁奇，治為亂奇，飽為飢奇，逸為勞奇，【奇】正之相應……

而《文子疏義》標點作：

> 故以異為奇，奇靜為躁，奇治為亂，奇飽為飢，奇逸為勞，奇正之相應……〔註46〕

《文子校釋》標點作：

> 故以異為奇。奇，靜為躁，奇，治為亂，奇，飽為飢，奇，逸為勞，奇正之相應……〔註47〕

《文子校注》標點作：

> 故以異為奇。奇靜為躁，奇治為亂，奇飽為飢，奇逸為勞。奇正之相應……〔註48〕

都是錯誤的。

〔註43〕《孫臏兵法》，文物出版社，1975 年，第 122 頁。
〔註44〕劉文典：《淮南鴻烈集解》，中華書局，1989 年，第 516 頁。
〔註45〕《通玄真經》卷十二，《四部叢刊三編》，上海書店，1985 年，第七頁。
〔註46〕王利器：《文子疏義》，中華書局，2000 年，第 537 頁。
〔註47〕李定生、徐慧君：《文子校釋》，上海古籍出版社，2004 年，第 487 頁。
〔註48〕彭裕商：《文子校注》，巴蜀書社，2006 年，第 243 頁。

十六、說衛侯之孫書鐘的「叟」字

據陳建新先生《讀衛侯之孫書鐘銘文小札》一文，衛侯之孫書鐘銘文有「叟樂且康」「叟穌且訌」「叟平且揚」等語，其中的「叟」字，銘文作「🔲」，釋「叟」可信，「叟」應該是類似「既」「終」的虛詞。[註1]

陳建新先生思路是很正確的，但未能指出「叟」究竟相當於什麼字，則稍稍有些遺憾。

相信很多讀過銘文的人，都會發現其中的句式多與《詩》相類，如「正月初吉」（《小雅・小明》有「二月初吉」），「衛厌（侯）之孫，灑子之子」（《魯頌・閟宮》有「周公之孫，莊公之子」），「于郕之埜（野）」（《魯頌・閟宮》有「于牧之野」），「台（以）言（享）台（以）孝（《小雅・大田》有「以享以祀」），「余古（故）政是測（則）」（《大雅・烝民》有「古訓是式」）等等，那末「叟樂且康」「叟穌且訌」「叟平且揚」這些句式會不會也見於《詩》呢？

我們知道，《詩》中有習見的「終X且X」句式，比如「終風且暴」「終溫且惠」「終窶且貧」等，[註2]但同時也多見「洵X且X」這種句式，如：

洵美且異（《靜女》）

洵美且仁（《叔于田》）

洵美且好（《叔于田》）

洵美且武（《叔于田》）

洵直且侯（《羔裘》）

〔註1〕陳建新：《讀衛侯之孫書鐘銘文小札》，復旦大學出土文獻與古文字研究中心，http://www.fdgwz.org.cn/Web/Show/5819#_edn1，2021/9/25。

〔註2〕可詳參王引之：《經義述聞》，江蘇古籍出版社，2000年，第86頁。

洵訏且樂（《溱洧》）

洵美且都（《有女同車》）

這些「洵」字，漢代的鄭玄作《箋》云：「洵，信也。」

案銘文的「尋」字或作「尋」，可參朱德熙先生《古文字考釋四篇》一文。〔註3〕頗疑此字在銘文中就可讀為「洵」。「尋」，須緣切，心紐元部，從「尋」聲的字有「撏」，與「揎」為一字異體，「洵」心紐真部，「尋」「洵」之相通，猶《說文》「珣」讀若「宣」。〔註4〕古元、真二部，皆收 n 尾，故音近可通。如「畎畝」之「畎」（見紐元部），上博《容成氏》簡 14 作「旬」〔註5〕（邪紐真部），「旋踵」之「旋」（邪紐元部），銀雀山漢簡《奇正》凡兩見，皆作「筍」〔註6〕（心紐真部），皆可為證。

所以，根據本文的臆見，衛侯之孫書鐘的「尋樂且康」「尋穌且訌」「尋平且揚」即「尋（洵）樂且康」「尋（洵）穌且訌（工？）」「尋（洵）平且揚」。

又單育辰先生《〈商周青銅器銘文暨圖像集成三編〉釋文校訂》有一條考釋：

> 第 508 號《聖簋》，原釋文中的「邢仲黚造子聖，虡□終畏虡忌」，所謂的「子」頭部有一小弧筆，應改釋為「孔」，其後的缺釋作「□」，可以看出有「母」形，從辭例上看有可能是「敏」字。據此，該句應斷讀為「邢仲黚造孔聖虡（且）敏，終畏虡（且）忌」，器名也應調整為《邢仲黚造簋》。〔註7〕

「孔聖虡（且）敏，終畏虡（且）忌」相對為文，其句式相近。案《詩·小雅·雨无正》有「維曰予仕，孔棘且殆」、又《詩·大雅·韓奕》：「四牡奕奕，孔修且張。」毛傳：「修，長；張，大。」銘文「孔聖虡（且）敏」與「孔棘且殆」「孔修且張」句式相同。「孔 X 且 X」與「洵 X 且 X」句式也是相近的。上博簡《民之父母》簡 11 有「亡（無）備（服）之桑（喪），內虘（恕）叱

〔註3〕朱德熙：《古文字考釋四篇》，收入《朱德熙文集》（第 5 卷），商務印書館 1999 年，第 151 頁。

〔註4〕參段玉裁：《說文解字注》，中華書局，2013 年，第 11 頁。

〔註5〕馬承源主編：《上海博物館藏戰國楚竹書·貳》，上海古籍出版社，2002 年，第 260 頁。

〔註6〕《銀雀山漢墓竹簡·貳》，中華書局，2010 年，第 155 頁。

〔註7〕單育辰：《〈商周青銅器銘文暨圖像集成三編〉釋文校訂》，http://www.bsm.org.cn/show_article.php?id=3624，2021-01-11。

（洵）悲」，「卲（洵）悲」，傳世本作「孔悲」〔註8〕，這之間的異文應該屬同義的關係。

〔註 8〕參劉洪濤：《上博竹書〈民之父母〉研究》，北京大學 2008 年碩士學位論文，指導教師：李家浩教授。

十七、試說《四十二年逨鼎》之「忱恂」

《四十二年逨鼎》有下引文句作：

> 余弗叚忘聖人孫子，余唯閈乃先祖考有羣（功）于周邦，肆余
> 作汝沊詢。余肇建長父，侯于楊，余命汝奠長父，休，汝克奠于厥
> 師，汝唯克型乃先祖考。

「詢」上一字，為單育辰先生據清華簡相關字形所釋。[註1]

單先生指出，「沊詢」在金文中唯此一例，不能和傳世典籍相對照，要想準確的考證它是什麼意思，已經相當困難。他對「沊詢」這個詞作了一番推測。

他認為《四十二年逨鼎》「肆余作汝沊詢」這個句式，在典籍中，與之相類的還有：

> 《尚書·洪範》：于其無好德，汝雖錫之福，其作汝用咎。
>
> 《尚書·君奭》：前人敷乃心，乃悉命汝，作汝民極。

他認為「沊」可讀為「參」，也可以讀為「審」。「肆余作汝沊詢」是說「我使你作參謀、咨議」。

我們同意單育辰先生的釋字意見，而釋義方面則稍有不同的臆見。現在寫出以就正於讀者。

我們認為《四十二年逨鼎》「肆余作汝沊詢」之「沊」應讀為「忱」。據單先生文章所引，新公布的清華五《封許之命》失收簡4及清華十《四告》簡

〔註1〕單育辰：《由清華簡〈封許之命〉〈四告〉釋四十二年逨鼎「沊」字》，《出土「書」類文獻研究高端學術論壇論文集》，西南大學，2021年3月27日。

35 有字作從雙「水」從「心」的「㳶」，辭例為「畏天之非㳶」「畏天非㳶」，可與《尚書·康誥》「天畏棐忱」對讀，可見從用字習慣來說，將《四十二年逨鼎》「肆余作汝㳶詢」之「㳶」讀為「忱」，應無問題。

案《書·立政》曰：

> 古之人迪惟有夏，乃有室大競，籲俊尊上帝，迪知忱恂于九德
> 之行。

偽孔傳：「禹之臣蹈知誠信於九德之行。」蔡沈集傳：「忱恂者，誠信而非輕信也。」

檢《方言》卷一：「允，訦，恂，展，諒，穆，信也。齊魯之間曰允，燕代東齊曰訦，宋衛汝穎之間曰恂，荊吳淮汭之間曰展，西甌毒屋黃石野之間曰穆。眾信曰諒，周南召南衛之語也。」〔註2〕是「忱恂」為同義複詞。

那末，《四十二年逨鼎》「肆余作汝㳶（忱）詢（恂）」，意思就是今我使汝作誠信（之人／事）。

案《書·大誥》曰：

> 天閟毖我成功所，予不敢不極卒寧〈文〉王圖事。肆予大化誘
> 我友邦君，天棐忱辭，……

其遣詞造句與《四十二年逨鼎》「余弗叚忘聖人孫子，余唯閉乃先祖考有𤠗（功）于周邦，肆余作汝㳶（忱）詢（恂）」極近，可以對讀。則亦可為《逨鼎》之「㳶」讀為「忱」添一佐證。其「予不敢」「余弗叚」義相近；〔註3〕而「閟」與「閉」則因音近而致異。

〔註2〕華學誠：《揚雄方言校釋匯證》，中華書局，2006年，第65頁。

〔註3〕可參單育辰：《試論〈詩經〉中「瑕」、「遐」二字的一種特殊用法》，復旦大學出土文獻與古文字研究中心網站，http://www.gwz.fudan.edu.cn/Web/Show/708，2009/2/28；孟蓬生：師寰簋「弗叚組」新解，復旦大學出土文獻與古文字研究中心網站，http://www.gwz.fudan.edu.cn/Web/Show/705，2009/2/25。

十八、秦駰玉版「坯（厥）氣瘨（藏）周」之「周」字臆說

秦駰玉版有下引文句：

> 孟冬十月，坯（厥）氣瘨周。余身曹（遭）病，為我戚憂。忡
> ＝（忡忡—忡忡）反戻（側），無閒無瘳。眾人弗智（知），余亦弗
> 智（知），而靡又（有）鼎（？）休。吾窮而無奈之可（何），永難
> （歎）憂螫。

「坯（厥）氣瘨周」，以往學者有釋為「敗周」謂即「敗凋」，或讀為「戕
凋」等意見。

最近讀到王挺斌先生《秦駰玉版銘文補釋》一文，[註1]他根據清華簡相
關字形指出，「瘨」字在玉版中也應用為「藏」。認為銘文「藏周」當讀為「藏
凋」，指的是指孟冬之氣具有伏匿凋喪的特點。

應該說，從用字習慣及文意上看，王先生的說法後來居上，非常可信。
只是他對「周」字的讀法，依然仍舊說，讀為「凋」，解釋為凋喪。這是我們
不同意的。以往學者是因為沒有正確釋讀和理解「瘨」字字義，故多讀「周」
為「凋」，現在既然將「瘨」字讀為「收藏」之「藏」，那末，再以「周」為
「凋」，顯然有「義不相屬」的毛病。

所以，我想到另外一種異見。我認為「坯（厥）氣瘨周」，其實本來應作
「坯（厥）氣周瘨」，因為要就下文之韻，故倒其文而作「瘨（藏）周」。類
似「倒文就韻」的現象，古書習見。

〔註 1〕 王挺斌：《秦駰玉版銘文補釋》，《出土文獻》2021 年第 1 期；https://mp.weixin.
qq.com/s/MsuSDW4L9I2bRtWbHKPg0Q。

　　案《荀子・禮論》有「故喪禮者，無它焉，明死生之義，送以哀敬而終周藏也」語句，周，密也。為經典之常訓。周藏，周密地掩藏。

　　檢《左傳・昭公四年》有下引文句：

　　　　夫冰以風壯，而以風出。其藏之也周，其用之也徧，則冬無愆陽，夏無伏陰，春無淒風，秋無苦雨。雷出不震，無菑霜雹，癘疾不降，民不夭札。

杜預注：「周，密也。」

　　「其藏之也周」與「毕（厥）氣痯周」之「痯（藏）周」文意相同。但如果不以為是倒文就韻，而認為「痯（藏）周」是「藏之也周」的省略說法，應該也是可以的。

　　其實，早有學者將此「周」字如字讀，認為「原意指遍及、環繞，引申為周身」〔註2〕的意見了，因與拙文的理解有所不同，故小文似乎也許還有寫出的必要吧。

〔註2〕曾憲通、楊澤生、肖毅：《秦駰玉版文字初探》，《考古與文物》，2001 年第 1 期。

十九、石鼓文「左驂旛旛」釋義

石鼓文《田車》有下引文句：

> 左驂旛=，右驂騝=

郭忠恕云：

> 旛，妨圓反，旌旗總名。旛旛，取其輕舉貌；騝，居言反，《爾雅》：「騝，騢馬黃脊。」或云紀偃反，取其壯健貌。〔註1〕

蔡秋瑩《石鼓文研究》說：

> 旛旛：讀「幡幡」。《釋名》：「旛，幡也。其貌幡幡然也。」《詩·小雅·巷伯》：「捷捷幡幡」，傳：「幡幡，猶翩翩也。」郭忠恕云：「旛旛，取其輕舉貌。」賴炳偉以為「幡幡」形容馬上的旌旗飄揚，不過我們從下句「右驂騝騝」的意思來看，「幡幡」應以形容馬兒奔跑之貌較為合適。〔註2〕

徐寶貴先生說：

> 馬敘倫說：旛旛狀馬之壯也。蓋借為驃。……《說文》：「驃，馬盛也。」……「左驂驃驃」，與《詩·車攻》「四牡麗麗」同。毛傳：「麗麗，充實也。」麗亦借為驃。商承祚說：當讀如字。旛即幡，音義同。《釋名》：「旛，幡也。其貌幡幡然也。」《詩·小雅·瓠葉》：「幡幡瓠葉」，幡幡，猶翩翩。亦見《巷伯》「捷捷幡幡」傳。又飛

〔註1〕《古文苑》（章樵注），四部叢刊初編（316），上海書店印行，1989年，第3頁b。

〔註2〕蔡秋瑩：《石鼓文研究》，臺灣國立政治大學碩士論文，指導教師：蔡哲茂教授，2002年，第172頁。

揚貌，見《史記・司馬相如傳》「落英幡纚」索隱。石碣兼此兩義，不必因下辭「右驂騝騝」，其字從馬而改為驃。諸說當以商氏為優。

「騝」，從「馬」，「建」聲。《爾雅・釋畜》：「騝馬黃脊，騝。」《廣韻》：「騝，驪馬黃脊。」石鼓文「騝騝」，重言形況字，不能拆取單字解釋。此重言形況字無疑是用來寫貌的。郭忠恕說：「取其壯健貌。」羅君惕《秦刻十碣考釋》說：「案健，指人之強壯也；犍，指牛之強壯也；此作騝，可指馬之強壯也。」此形容詞乃狀寫右驂壯健之貌。上引二說均可從。〔註3〕

案《書・秦誓》云：

番番良士，旅力既愆，我尚有之；仡仡勇夫，射御不違，我尚不欲。

偽孔傳云：

勇武番番之良士，雖眾力已過老，我今庶幾欲有此人而用之。仡仡壯勇之夫，雖射御不違，我庶幾不欲用。自悔之至。

檢《爾雅・釋訓》曰：

番番、矯矯，勇也。

郭璞注云：

皆壯勇之貌。

宋邢昺疏：

《大雅・崧高》云「申伯番番」、《魯頌・泮水》云「矯矯虎臣」，此皆武夫壯勇之貌。

說並可從。

乃郝懿行《爾雅義疏》云：

番者，皤字之省也。皤本老人白，以其老而猶健，因為勇貌。故《書》「番番良士，旅力既愆」，《史記・秦紀》作「黃髮番番」，正義曰：音「婆」，字當作「皤皤」。《廣韻》云：「頗頗，勇舞貌（舞當作武）。」《說文》同『皤』是也。經典俱通作「番」。故《詩・崧高》傳：「番番，勇武貌也。」〔註4〕

非是。郝氏立論，本於《史記正義》。案《史記・秦本紀》作：

─────────────────

〔註3〕徐寶貴：《石鼓文整理研究》（上冊），中華書局，2008年，第813頁。

〔註4〕郝懿行：《爾雅義疏》（上冊），中華書局，2018年，第413頁。

乃誓於軍曰：「嗟士卒！聽無譁，余誓告汝。古之人謀黃髮番番，則無所過。」

自張守節《正義》云：

音婆，字當作皤。皤，白頭貌。言髮白而更黃，故云黃髮番番。

後來學者，多遵用此訓，非是。《爾雅義證》已證其非。〔註5〕

案「番番良士」、「仡仡勇夫」相對為文，「良」亦為強壯之義。如古人人名「齊高彊字子良」、「魯孔紇字叔梁」，王引之認為：

良亦彊也，良與梁古字通，《墨子・公孟篇》「身體彊良」，即彊梁也。紇讀為仡，聲近假借也。彊壯謂之仡，亦謂之梁，《說文》：「仡，勇壯也。」〔註6〕

可見「番番良士」、「仡仡勇夫」屬對是非常嚴格的。「番番」是形容「良士」之「良」（強壯之義），而「仡仡」是「勇夫」之「勇」的形容詞。此類句式，《詩》中習見，如：

潰潰回遹（《大雅・召旻》）〔註7〕

惴惴小心（《小雅・小宛》）〔註8〕

秩秩大猷（《小雅・巧言》）〔註9〕

躍躍毚兔（《小雅・巧言》）〔註10〕

浩浩昊天（《小雅・雨無正》）〔註11〕

〔註5〕參看朱祖延主編：《爾雅詁林》，第 1415 頁。

〔註6〕王引之：《春秋名字解詁》，收入《經義述聞》卷22，江蘇古籍出版社，2000年。

〔註7〕偉按：「潰」可讀為「隤」。《廣雅》：「隤，衰也。」重言之則曰「潰潰（隤隤）」矣。

〔註8〕惴惴，小貌。說見王念孫《廣雅疏證》，中華書局，1983年，第55頁。

〔註9〕秩秩，大貌。說見王引之：《經義述聞》「有秩斯祜」下，江蘇古籍出版社，2000年，第174頁。

〔註10〕《爾雅・釋訓》：「躍躍，迅也。」《說文・怠部》：「毚，狡兔也，兔之駿者。」《玉篇・怠部》：「毚，駿兔也，狡也。」毚、狡，皆迅疾之義。字又作「躔」，《集韻・豔韻》：「躔，行皃。」《孔叢子・答問》：「梁人有陽由者，其力扛鼎，伎巧過人，骨騰肉飛，手搏獸，國人懼之。」

〔註11〕孔穎達疏：「浩浩然廣大之昊天。」《爾雅・釋天》「夏為昊天」，疏云：「昊者，元氣博大之貌。」李巡云：「夏萬物盛壯，其氣昊昊，故曰昊天。」案《呂氏春秋・下賢》「鵠乎其羞用智慮也」，高誘注：「鵠，讀如浩浩昊天之浩，大也。」《尚書・堯典》「洪水滔天，浩浩懷山襄陵」，《正義》曰：「往者洪水漫天，浩浩然盛大，包山上陵。

　　　　蓺蓺昊天（《大雅·瞻卬》）〔註12〕

　　　　英英白雲（《小雅·白華》）〔註13〕

　　　　皎皎白駒（《小雅·白駒》）

　　　　赳赳武夫（《周南·兔罝》）〔註14〕

皆句同一例。其言重辭複以形容之，為古人屬辭之常例。此為形容詞+名詞的
形式。

　　因為《詩》要押韻，故此類句式可以變成名詞+形容詞的形式，如：

　　　　武夫浮浮（《大雅·江漢》）〔註15〕

　　　　武夫洸洸（同上）〔註16〕

　　　　憂心怲怲（《小雅·頍弁》）

　　　　憂心忡忡（《國風·召南·草蟲》）

　　　　憂心惙惙（同上）

　　　　憂心殷殷（《邶風·北門》）

　　　　憂心慘慘（《小雅·正月》）

　　　　勞心忉忉（《檜風·羔裘》）

　　　　勞心慱慱兮（《檜風·素冠》）

　　　　勞心切切（《齊風·甫田》）

　　　　勞心怛怛（同上）

　　　　白石鑿鑿（《唐風·揚之水》）〔註17〕

〔註12〕　毛傳：「蓺蓺，大貌。」

〔註13〕　毛傳：「英英，白雲貌。」又參蔣禮鴻：《義府續貂》（增訂本），中華書局，
　　　　2020 年，第 104 頁。案《小雅·出車》：「出車彭彭，旂旐央央。」《毛傳》：
　　　　「央央，鮮明也。」陸德明《釋文》：「央，本亦作英，於京反，又於良反。」
　　　　又《小雅·六月》：「織文鳥章，白旆央央。」毛傳》：「央央，鮮明貌。」孔
　　　　穎達《正義》：「以帛為行旆，央央然鮮明。」《鄭風·出其東門·正義》引作
　　　　「英英」。段玉裁《小箋》：「此謂央即英之假借。」以上參向熹《詩經詞典》
　　　　（增訂本），商務印書館，2014 年，第 612 頁。則字亦作「央央」。

〔註14〕　《爾雅·釋訓》：「赳赳，武也。」（《廣雅·釋訓》同，參王念孫：《廣雅疏證》，
　　　　中華書局，1983 年，第 177 頁）。

〔註15〕　「武夫浮浮」，今本《毛詩》作「武夫滔滔」，王引之認為當作：「江漢滔滔，
　　　　武夫浮浮」。說見王引之：《經義述聞》，江蘇古籍出版社，2000 年，第 169
　　　　頁。今據王氏說改。毛傳：「浮浮，眾強貌。滔滔，廣大貌。」

〔註16〕　毛傳：「洸洸，武貌。」

〔註17〕　毛傳：「鑿鑿然，鮮明貌。」

白石浩浩（同上）〔註18〕

白石粼粼（同上）〔註19〕

白鳥翯翯（《靈臺》）〔註20〕

出土文獻中，如妄鐘（《集成》111-112）有「妄憲憲聖趩（爽）」語，〔註21〕

又《史墻盤》云「嚳（憲）聖成王」，「憲」與「獻」音近義同，是聰明睿智的意思。〔註22〕「憲憲」是「聖」的形容詞。

《抱朴子·酒誡》「貞良者流華督之顧眄，怯懦者效慶忌之蕃捷」，「蕃捷」者，勇捷也。楊明照先生以《易·晉》之「蕃庶」，「蕃，多也」釋之，〔註23〕非是。

案《廣韻·魂韻》：「賁，勇也。」又《集韻·問韻》：「賁，有勇力也。」《新撰字鏡》亦曰：「賁，勇也。」「賁」與「番」亦音近而義通。古音元、文二部音相近，如《山海經·海內南經》「桂林八樹在賁隅東。」郭璞注：「賁隅音番禺，今番禺縣。」《水經注·泿水》：「泿水東別逕番禺，《山海經》謂之賁禺者也。」又《詩·衛風·碩人》「朱幩鑣鑣」，海昏《詩》〔註24〕作「朱鱺襃=」，皆其例。又《詩·唐風·椒聊》「蕃衍盈升」，「蕃」，安大簡作「坴」〔註25〕，皆元、文二部音近相通之例。

綜上所述，形容人則曰「番番」「頯頯」「蕃捷」，而形容馬則曰「旛=」，皆為壯勇之貌。然則石鼓文《田車》言「左驂旛=，右驂騝=」者，實乃謂左驂、右驂皆為壯勇／壯健耳。

〔註18〕毛傳：「皓皓，潔白也。」

〔註19〕毛傳：「粼粼，清澈也。」

〔註20〕參王念孫：《廣雅疏證》「矔矔，白也」下，中華書局，1983年，第180頁。

〔註21〕參謝明文：《商周文字論集》，上海古籍出版社，2019年，第229頁。

〔註22〕參蔡偉：《誤字、衍文與用字習慣——出土簡帛古書與傳世古書校勘的幾個專題研究》，臺灣花木蘭文化事業有限公司出版，2019年，第121頁。

〔註23〕楊明照：《抱朴子外篇校箋》（上冊），中華書局，2007年，第574頁。

〔註24〕參朱鳳瀚：《海昏竹書〈詩〉初探》，收入朱鳳瀚、柯中華《海昏簡牘初論》，北京大學出版社，2020年，第112頁。

〔註25〕參《安徽大學藏戰國竹簡·一》，中西書局，2019年，第144頁注2。